KB134055

화교 이야기

화교 이야기

중국과 동남아 세계를 이해하는 키워드

2021년 1월 21일 제1판 1쇄 인쇄
2021년 1월 29일 제1판 1쇄 발행

지은이   김종호
펴낸이   이재민, 김상미

편집   정진라
디자인   정계수, 정희정

종이   다올페이퍼
인쇄   천일문화사
제본   국일문화사

펴낸곳   너머북스
주소   서울시 서대문구 증가로20길 3-12
전화   02) 335-3366, 336-5131 팩스 02) 335-5848
홈페이지 www.nermerbooks.com
등록번호 제313-2007-232호

ISBN 978-89-94606-63-7 03910

너머북스와 너머학교는 좋은 서가와 학교를 꿈꾸는 출판사입니다.

이 도서는 한국출판문화산업진흥원의 '2020년 출판콘텐츠 창작 지원 사업'의 일환으로
국민체육진흥기금을 지원받아 제작되었습니다.

경계에서

중국을 보다

2

김종호 지음

화교
이야기

중국과 동남아 세계를 이해하는 키워드

너머북스

일러두기

1) 이 책에서 표기법은 인물과 지명의 경우 최대한 현지어에 가까운 발음으로 통일하였고, 그 외 사원 명칭과 같은 고유명사는 통일하기보다 학계 및 일반적으로 자주 쓰이는 방식으로 표기하였다. 예를 들어 싱가포르의 천복궁은 원래 발음이 푸젠어인 '티엔 혹 쿵'이지만, 천복궁으로 발음되는 경우가 대부분이어서 그대로 천복궁으로 하였고, 믈라카의 청훈텡은 한자어 발음의 경우 청운정이지만, 여행 프로그램이나 관련 연구에서 청훈텡으로 쓰는 경우가 많아 현지어 발음 '청훈텡'으로 표기하였다.

2) 이 책에서 다루는 인물이나 지명의 경우 같은 한자를 두고 현재 중국 표준어 발음과 방언 발음이 다른 경우가 대부분이다. 이 책에서는 집필한 필자의 의도에 따라 번갈아 사용하였다. 예를 들어 '복건福建'이라는 지명은 푸젠과 호키엔을 번갈아 사용하는데, 이는 각 장별로 의도하는, 혹은 강조하고자 하는 바가 다르기 때문이라는 점을 밝혀 둔다.

3) 이 책은 2018년 4월부터 2020년 12월까지 인천대 중국학술원의 월간 웹진인 『관행중국』에 연재한 26회의 연재를 뼈대로 하고 있다.

• 이 논문은 2019년 대한민국 교육부와 한국연구재단의 지원을 받아 수행된 연구임(NRF-2019S1A5C2A01080959).
• 이 논문은 서강대학교의 지원으로 수행한 연구(신진2: 201810024.01)의 결과임.

머리말

    중국과 동남아시아 사이에 이루어진 중국인의 대량 이주는 세계 사적으로도 그 유례가 드문 문명사적 현상이다. 통계에 따라 구체적 숫자는 달라지지만, 2000년 이후 전 세계에 분포하고 있는 중국계 이주민 인구는 대략 5천만 명이라고 알려져 있다. 그 가운데 최소 과 반이 동남아시아에 거주하고 있고, 여기에 포함되지 않은 현지화한 중국계 혼혈 후예를 포함하면 그 숫자는 기하급수적으로 증가한다. 이들은 현재 싱가포르 인구의 75퍼센트, 말레이시아 인구의 23퍼센트, 태국의 경우 10퍼센트 내외를 점하고 있고, 다른 동남아시아 국가에서는 주로 5~10퍼센트 또는 그 미만이다. 동남아시아 전체 인구(6억 2천만 명)에 비하면 소수의 이주민 그룹인 중국계 이주민이 질적인 측면에서는 반대의 양상을 보여 준다. 동남아시아 각 국가에서 가장 부유하고 자본이 풍부한 기업은 대부분 중국계이고, 정치지도자 역시 상당수가 중국계이거나, 혼혈 후예라고 알려져 있다. 또한 저개발 국가가 많은 동남아시아에서 중국계 이주민은 대부분 중산계층을 형성하고 있다.

    이러한 상황은 현대에 와서 일시적으로 발생한 것이 아닌, 지난 수백 년 동안 동남아시아에서 중국계 이주민이 차지해 온 위상이다. 10세기 이전 유라시아의 동과 서를 바다로 잇는 해상 실크로드가 아랍과 페르시아의 상인들에 의해 형성되었을 때부터 21세기 현재까지 '중화인'은 상인, 기술자, 노동자, 학자, 경세가 등 다양한 얼굴을 하고 남중국해를 건너 동남아시아로 향했다. 화교, 혹은 화인으로 불리는 이들 중국계 이주민은 고·중세 시기에는 이슬람 문명, 근세와 근대 시기에는 서구 문명과 조우하였고, 동시에 끊임없이 교류하였다. 그 결과 대부분 푸젠福建과 광둥廣東 출신인 이들은 중국 대륙의 변방인 동남부 해안에서 중앙의 역사적 변화를 이끌었을 뿐만 아니라 이주 지역인 동남아시아의 다양성을 상징하는 존재가 되었다. 중국과 동남아시아라고 하는 두 지역에서 차지하는 화교의 문명사적 존재감을 고려한다면 현재 그들이 동남아시아에서 차지하는 경제적 지위는 그 일면에 불과하다. 이 책은 이주민으로서 천년이 넘는 기간 동안 특유의 존재감을 유지해 온 화교에 대해 다룬다.

화교를 어떻게 정의할 것인가

화교는 학자들뿐 아니라 아시아 안팎의 정책입안자들에게 복잡한 문제들을 제기한다. 중국인Chinese에 대한 정확한 정의는 국외에서 더욱 복잡해지는데, 조상이나 법적 지위가 동남아시아의 중화성中華性, Chineseness을 판가름하는 실질적 기준이 되지 못하기 때문이다.

이 지역 수백만 명의 화교가 중국 시민권자로서의 특권을 주장하거나 행사하지 않고 있고, 방대한 혼혈과 동화 현상으로 인해 알려지지 않은 수천 명에 달하는 중국계 이주민의 후예가 스스로를 완전히 동남아시아 현지인으로 여기고 있다.

중국 문화 관습의 유지를 유의미한 지표로 여길 수도 없다. 수백만의 화교가 중국어를 말하지도, 이해하지도 못하고 있고, 그 가운데 몇몇은 모처혼matrilocal marriage, 母處婚(신랑이 신부가 속해 있는 집단 쪽으로 거처를 옮기는 혼인 방식)을 선호하거나, 젓가락보다는 포크와 숟가락으로 음식을 먹으며, 중국의 신보다는 현지의 신이나 기독교의 신을 믿는 등 너무나 비중국적un-Chinese이기 때문이다.

동남아시아에서 중국인이 되는 것은 근본적으로 자기 발견의 문제다. 스스로를 중국인이라고 여기는 이들은 예외 없이 부계를 통한 중국인 이민자의 후예이고,—몇몇 상황에서는—여전히 조상들로부터 부계로 이어받은 성을 사용하고 있다. 그러므로 화교들은 중국 출생의 해외 거주 중국인과 여전히 스스로를 사회적으로, 개인적으로 중화인이라 여기고 있는 중국인 이민자의 부계 후예들로 구성되어 있다. 현재 동남아시아에는 이 정의에 따른 화교 인구가 1천만 명에 달한다.[1]

화교를 어떻게 정의할 것인가. 1945년 제2차 세계대전의 종전과 함께 시작된 냉전 초기 동아시아에 주목한 학자들과 정책결정자들의 고민이었다. 물론 여기에서 '정의'란 중국계 이주민 그룹을 의미하는 화교(혹은 화인)라는 용어에 대한 것이라기보다는 그 존재가 가지는 정치·경제적, 혹은 지정학적 의미에 가깝다고 할 수 있었다. 인용한 글은 바로 그 논의의 선두에 있었던 학자 가운데 한 명인 윌리엄 스키너G. William Skinner의 화교에 대한 선구적 논문 가운데 일부다. 중국을 연구하는 인류학자이지만 동남아시아에서의 필드 연구도 장기간 진행한 바 있던 대학자 역시 동남아시아의 중국계 이주민들을 명확하게 하나의 기준으로 정의하기 어려워한 것이 당시의 화교였다. 이는 1950년대의 아시아가 제국이 해체되고 내셔널리즘에 기반한 배타적 경계 설정을 특징으로 하는 내셔널리즘의 시대로 접어들었기 때문인데, 제국의 신민에서 순식간에 경계에 서게 된 그들의 다양한 삶의 방식을 일률적으로 정의하기란 쉬운 일이 아니었다.

그러나 냉전기 동아시아 정세에 주목하고 있던 미국은 이들을 정의해야만 했다. 무엇보다 공산화한 거대 국가 중국이 본국이라는 점, 그리고 그 본국이 종족적 뿌리를 기반으로 동남아시아 경제를 장악하고 있던 화교들을 이용하고자 한다는 점은 미국의 위기의식을 부추겼다. 그런 측면에서 당시 미국은 동남아시아에서 거대한 부를 쌓은 화교의 존재와 정체성을 정확히 알고 싶어 했다. 보다 노골적으로 말하자면, 그들이 중국의 편에 서서 중국의 재건에 도움을 줄 것인지를 궁금해했다. 실제 그 일환으로 미국의 외교협회 CFR, Council on Foreign Relations에서 펴내고 있던 "중미관계中美關係(The United States and China in World Affairs)" 시리즈 가운데 하나로 기획되어 나온 저서도 있다.[2] 『동남아 화교의 미래The Future of The Overseas Chinese in Southeast Asia』

라는 이 저서는 1966년 냉전기 미중관계의 균형추 가운데 하나로 작용할 가능성이 있던 동남아시아 화교의 동향에 대해 분석한 연구다. 당시 브라운 대학의 정치학자였던 리 윌리엄스(Lea A. Williams) 교수가 쓴 이 책은 동남아시아 화교의 정체성이 점차 중국 공산당이 정권을 확립한 대륙으로부터 벗어나 독립적이면서 동남아시아 각국에 동화되어 가고 있음을 지적하고 있다. 즉, 결과적으로 화교가 본국의 영향력을 벗어나 결국에는 동남아시아 현지에 동화될 것이라고 미래를 예측한 것이다.

그러나 이는 반만 맞는 예측이었다. 냉전기를 거치며 문화적, 종족적 연계는 희미해졌을지 몰라도 경제적 이해관계라는 연결점이 보다 강화되었기 때문이다. 냉전의 종식과 함께 개혁개방을 통해 시장경제를 도입한 중국이라는 거대시장에 가장 먼저 발을 디딘 이들이 바로 홍콩과 타이완, 동남아시아의 화교들이었다. 종족적, 문화적 고향으로의 회귀라는 그럴듯한 명분이 있었지만, 경제적 이해관계가 일치했다는 점을 모르는 이는 없다. 사실 중국 정부는 불확실성이 강했던 중국시장으로 해외 기업을 유치하기 위한 마중물의 역할을 화교에게 기대하였고, 동남아시아의 화교 그룹들은 새로운 시장을 원했다. 그리고 같은 문자와 언어를 쓰고, 문화를 공유하고 있는 수억의 인구를 품은 시장을 놓칠 어리석은 화교 기업가는 없었다.

그에 따라 1990년대, 2000년대 동남아시아의 화교공동체와 중국의 관계는 냉전기의 단절을 벗어나 다시 긴밀해졌다. 오히려 단절되기 이전보다 더욱 공고해진 측면마저 있다. 혈연, 지연에 기반한 연계가 중심이었던 과거와는 달리 현대의 관계는 경제적 이해관계가 핵심이기 때문이다. 전자의 경우 정치적, 경제적 이해관계에 따라 언제든 버릴 수 있는 요소라면, 후자는 없던 혈연, 지연도 만들게 하는 힘이 있다. 최근 마냥 평화로울 것만 같았던 이 관계에 또 다른 변수가 등장하는데 바로 2010년대 미중 패권경쟁의 도래다. 신냉전이라 불리는 미국과 중국의 경쟁 사이에서 동남아시아의 화교공동체가 다시 주목받고 있다. 돌아온 지정학적 구도 속에서 21세기에 들어선 지 20년이 지난 지금 다시 묻지 않을 수 없다. 화교를 어떻게 정의할 것인가. 이 책은 그 답의 일부를 역사적 측면에서 가늠해 보고자 한다.

화교사를 어떻게 이해할 것인가

화교사를 어떻게 이해할 것인가. 중국계 이주민의 역사를 공부하기 시작한 시기부터 꾸준히 해 온 고민이다. 이주, 혹은 이민은 상이한 공동체와 문화가 서로 만나고 교류하는 대표적인 사회문화 현상이다. 그 과정에서 다양한 층위의 현상들이 발생하는데, 굳이 구분하면 이민자 공동체의 문화가 그대로 보존되는 경우, 혹은 이주국의 토양에 동화되는 경우로 나뉜다. 동남아시아의 화교공동체를 현대 국가주의적 인식으로 바라볼 때 발생하는 현상이 바로 이러한 이분법의 흑백논리다. 그러나 이러한 인식은 '중화의 문화를 지켰는가'와 '이주국의 외부 문화에 동화되었는가'를 둘러싸고 소모적인 논쟁만을 불러일으킬 뿐이다. 하물며 중화의 전통 혹은 문화를 바라보는 인식마저 중화인민공화국의 성립 이후에는 서로 분리되는 현상을 보인다. 북경식 표준어를 가리켜 '한어漢語'라고 지칭하는 대륙인과는 달리 동남아시아의 화교 후예(화예華裔)는 여전히 대부분 '화어華語'라고 하는 것이 대표적 예다.[3]

게다가 21세기 동남아시아에 거주하는 화교공동체는 단순히 수십 년에 걸쳐 형성된 것이 아니라 천 년에 달하는 긴 문명적 시간대를 지나며 형성된 집단이다. 그러한 이유로 이민으로 인해 발생하는 사회문화적 현상에는 다양한 층위가 존재할 수밖에 없다. 국가주의적 관점에서의 동화와 보존을 둘러싼 이분법적 해석은 그 다양한 층위 가운데 일부일 뿐이다. 문명교류에는 단순히 일방적으로 영향을 주는 것만 있는 것이 아니라 상호 영향을 주고받는 과정을 통해 새로운 융합, 혹은 혼종의 문화가 창조되는 현상들 역시 포함하고 있다. 그리고 이러한 다양한 현상들이 혼재하고 있는 동남아시아 화교공동체에 대해 역사·사회·문화적 맥락 아래 이해하지 않으면 그들의 대중對中 인식에 대해서도 조국과 뿌리를 부정하는 '매판집단' 정도의 일방적 인식만을 보여 주는 데에 그칠 것이다. 이민사를 바라보는 우리의 시점을 일국사 중심에서 초국적·초지역적 관점으로 전환해야 하는 이유다.

이 책은 이민자로서 다양한 층위의 현상을 보여 주는 화교공동체의 문명사적 공간의 위치는 어디인가에 대한 질문을 던지고자 한다. 현재 중국과 동남아시아를 구성하는 국민국가를 단위로 한 구분으로는 설명할 수 없는 화교의 역사적 활동무대를 추적하려는 시도라고 할 수 있다. 더 나아가 이민자 그룹이라는 한계로 인해 실질적으로 주권을 가지고 점유한 공간은 없지만, '상상'된 공간으로서 화교의 권역을 설정할 수는 있다는 것을 증명하고자 한다. 사실 현재 동남아시아에 거주하고 있는 수천만의 화예가 가진 언어적, (지역을 기반으로 한) 종족적, 사회적, 문화적 원류는 대부분 푸젠과 광둥에 있다. 그 결과 현재 우리는 (타이완과 홍콩, 마카오를 포함하여) 두 지역 사이에 국가적 경계를 넘어선 그들만의 '중화성'이 정신적으로, 혹은 물질적으로 공유되고 있음을 관찰할 수 있다. 즉, 이 책은 중국과 동남아시아 사이를 오고 간 중화인을 다루지만, 여기에서 중국은 그동안 존재했던 중화제국이나 국민국가로서의 중화인민공화국이 아닌, 중앙의 영향과 통제에서 상대적으로 벗어나 있던 변경지역인 푸젠, 광둥 지역을 의미한다. 이렇게 국가의 개념을 넘어서 남중국해를 중심으로 형성된 해역 공간을 '상상'해 보는 것이 이 책의 목적이다.[4]

이러한 전제 아래 이 책은 총 여섯 개의 장에 걸쳐 중국인의 동남아시아 이민사와 그로 인해 파생된 다양한 정치, 사회, 경제, 문화적 현상(교류, 동화, 융합, 혼종)을 다양한 주제(상업, 건축, 음식, 종교, 전쟁, 네트워크 등)를 통해 소개하고자 한다.

화교의 경험이 한국 사회에 남긴 것

수백 년에 걸친 문명 간 접촉과 교류, 실질적 인구의 이동과 물질적 교환은 의도하든 의도하지 않았든 흔적을 남기기 마련이다. 이 책은 그 흔적을 쫓아왔고, 지금도 추적하고 있는 연구자의 중간보고서라고 할 수 있다. 연구의 주안점은 기존 국민국가 형태의 국가공동체가 우리 주변의 정치, 사회, 경제, 문화뿐 아니라 개개인의 삶의 방식과 사고를 규정하고 있지만, 과거의 탈국가적, 혹은 초국적 교류의 유산이 우리가 인식하지 못한 채로 그대로 남아 흥미로운 현상들을 보여 주고 있다는 것, 그리고 그것이 과거의 유산으로만 남는 것이 아니라 현실의 사회에 영향을 주기도 한다는 것을 밝히는 것이다. 이는 전 세계적 현상 및 유산으로 한국의 경우에도 중앙아시아의 고려인, 중국의 조선족, 재일 조선인, 하와이의 한인 후예들이 있어 국적과 국민국가적 영토관으로는 설명할 수 없는 어려운 숙제를 한국 사회에 던져 주고 있다.

이와 같은 전 세계적 현상의 다양한 예 가운데 이 책이 주목하는 것은 남중국해를 오고 간 중화인이 남긴 흔적들이다. 그리고 그 긴 역사만큼이나 종횡무진, 무질서한 것처럼 보이는 이주의 장구한 흐름 속에서 질서와 특징을 도출해 내고자 한다. 그 과정에서 푸젠과 광둥의 중화인은 다른 지역의 중화성으로는 재단할 수 없는 그들만의 독특한 공동체를 형성하였다. 그리고 그 흔적이 중국의 일부 지역, 여러 국가로 이루어져 있는 동남아시아 지역 전체에 걸쳐 흩어져 있다. 이 책은 그 흔적들을 모아 문명적 성격을 재구성하고, 사실 우리의 현실 세계에는 국민국가 단위의 사고방식으로는 이해할 수 없는 부분도 존재함을 알리고자 한다. 역사 연구란 우리가 발을 딛고 삶을 영위하고 있는 세계의 과거와 현재, 미래가 분절 혹은 단절이 아닌 연속이라는 것을 입증하기 위해 존재하기 때문이다.

최근 아시아를 연구하는 많은 역사학자가 경계하고 비판하는 것은 일국사적인 관점에서 배타적으로 진행되는 지역사 연구다. 한반도의 역사를 보더라도 중국과 일본을 떼어 놓고는 생각할 수 없듯이, 특정 국가와 시대를 중심으로 연구한다고 하더라도 그 시야는 항상 주변에 놓고 있어야 한다는 의미일 것이다. 그러나 학자도 한낱 인간에 불과하고, 뚜렷한 한계가 존재하며, 어느 국가의 시민권을 가진 존재인 이상 이를 벗어나기는 쉽지 않은 것도 사실이다. 학자가 되기 이전 국가가 제공하는 교육과정 아래 국민으로 국가에 충성하도록 교육된 우리 안의 일국사적 인식을 깨부수기란 쉽지 않은 일일 것이다.

다만 이민사 연구의 장점은 바로 이러한 한계를 극복하는 데에 좀 더 수월한 방법을 제시해 준다는 데에 있다. 조상 대대로 뿌리내린 본향, 혹은 본국을 버리고 이역만리 타지에 새롭게 뿌리내린다는 것, 그리고 수백 년에 걸쳐 생존한다는 것은 매우 보기 드문 현상이다. 따라서 이를 연구하는 학자들에게 초국적으로 인식할 것을 강요하는 사례들은 가득하다. 수백 년에 걸쳐 이주한 이들의 경험은 끊임없이 일국사로는, 혹은 국민국가의 개념으로는 자신들을 이해할 수 없을 것이라고 경고한다. 이러한 경고는 하나의 민족이 하나의 국가를 형성하는 것이 너무나 당연하다고 인식하도록 교육받은 필자에게는 큰 충격이었다.

공동체 속 이주민에게 한국어를 구사하면서 김치와 불고기를 맛있어 하는 '한국 사람'이 되기를 끈질기게 강요하는 것을 다양성이라고 생각하는 한국 사회가 타지에서 수백 년에 걸쳐 '중화'의 문화를 그대로 유지하고 있는 화교의 다양성을 어떻게 이해해야 할까. 과연 우리가 국적과 인종을 분리해서 인식하는 '중국계 싱가포리안'을 이해할 수 있을까. 세계는 점점 좁아지고 있고, 우리 안의 이주민이 점차 늘어나고 있는 현실에서 우리는 국민국가에 기반하여 인식적 경계를 설정하는 배타성에 대해 다시금 생각해 볼 때가 되었다. 진정한 다양성이란 그 배타적 경계를 이질적인 문화적 배경을 지닌 이들에게 강요하는 것이 아닌, 그대로 인정해 주는 것일지도 모른다는 것, 그리고 그 과정에서 한국 사회에 자연스레 동화될 수도 있고, 끝까지 이질적으로 남을 수도 있다는 것을 인정하는 것이라는 사실을 인정할 때가 되었다. 화교들의 경험이 중요한 이유는 그들이 수백 년 동안 그렇게 살아온 집단이기 때문이다.

카프카는 '한 권의 책은 우리 안의 얼어붙은 바다를 깨부수는 도끼여야 한다'고 하였다. 그러나 이 책이 결코 그 정도는 되지 못함을 고백하지 않을 수 없다. 그렇기 때문에 부족한 글을 세상에 내놓기 두려운 마음이 더욱 크다. 다만 한국 사회에 아주 옅은 실금이라도 하나 그었으면 하는 마음으로 지난 2년 동안 정리한 남중국해를 건넌 화교화인의 경험을 책으로 엮어 보았다.

6 국가를 세우다, 다인종·다문화 싱가포르

부록

1

화교의 기원

푸젠의 민난인은
어떻게 화교가 되었나

민난 상업 네트워크의 역사지리적 배경

'바다야말로 민閩 지역 사람들의 밭이다[海者, 閩人之田也]'라는 말만큼 푸젠福建 지역의 정체성을 잘 표현해 주는 문장은 없을 것이다. 민閩이란 현재의 푸젠 지방을 가리키는 말이다. 푸젠 지역에 흐르는 강은 민강, 푸젠인은 보통 민인 혹은 민족이라고 불렸다. 쓰촨 지방을 촉蜀, 광둥 지방을 월粵이라고 지칭하는 것과 같은 맥락이다.

사실 푸젠 지방은 그리 살기 좋은 곳이 아니다. 북부의 대부분을 차지하는 거대한 우이武夷산맥으로 인해 경작지가 현저히 적어, 푸젠인은 일찍부터 바다로 눈을 돌려야만 하는 지리적 환경에 처해 있었다. 다행히도 산악 지역인 북부와는 달리 남부 지역에는 천혜의 항구들이 자리 잡고 있었는데, 바로 취안저우泉州와 장저우漳州가 그곳이다. 그리고 18세기를 전후로 그 지위를 샤먼廈門이 이어받음으로

써 푸젠 지역의 중심항구가 된다. 푸젠성의 성도가 푸저우福州였음에
도, 샤먼, 취안저우, 장저우 등의 남부 지역 항구를 중심으로 한 푸젠
남부, 즉 민난閩南 지역이 푸젠성 전체의 경제적, 문화적 중심지로 성
장하였다.

저명한 화교연구가 왕궁우Wang Gung-wu를 비롯한 여러 연구에 따
르면, 10세기 초 푸젠 지역에는 민이라고 하는 독립국가가 50~60여
년간 존속하고 있었다.[1] 이 시기에 푸젠 지역은 푸저우와 취안저우
를 중심으로 외부와의 교역을 통해 일찍부터 경제가 성장하기 시작
한다. 이후 송宋대에 이르러 푸젠, 특히 민난 지역의 해양무역이 꽃
을 피운다. 민난인은 주로 도서부 동남아시아 및 대륙부 동남아시아
의 항구도시와 장거리 무역을 하면서 당시 서아시아에서 건너온 아
랍 상인과 대면하였다.

아랍 상인의 경우 8~9세기부터 동방의 진귀한 물품들을 유럽에
파는 중개무역으로 당시 동과 서를 잇는 해상무역로를 장악하고 있
었다. 그러다가 10세기 이후 민난인과 광둥인이 본격적으로 해상무
역로에 개입하면서 향신료 무역을 둘러싸고 두 상인집단(중국인과 아
랍인)이 때로는 경쟁하고, 때로는 협력하였다. 사실 민난인의 활발한
무역활동은 이 지역이 가진 지리적 요인뿐 아니라 10세기 초부터
명明대 초기(15세기 초)에 걸쳐 형성된 중앙 및 지방 정부의 법적·제도
적 기반과 기술적 성장이 있었기 때문에 가능하였다.[2]

명대 초기까지 중국의 제국들은 민간 장거리 해상무역을 허가해
주었고, 그에 따라 장거리 무역을 떠났던 선박과 항해기술자, 무역

셀던의 중국지도

17세기 초 자카르타의 부유한 화상이 의뢰하여 만든 것으로 추정되는 남중국해 항해도. 옥스퍼드대 보들리안도서관 소장. 지도를 자세히 보면 중국의 동남부에서 세 군데로 항해 라인이 뻗어나가는 곳이 푸젠의 취안저우이다.

상 들이 안전하게 귀환할 수 있었다. 이 제도적으로 보장된 왕복 항해야말로 근세 중국 해상 무역 시스템이 제대로 작동하고 발전할 수 있게 해 준 근본이었다고 할 수 있다. 게다가 각 항구를 드나들던 외국 상인들 역시 제국의 법에 따라 거주와 교역을 보장받아 아랍 상인, 남아시아 상인, 말레이 상인을 비롯한 외국 상인 역시 거주와 교역을 보장받을 수 있었다. 즉, 이 시기 취안저우와 장저우는 내국인이든 외국인이든 중앙의 법적·제도적 기반을 바탕으로 지방 관료들의 지원을 받아 비교적 자유롭게 무역을 할 수 있는 항구도시였고, 그러한 배경 아래 민난의 상인은 대시장emporium을 형성함으로써 해상무역의 절정을 이루었다.

매년 해외로 나가 항해를 이어가는 민난의 상인은 명백히 귀항을 담보로 하는 일시적 해외 거주자였지만, 항해로의 발전과 함께 그 숫자가 증가하면서 동남아시아의 항구에는 몇몇 화상華商의 공동체가 형성되는데, 이는 광둥성의 화상 역시 마찬가지였다. 화상은 주로 베트남의 참파Champa왕국, 캄보디아Cambodia, 아유타야Ayutthaya, 수마트라Sumatra, 자바Java, 마닐라Manila, 믈라카Melaka 등의 동남아시아 지역 항구도시에 근거를 두고 있었다.

이러한 맥락에서 보면 포르투갈과 스페인이 16세기 초 동남아시아에 진출했을 때 정박하는 곳마다 화상공동체가 자리 잡고 있었다는 기록도 이해할 수 있을 듯하다. 예를 들어 신대륙 발견 이후 스페인이 태평양을 건너 필리핀의 마닐라에 도착했을 때, 이미 중국인 300여 명이 비단, 철, 자기 등을 거래하고 있었다.[3] 당시 마닐라는 중국산 도자기와 비단, 인도산 직물과 후추, 믈라카와 자바의 정향, 실론산 계피 등 중국과 동남아시아의 고급 상품이 모여드는 상업의 중심지였기 때문에, 민난인을 비롯한 화상 공동체가 형성되어 있었던 것이다. 이슬람 상인과 경쟁 및 협력하던 동남아시아의 민난인이 이제는 유럽인을 상대하게 된 것이다.

근대 이전, 민난 지역 해양 상업 문화의 핵심은 취안저우라고 할 수 있다. 일찍이 무역항으로서의 취안저우에 주목한 것은 북송北宋이었다. 1087년 시박사市舶司가 취안저우에 설치되면서 대표적 해외 무역항으로 성장하기 시작하는데, 남송南宋 시기 정치, 경제, 문화의 중심이 항저우杭州를 중심으로 한 남방으로 옮겨 가면서 남방의 무역 대항으로서 자리 잡게 된다.

특히 남송에게는 1127년 이후 취안저우로부터 거두어들이는 무역 수입 및 세금이 국고의 주요 수입원이었을 만큼 주요한 항구였다. 그 이후 원대元代에 이르기까지 아랍, 아프리카, 동남아, 유럽 등지의 다양한 해외 상인이 진출하면서 외래 문물과 문화의 창구이자 국제 무역항으로서 한때는 동방제일항東方第一港이라고까지 불렸다. 원元대 아랍과 베네치아에서 온 이븐 바투타Ibn Battuta와 마르코 폴로 Marco Polo 역시 당시 '자이툰Zayton'이라 불리던 취안저우 항구에 가득한 선박과 다양한 상품에 대해 기술한 바 있다.[4]

송·원대를 거치면서 축적한 국제무역 대항으로서 취안저우의 역량은 명대 쩡허鄭和의 대함대가 취안저우에서 항해를 시작함으로써 그 꽃을 피웠다. 그러나 영락제永樂帝 사후 홍희제洪熙帝, 선덕제宣

북송대의 이슬람 사원 청정사 淸淨寺
해상실크로드의 한 축을 담당한 취안저우의 다양성을 잘 보여 주는 건축물이다. 최근 기록 및 발굴 자료에 따르면 당시 취안저우에는 청정사 외에도 여러 이슬람 사원이 있었다.

德帝를 거치며 무리한 대외정책으로 소모된 국력을 회복하려는 통치 방향이 채택되면서 취안저우를 중심으로 하는 해상무역은 금지된다. 이른바 해금 海禁 정책과 동시에 대항으로서 취안저우의 위상 역시 쇠퇴하기 시작한 것이다.

그러나 관련 연구들은 제국에 의해 결정된 해금이 공식적으로 민난인의 교역활동을 제한했을지는 몰라도 실질적으로 민난인은 국가의 감시망을 피한 밀무역과 다국적 해적 활동을 통해 무역 네트워크를 이어가고 있었고, 이를 통해 대량의 은이 유입될 수 있었다는 점을 강조하고 있다.[5] 물론 이러한 현실을 무시할 수 없었던 명과 청의 조정 역시 간헐적으로 해금을 풀어주고 교역이 가능한 항구를 지정해 주는 정책을 펴기도 한다. 실제 1725년 지방관의 보고에 따르면 매년 샤먼에만 최소 500~700여 척의 정크선Junk(당시 중국인 무역업자들이 이용하던 선박)이 정박했다고도 하고, 각 정크선의 종류도 최대 500톤, 100~200톤, 70톤 등 크기에 따라 다양하여 지방관이 대선, 중선, 소선으로 구분했다고 할 정도였다.[6] 당시 남중국해를 오가던 민난인의 무역 규모를 짐작할 수 있다.

심지어 남중국해를 중심으로 동남아시아와의 무역에 집중한 자산가들은 중앙정부의 해금 원칙에도 불구하고 무역을 행하는 선박에 공동으로 출자하는 경우도 많았다. 이 출자는 푸젠의 지주들, 상인 가문, 선주, 선장 등에 의해 이루어졌고, 이들은 위험을 무릅쓰고 돈을 모아 장거리 무역을 지원하였다. 물론 이는 '하이 리스크, 하이 리턴'의 사업으로 일단 남중국해를 건넜던 상선이 돌아오기만 하면 대박을 터트렸다. 근세, 근대 시기 중국식 주식회사 관행으로 잘 알려진 합고合股 관행의 시작을 이 장거리 무역으로 보는 견해도 있다.[7] 그리고 이는 영국과 네덜란드가 세운 최초의 주식회사, 동인도회사가 세워진 것과 같은 맥락이었다.

대량 이민의 시작

바다로부터 시작된 민난 지역의 정체성은 이슬람 중심의 해상 실크로드에서는 취안저우라는 국제무역항을 통해, 근대에 들어서는 아편전쟁과 난징조약南京條約으로 개항한 샤먼을 중심으로 한 서구 제국주의 국가들과의 무역을 통해 바다를 중심으로 외부와의 교류가 끊임없이 이어지면서 초국적·초지역적으로 형성되었다. 명·청 시기 민난 지역으로부터 수출된 가장 유명한 상품은 차茶였다. 원래 푸젠 지역은 차의 주산지다. 흔히 반숙성차로 유명한 안시安溪의 철관음鐵觀音, 우이산武夷山의 대홍포大紅袍 등의 차는 서구로 건너가 유럽 귀족의 기호식품이 되는데, 차를 의미하는 '티Tea'의 어원이 민난 지역의 방언인 '떼Teh'에서 기원했다는 사실을 통해서도 잘 알 수 있다. 흔히 타이완에 기원을 둔 우롱차烏龍茶 역시 그 범주는 민난의 차다.

그러나 민난 지역의 진정한 '히트상품'은 바로 사람이다. 상인의 활동은 취안저우가 대항으로서 자리 잡기 시작한 당唐대부터 송·원 시기를 거쳐 면면히 이어져 내려온 것이지만, 근대 시기 민난인의 해외 활동은 주로 동남아시아로의 노동이민이 그 핵심이다. 18세기 후반에서 19세기 초반, 서구 제국주의 국가들은 동남아시아 대부분의 지역을 식민화하고, 자원 착취라는 목표를 위해 건설한 아편, 설탕, 커피, 팜오일, 고무 농장 및 주석, 금, 은 광산에 필요한 대규모의 노동력을 상당 부분 중국으로부터 충당하였다.

지리적으로 농경에 적합하지 않은 자연환경과 청 말의 혼란한 정국을 피해 수많은 민난 지역의 성인 남성이 자진하여 동남아시아로 향하는 정크선에 몸을 실었다. 그들은 대부분 샤먼에 모여 배를

천복궁天福宮, Thian Hock Keng의 현재 모습
푸젠 민난인의 무사항해를 기원하기 위해 마주를 주신으로 싱가포르에 세워졌다. 1840년에 지어진 이후 현재까지도 개보수를 거치는 과정에 있다. 초기에 지어질 당시 그들은 건축에 쓰이는 대부분의 목재 및 석재 재료를 고향 현지에서 구해 오는 정성을 기울일 정도로 교향僑鄕과의 깊은 유대를 가지고 있었다.

타고 싱가포르로 향하게 된다. 운 없으면 태풍을 만나 좌초하게 될지도 모르는 두려움을 안고 바다의 여신 마주媽祖의 이름과 고향에서 가장과 아들의 금의환향만을 기다리는 가족을 생각하면서 빠르면 한 달, 길면 몇 달이 걸리는 항해 끝에 기회의 땅, 싱가포르에 도착하게 된 민난인에게 남겨진 과제는 바로 일자리 구하기였다.

중국 푸젠성 민난 지역민의 이민사에는 객두客頭라 불리는 이들이 있었다. 한마디로 이민 브로커지만, 그리 쉽게 규정할 수 없는 것은 그들이 이민 브로커이면서 수객水客이라 불리는 소무역상이기도 하고, 객잔客棧의 주인이기도 하며, 혹은 이민 지원자의 선배 이민자이기도 하기 때문이다. 그들은 각자의 고향으로 돌아가 젊은이를 모아놓고 외국의 상황, 본인 및 다른 이민자의 성공담 등을 현실적으로, 혹은 장밋빛으로 설명하면서 같은 고향 출신의 새로운 이민자, 즉 신객新客을 모집하여 샤먼廈門으로 데리고 간다. 샤먼의 객잔에 모여 노동계약을 맺고, 계약금, 객잔 비용, 동남아로 가는 뱃삯, 싱가포르에 머무르는 체류비 등을 각종 커미션을 붙여 신객으로부터 받는다. 그러나 신객은 가난한 어린 소년이거나 젊은 청년이기에 돈이 없는 경우가 대부분이므로 객두가 그 비용을 대출해 주고 나중에 이자를 쳐서 받는 식이었다. 주로 고용주와의 계약을 통해 월급에서 선지급을 받는 방식이었다고 하는데, 객두가 신객과 함께 싱가포르로 가서 뒤처리까지 해주는 경우도 있고, 싱가포르에 도착한 신객에게 다른 객두가 나와서 직업을 알선해 주는 경우도 있었다.

동향조직의 기능

그렇게 건너온 신객이 일자리를 구하는 경우 작동한 것이 동향조직의 네트워크였다. 회관會館이니 방幇이니 하는 동향의 조직을 통해 일자리를 구할 수 있었던 것이다. 대부분 부유한 상인들이 조직한 이러한 동향조직은 신객이 들어왔을 경우 그들의 일자리를 알선해 주고 편의를 제공해 주기도 한다. 근대적 제도가 정비되지 않았던 당시 이민 사회에서 동향조직은 새로운 이민자가 유입되어 정착할 수 있게 해 주는 가장 근본적인 작동기제였다. 객두 역시 동향의 후배를 모집하여 동남아의 동향조직으로 보내는 시스템의 일부로 기능하였다. 그리고 대부분 싱가포르에 모이는 민난 출신의 신객은 영국령 말라야, 영국령 해협식민지(싱가포르, 페낭, 믈라카), 네덜란드령 동인도(현재의 인도네시아), 보르네오섬 등으로 각자의 일자리를 구해 흩어지게 된다. 스페인령 필리핀 역시 민난인의 주요 활동무대였는데, 이 경우 싱가포르 못지않은 대항이던 마닐라로 직항하는 경우가 많았다.

부유한 상인들이 이렇게 동향조직을 결성하여 새로운 이민자들에게 편의를 봐주는 것은 고향 선배의 아량이라는 순수한 마음도 있었겠지만, 사실 그 노동력을 활용하기 위한 측면이 더 컸다. 이 시기 동남아시아의 부유한 화상華商들은 서구 제국주의 국가들이 건설한 대농장 및 광산을 대리경영하면서 부를 축적한 경우가 많고, 대리경영에는 많은 노동력이 필요했다. 여기에 말이 통하고 근면하며 동기부여가 확실한 동향의 '후배들'은 매우 적합한 노동 자원이자 착취의 대상이었다.

그들 대부분은 정말 열심히 일했다고 한다. 골드 러쉬가 한창이던 미국으로 건너가 금은 광산 채굴과 철도 건설을 담당한 수많은 광둥인의 경우 한 달에 14센트만을 소비하면서 방 하나에 수십 명씩 거주하는 것이 보통이었는데, 그런 중국인의 지독함에 미국인이 두려워하고 질렸을 정도였다고 하니, 동남아의 민난 출신 노동자들 역시 그러한 근면함을 보였을 것이다. 실제 1901년 해협식민지 식민정부에서 조사한 영국령 해협식민지의 인구밀도 조사에 따르면, 중국인 이주자가 주로 밀집해 있는 지역의 한 가구당 거주민의 숫자는 평균 11~13명에 이르렀다고 한다.[8]

　　그러나 그 근면함에도 불구하고 너무나 힘든 노동과 열악한 환경, 고향에 대한 그리움으로 많은 노동자가 아편 중독자였다는 사실은 그 생활이 얼마나 비참했는지를 짐작하게 한다. 어쨌든 도시의 점원, 인력거꾼, 대농장의 노동자, 광산의 광부 등으로 서구 제국주의 국가들의 동남아 식민지 산업의 주요 노동 자원이던 이들 중국인 해외 이민자의 주요 목표는 금의환향, 혹은 그렇게 번 돈으로 고향의 처자식, 부모님을 부양하는 것이었다. 현재 전 세계 선진국 노동시장의 상당 부분을 차지하고 있는 저개발 국가 출신 저임금 외국인 노동자들과 크게 다를 바 없는 것이다.

　　동향조직에 의한 이민을 기반으로 다양한 형태의 이민이 존재했는데, 대표적으로 계약 화공華工, Indentured labour이 있다. 동향조직에 의한 이민자뿐 아니라 연줄이 없는 이민 지원자의 경우 노동계약을 맺기도 하는데, 이들을 계약 화공이라 부른다. 원래 서구 제국주의 국가들은 동남아시아를 제외한 다른 지역에서는 주로 노예무역을 통해 노동력을 확보하던 것에 반해, 동남아시아에서의 자원 착취를 위해 동원하고자 한 중국인에 대해서는 계약을 통한contract-based 노동 고용을 선호했다. 동남아의 대농장 및 광산은 단순하지만 근면하면서 숙련된 노동력이 필요했고, 주변에서 그 정도의 작업에 적응할 만한 이들은 중국인이 적격이었다. 그러나 그 계약의 내용은 피고용인에게 매우 불리했는데, 형식만 계약이지 처우나 대우는 노예나 다름없었다. 처벌, 노동 강도, 시간, 복지, 감금, 구속 등 모든 불리한 조건이 형성되어 있었기 때문에 소위 쿨리苦力, coolie 무역이라 불리며 흑인 노예무역 못지않은 악랄함을 자랑하기도 했다.

또한 불법적 방법에 의한 이민도 있었다. 제국주의의 작동 과정에서 가장 중요한 요소는 대량의 노동력에 대한 수요였고, 그에 따라 중국인 노동력을 확보하는 과정에서 불법적이고 비윤리적인 방법들이 쓰였다. 소위 강제이민이 그것이다. 납치, 사기 혹은 위협을 통한 구속 등을 통해 강제로 배에 태워 동남아로 보내는 것인데, 문제는 이러한 불법적 활동이 서구 제국주의 기업에 의해서만 이루어지는 것이 아니라 중국 상인과 유럽 상인 사이의 합작이었다는 점이다. 즉, 의뢰를 받은 중국의 상인 혹은 도적집단에 가까운 업자가 납치 및 구속을 해 오면 유럽인이 '구입'하는 식이었다. 유럽인의 입장에서는 중국인을 쉽게 수급할 수 있고, 중국인의 입장에서도 '치외법권'이 있는 유럽인 탓으로 돌리면 되니 법적 구속력을 피해 갈 수 있는 일종의 '윈-윈' 사업전략이었을 것이다. 물론 계약 화공이나 불법적 방법에 의한 이민은 19세기 중후반, 20세기 초가 되면 그 비윤리적 요소 때문에 국제사회의 비판 대상이 되면서 서서히 사라지고, 이주국인 서구 식민제국이나 본국인 중국의 정권은 이민자에 대해 거류 허가증이나 등록증을 통해 이주를 공식화, 제도화하는 방향으로 나아가게 된다. 물론 그렇다고 해서 밀입국이 사라지는 것은 아

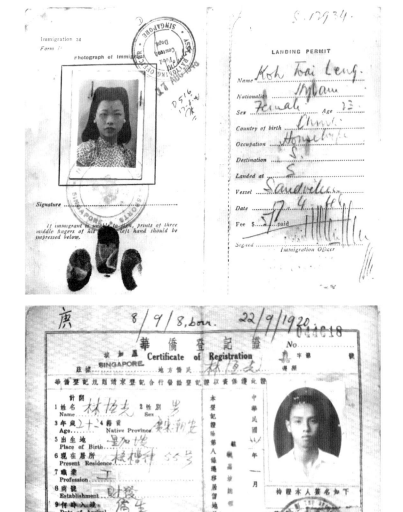

1948년 영국 식민지였던 싱가포르에서 화교 여성에게 발행한 입국허가증Landing permit과 1942년 중국 국민당 정부가 파견한 주싱가포르 총영사관에서 화교에게 발행한 등기증華僑登記證.

니었고, 화교 노동자의 열악한 노동환경이 개선되는 것 역시 아니었으며, 그들은 여전히 쿨리라고 불리고 있었다.

아편과 화교

18세기 후반 이후 영국의 산업혁명을 전후하여 서구의 동남아시아 진출 양상에 결정적인 변화가 발생한다. 대량생산체제를 뒷받침하기 위해 무역보다는 배후지 점령을 통한 자원의 생산에 몰두하기 시작한 것이다. 즉, 이 시기 유럽의 열강들은 동남아시아 지역을 본격적으로 식민화하여 대농장Plantation을 중심으로 자원과 산품을 착취하는 제국주의 시대High Imperialism로 접어들게 된다.

대표적인 산품이 바로 아편이었다.[9] 유럽인이 장악한 해상 실크로드에서 아편은 매우 중요한 물품이었다. 각 유럽 제국주의 국가들은 중국인 협력상買辦과 함께 아편을 재배하고 판매함으로써 막대한 이득을 챙겼다. 예를 들어 싱가포르를 포함한 해협식민지(믈라카, 페낭)에서는 아편이 해당 지역에서 나오는 세금 가운데 40~60퍼센트를 차지하고 있었을 정도였다. 다른 지역들 역시 최소한 25~35퍼센트는 차지하고 있었다.[10] 아편을 통한 세금 수입이 없으면 제국식민지의 운영이 어려웠을 정도였다. 네덜란드와 영국은 아편뿐만 아니라 남아시아와 동남아시아의 식민지 영역을 통해 각종 산품을 대량 재배, 생산하는 체제로 전환하기 시작했다. 주석, 금, 은 등의 자원 채굴을 비롯해 각종 향신료 재배, 대규모 고무농장 운영, 쌀, 갬비어,

차, 커피, 면화의 대량 재배 등이었다. 생산된 대량의 자원을 본국인 유럽에 공급함으로써 산업혁명을 전후한 시기 공장제 대량생산체제의 등장과 인구 증가로 급증한 원자재 수요에 맞추려 했다. 또 다른 한편으로 식민지에서 생산된 산품을 통해 그동안 적자에 시달려 온 중국과의 교역이 흑자로 돌아서기도 하였다. 특히 아편의 중국 대륙 공급이 결정적이었는데, 잘 알려진 것처럼 이로 인해 다량의 은이 중국 대륙으로부터 유출되면서 아편전쟁의 발발로 이어진다.

18세기 후반 영국의 역내교역상country traders들은 이렇게 형성된 시장에서 중국 상인을 통해 화교 노동자에게 아편을 판매하기 시작하였다. 한정된 공간에서 가족과 친구도 없이 노동에만 집중해야 했던 화교 노동자에게 아편은 일상의 고단함과 허전함을 채워 주는 도구였다. 또한 중노동과 열대의 각종 질병에 시달리며 노동에 임하는 이에게는 진통제의 역할도 했다. 이러한 수요를 바탕으로 아편 농장이 동남아시아 전체에 대규모로 형성되기 시작했다. 이후 농장주인 영국 및 네덜란드의 상인 및 관료—아편 농장과 노동자들을 관리하는 세금징수원tax collectors, tax farmers(대부분 중국 상인)—화상 사이에 형성된 무역 네트워크를 통해 아편이 현지인 및 화교 노동자에게 공급되고, 결국에는 인도에서 생산되는 아편과 함께 중국 대륙에까지 대량으로 공급되기 시작한 것이다.[11]

특히 동남아에서 주로 활동하는 중국인 상인에게 아편은 그 특유의 중독성으로 인해 꾸준히 판매되는 상품이었고, 현금 대신에 인센티브, 혹은 임금으로 지급하기도 하는 등 매우 유용했다. 중국인

이 운용한 아편 자본은 다른 동남아 대량 물품을 생산할 수 있도록 해 주는 자금원이기도 했다. 주석, 고무, 후추, 갬비어, 금, 쌀 등이다. 아편자본을 바탕으로 중국인 상인이 각 항구도시에서 항로를 개설하고, 부동산제국을 세우고, 공장 및 은행 등 각종 기업을 설립할 수 있었다. 무엇보다 이러한 아편자본의 활용을 통해 아시아의 거대도시들이 탄생할 수 있었는데, 싱가포르, 바타비아Batavia, 방콕, 사이공, 홍콩 등이 모두 아편 무역으로 성장할 수 있었다. 19세기에서 20세기까지 한 세기 동안 아편 무역은 아시아 거대 항구도시들의 주요 사업이었다.[12]

중국계 릭쇼 쿨리와 아편

동남아시아 거대 식민도시의 중국계 노동자들은 대부분 육체노동에 종사했지만, 그 가운데 매우 높은 노동 강도를 자랑하는 직업은 릭쇼 쿨리Rickshaw Coolie, 즉 인력거꾼이었다. 사람의 힘으로 끄는 이동수단은 그동안 여러 지역에 다양한 형태로 존재해 왔지만, 아시아 근대도시들의 거리에서 흔하게 보이던 '릭쇼Rickshaw'라는 명칭의 인력거는 1869년 일본에서 등장했다. 이후 19세기 말에서 20세기 초까지 아시아 전역의 도심에서 주요 교통수단으로 기능하게 된다. 릭쇼는 서구식 고무바퀴와 싸고 흔한 아시아인 노동력으로 이루어진 탈것이었다. 동남아시아의 경우 영국령 미얀마의 양곤Rangoon이나 해협식민지의 싱가포르에서 큰 성공을 거두었다. 싱가포르에서는

1880년에 시도되었고, 그대로 가장 주요한 교통수단이 되었다. 릭쇼는 도심지의 거주민에게 교통 서비스를 제공해 주었을 뿐 아니라 새로운 직업군으로 중국인 이민자를 불러들이기도 했다.

즉, 19세기에서 20세기 초까지 인력거꾼은 식민도시의 주요 교통수단이자 택시와 같은 존재였다. 그러나 순전히 인력으로 1~2명의 승객을 태우고 도시를 누비는 것은 생각보다 고된 일이었다. 게다가 중국 동남부의 농촌에서 건너온 젊은 청년들이 아는 사람 하나 없는 도시에서 힘든 노동 뒤에 지내는 밤은 그들을 더욱 외롭게 만들었다. 릭쇼 노동자들의 기록에는 가족의 부재, 화려한 도시 야경의 이질감, 결국 이렇게 결혼도 못하고 죽고 말 것이라는 두려움, 높은 생활비 등등의 불안감으로 가득하다.[13] 주로 10대 후반에서 30대이던 불안한 노동자들은 그렇게 도시의 뒷골목으로 빠르게 스며들면서 의지할 것을 찾게 되는데, 그들이 주로 중독되는 것으로는 매춘, 음주, 도박, 아편이 대표적이었다. 이는 릭쇼 노동자뿐 아니라 항구의 창고 노동자, 항만의 하역 노동자, 점원, 하인 등 도시의 하층민은 모두 비슷한 처지였다.

특히 릭쇼 노동자는 아편의 소비가 가장 큰 직업군이기도 했다. 근대 싱가포르의 경우 현지에서 흡연할 수 있도록 유통되던 아편을 찬두Chandu라고 불렀는데, 1900년대 초 인력거꾼에게 판매되던 찬두의 양은 하루 6훈hoon(35그램)이었다. 이 숫자는 심지어 당시 철도 건설 노동자보다 많은 양(하루 3훈)이고, 결코 싼 가격도 아니었다.[14] 임금의 대부분을 아편 구입에 쓰는 노동자도 많았다. 인력거라는 직업

1890년 벵갈인을 태운 싱가포르의 중국계 릭쇼 쿨리

자체에 가해지는 노동의 양이 엄청났고 그로 인해 발생하는 고통을 잊게 해 주는 역할을 했다는 것, 혹은 아편을 진통제로 사용함으로써 통증을 잊고 승객을 더 받으려는 노동자와 고용인의 의도가 동시에 복합적으로 작용한 결과이기도 하다.

　게다가 그들이 구입하는 아편으로부터의 수입이 식민지 세입의 상당 부분을 차지한다는 것, 그리고 동남아시아의 도시에서 번 돈을 그대로 도시에서 쓰도록 안배한 식민지 정부의 정책적 의도 역시 반영되었다. 이는 도시의 노동자들이 일하는 공간 근처에 아편굴과 도박장, 매춘거리가 세트처럼 존재한 이유이기도 하다. 이러한 이유로 심지어 1924년이 되면 싱가포르의 거의 모든 인력거꾼이 아편이 없으면 노동 강도를 견딜 수 없을 정도였다. 비슷한 이유로 전염병에 걸린 중국계 하층민이 아편에 의존하기도 하였다. 대부분의 근대 신이민자가 비흡연자로 왔다가 90퍼센트 이상 아편에 중독되어 버린다는 기록도 있다. 그렇게 19세기에서 20세기에 아편은 도시 화교 노동자의 일상이 되고, 그들의 생활에서 빼 놓을 수 없는 필수품으로 자리 잡게 되지만, 그 과실은 그대로 일부 화상과 식민제국에게로 돌아가는 구조였다.

화교의 탄생

민난인을 비롯한 중국인 해외 이민자가 폭발적으로 늘어나는 시기는 19세기 후반부터 20세기 중반까지다. 그 계기는 유럽 제국주의 국가들의 식민지 노동력 수요와 청의 태도 변화였다. 난징조약(1842)을 전후로 한 시기만 해도 청은 자국민의 해외 출입을 엄격히 금지하였다. 잡히면 즉결처형이었다.[15] 그럼에도 민난인은 꾸준하게 해외 도항을 시도했다. 하지만 법적으로 해외 이주가 금지되어 있다는 사실은 이민의 흐름에 꽤 큰 장벽이었다. 그러다가 1860~1870년대가 되면, 외부와의 잦은 교류로 인해 청의 관료들이 서서히 해외 중국인의 잠재력을 깨닫게 된다. 특히 경제력 부분에서 더욱 그러했다.

이즈음이 되면 해외 이민자 가운데 부유한 상인이 서서히 출현하는데, 몇몇은 이미 18세기 초부터 부를 축적하여 2세대, 3세대를 형성한 가문도 있었다. 그들은 동남아시아에서 쌓은 부의 일부를 본인의 고향, 소위 교향僑鄕에다 투자하기 시작했다. 지방 관료들은 그들의 투자가 지역경제를 활성화하고 근대화할 수 있음을 깨닫고 중앙정부에 그 존재를 인정해 줄 것을 요청하게 된다. 양광총독兩廣總督 장쯔둥張之洞 같은 이가 대표적이다. 또한 서구식 문물이 유입되면서 청의 엘리트들 사이에 서서히 해외 거주 중국인을 서구식 '근대국가'의 개념에 기초하여 바라보게 되는 인식상의 변화가 일어난다.

이러한 요소들이 종합적으로 작용해 청 제국은 1877년 싱가포르에 영사를 파견한 것을 시작으로 1896년에는 자국민의 해외여행을 자유화해 주는 법령을 선포한다. 근대화의 물결에 힘입어 자국민에 대해 '국적'이라는 개념이 서서히 이식되어 해외 거주 중국인에 대한 법적 지위를 인정해 주는 분위기가 조성된 것이다. 즉, 태어난 곳이 어디든지 간에, 혹은 머무르는 곳이 어디든지 간에 아버지나 어머니가 중국계이면 청 제국의 신민으로 간주하는 소위 혈통주의jus sanguinis에 기반한 근대적 국민 인식에 기초하여 중국계 이주민을 바라보게 된 것이다. 이를 계기로 민난인을 비롯한 중국인의 해외 노동이민이 폭발적으로 늘어난다.

동시에 해외에 거주하는 중국인을 지칭할 용어가 제도화된다. 이러한 맥락에서 1909년 청 제국이 선포한 국적법에 등장한 용어가 바로 '화교華僑'다. '화'는 중화를 의미하고, '교'는 위진남북조 시기부터 쓰인 용어로서 '잠시 머무르는 이'를 의미한다.[16] 즉 '화교'는 중화인으로 (다양한 목적에서) 해외에 잠시 머무르는 이를 의미하게 된 것이다. 그러므로 화교라고 지칭되는 이들은 귀향 혹은 귀국을 담보로, 잠시 머무르기 위해 동남아시아 및 홍콩으로 진출하여 무역과 노동에 종사하는 중국계 이주자를 의미하게 된 것이다. 그 전까지 청 제국 출신의 해외 거주 중국인은 민난閩南인, 광둥廣東인, 차오저우潮州인, 하이난海南인, 커지아客家인으로 그 출신 지역에 따라 각기 달리 불리거나, 혹은 화상, 화공, 쿨리 등으로 그 직업에 따라 불려왔는데, 이들을 모두 화교라는 용어로 공식화한 것이다.

이후 화교 가운데에도 다양한 부류가 있다는 것이 발견되면서, 학계에서는 해외에 영구 정착한 중국계 이주민의 경우 '화인華人'으로, 그들의 2세대, 3세대 후손을 '화예華裔'라고 지칭하고 있다. 민난 출신의 동남아 이주민의 경우 취안저우가 대항으로 자리 잡는 시기부터 근현대를 거치면서 화교, 화인, 화예가 복잡하게 얽혀 있는 양상을 보여 주기도 한다.[17]

이와 같은 청의 태도는 이후 신해혁명을 일으키는 쑨원孫文에 의해 적극적으로 계승되는데, 그는 해외 거주 중국인의 경제적 잠재력을 일찍부터 의식하고 있었다. 그가 1900년에서 1911년 사이에 싱가포르에만 아홉 차례 방문했다는 점을 통해서도 이를 잘 알 수 있다. 1924년 또 한 번의 무장봉기를 통해 광저우廣州에 광둥정부를 세운 쑨원은 그 산하에 화교사무국을 두어 해외 거주 화교를 계속해서 대륙의 제도권으로 편입하려 노력하였다. 20세기 초까지 중화제국인 청과 공화정을 세운 쑨원의 노력은 빛을 발해 동남아시아 거주 화교 가운데 상당수는 여전히 중국 대륙의 정권 및 교향과 정치, 경

제, 사회, 문화적 관계를 유지하려는 경향이 강했다.[18]

대표적 인물이 바로 싱가포르 푸젠 커뮤니티의 리더였던 탄카키 Tan Kah Kee, 陳嘉庚다. 말레이시아와 싱가포르에서 부를 축적한 그는 쑨원의 열렬한 지지자였는데, 그는 이후 푸젠성의 관문도시인 샤먼에 대학을 건설하고, 싱가포르에도 각종 교육시설을 설립하여 싱가포르 화교의 후예[華裔]에게 중국의 문화와 언어, 가치를 교육하려 하였다. 이후 장제스의 난징 국민정부와 중화인민공화국 초기 시기에도 이러한 화교와의 연계에 집중하는 경향은 계속해서 이어진다.

다른 한편으로 민난으로부터 동남아시아로의 대량이민은 지역 출신에 따른 갈등이 아닌, 이전에는 발생하지 않았던 새로운 갈등을 유발하였다. 바로 계층 간, 세대 간 갈등이다. 대표적으로 기존 이민자 그룹과 새로운 이민자 사이에 발생하는 갈등이 있었다. 기존 이민자와 신객이라 불리던 새로운 이민자의 관계는 계층 간, 세대 간 차이가 혼재되어 있었다. (혼혈을 포함한) 구이민자의 경우 이미 현지사회에 뿌리를 내리고, 언어에 능숙했으며 식민정책에 깊이 관여하면서 지역사회의 엘리트들과도 네트워크를 형성하고 있는 등 기득권 계층이었던 반면, 주로 혈연 및 지연을 매개로 새롭게 이주한 신이민자의 경우 아주 가까운 친척이 아닌 한, 구이민자의 피고용인 신분일 가능성이 높았다.

여기에 신해혁명과 5·4 운동 이후 불어닥친 '중화인'으로서의 민족주의 운동이 화교 사회에도 영향을 끼쳐 서구식 교육을 받은 구이민자의 자녀 세대가 보수적이면서 제국주의에 협조적인 부모 세대와는 달리 반제국주의적 민족운동에 가담하기 시작했다. 여기에 신이민자마저 동조하면서 계층 간 갈등이 세대 간 갈등으로 번지는 현상마저 보이며 매우 복잡한 양상을 띠게 된다. 거기에 더해 동남아시아 현지 원주민의 반제국주의적 민족주의 운동의 양상이 보다 강화된 반화교정서로 번지면서 다른 한 축의 갈등을 형성하고 있었다. 이러한 갈등이 제대로 봉합되지 않은 채, 동남아시아의 화교 사회는 제2차 세계대전과 일본의 점령, 그 이후 냉전기 동남아시아 각 국가의 독립과 내셔널리즘의 돌풍을 정면으로 맞게 되고, 그 잠재적 영향은 지금까지도 이어지고 있다.

실크로드와
화교

해상 실크로드의 변화

중국 동남부에 위치한 푸젠과 광둥 지역의 중국인이 동남아시아
로 이주해 가기 시작한 것은 앞에서도 언급한 것처럼 8세기 이후 형
성되어 유라시아의 동과 서를 바다로 연결한 해상 실크로드와 깊은
연관이 있다. 해상 실크로드의 변화 양상을 정리해 보면 크게 다섯
시기로 구분할 수 있다.[19]

- 1시기(8세기~15세기): 페르시아 및 아랍인의 동방 진출을 통한
  인도와 동남아시아의 이슬람화, 이슬람 항구도시의 탄생, 교
  역 네트워크 형성(이슬람 상인, 동남아시아 상인, 중국계 상인)
- 2시기(16세기~18세기 중반): 희망봉과 신대륙의 발견, 포르투갈·
  스페인·네덜란드의 진출 및 경쟁, 유럽 국가의 교역망 형성(유

럽 상인, 중국계 상인, 이슬람 상인)

- 3시기(17세기 중반~18세기 후반): 네덜란드 동인도회사의 전성기와 영국의 진출, 아편무역과 대농장 경영 착수, 중국인 노동이민 시작
- 4시기(19세기 초반~20세기 중반): 제국주의 식민지 시기, 대규모 식민지 경영을 통한 해상 실크로드 장악, 영국의 세기(아편전쟁, 네덜란드-자바 전쟁), 식민항구 도시 및 개항장 시스템을 활용한 해상 교역 네트워크의 절정
- 5시기(20세기 중반~현재): 제2차 세계대전의 종료와 냉전의 시작, 아시아 국가들의 탈식민과 독립, 국민국가의 시대, 냉전기 아시아 독립 국가들의 이념 갈등, 중국의 개혁개방, 신자유주의와 세계화 시대

1시기에 해당하는 유럽 진출 이전 아시아의 해상교역은 중국 동남부(푸젠, 광둥)-동남아시아(스리비자야, 플라카)-인도-페르시아-동아프리카 혹은 유럽으로 이어지는 동과 서의 장거리 교역이 그 중심이다. 동서 교역의 주요 행위자는 페르시아 및 아랍의 이슬람 상인이고, 주요 교역품은 중국의 비단, 도자기, 동남아의 향신료(정향, 육두구 등), 쌀, 목재, 각종 보석, 인도의 후추, 계피, 직물, 지중해에서 생산된 대량의 잘 가공된 물품, 금괴, 은괴 등이었다. 이러한 해상 실크로드는 당唐 제국의 팽창과 페르시아 압바시드Abbasids 왕조의 팽창이 동시에 일어나면서 본격화된 것이었다. 즉, 당 제국의 영향력이 동남아

시아에까지 팽창하면서 중국인을 진출시켰고, 압바시드 왕조의 팽창과 더불어 추동된 아랍계 이슬람 상인들의 무역 확장 및 인도 진출로 인해 인도양을 사이에 둔 동서양의 교류가 이루어지게 되었다.

동남아시아를 가운데 두고 이루어진 전근대 해상 실크로드는 8세기에서 13세기까지 동남아시아 말레이반도와 수마트라섬에 이르는 영향력을 가지고 믈라카 해협을 통제한 해상제국 스리비자야Srivijaya의 전성기를 이끌었다.[20] 8세기 광저우에만 20만 명의 인구가 살고 있었고, 그중에는 동남아, 인도, 페르시아에서 온 상인을 다수 포함하고 있었다. 푸젠의 상인 역시 취안저우泉州를 중심으로 동남아시아로 진출하여 이슬람 상인과 조우하였다.[21]

이슬람 상인에 의한 동서 교역은 15세기까지 이어지는데, 다른 한편으로 유럽인의 근대적 문명 발전 역시 동시에 이루어지고 있었다. 다양한 정치적, 사회적, 경제적, 기술과학적 전환을 이루고 있던 유럽 문명은 오직 아랍의 이슬람 세력을 통해서만 획득할 수 있었던 각종 동방의 문물들, 특히 인도의 후추, 동남아의 정향, 육두구, 중국의 비단, 도자기를 직접 획득할 수 있기를 간절히 바라고 있었다. 그러한 열망이 대항해시대를 열었고, 콜럼버스Columbus의 아메리카 대륙 진출, 바스코 다 가마Vasco da Gama의 희망봉 발견, 마젤란Ferdinand Magellan이 이끄는 함대의 세계일주(이베리아 반도-아메리카 대륙-필리핀-인도양-희망봉-이베리아 반도)를 이루어 낸 것이다. 그 이후부터 해상 실크로드를 통한 문명 간 교류는 또 다른 차원으로 접어들게 된다.

희망봉 발견 이후 포르투갈은 인도의 고아Goa(1510), 동남아의 믈

동남아시아 몰루쿠제도산 향신료인 육두구와 정향

라카Melaka(1511), 마카오Macao 등 항해로 곳곳에 식민도시를 개척하였고, 이 시기 포르투갈의 상선은 몰루쿠제도Muluku Islands(향신료제도Spice Islands)에서 나는 향신료를 둘러싸고 아랍 상인과 경쟁하였다. 사실 몰루쿠산 향신료 무역 시장은 이슬람 상인이 오랫동안 개척해 놓은 것이었지만, 1500년대 이후 포르투갈과 스페인은 이 지역 향신료를 독점하기 위해 극심하게 경쟁하였다. 특히 중요한 향신료가 바로 정향나무로 몰루쿠제도(향신료제도) 중에서도 테르나테Ternate섬 등 다섯 개의 섬에서만 자연 재배되는 향신료였다.

정향丁香, clove은 못처럼 생긴 향신료라는 의미이고, 영어로는 클로브clove다. 육두구Nutmeg는 그 껍질을 갈면 바로 메이스Mace가 된다.

중세 유럽인들에게 정향을 비롯한 인도산 후추, 실론산 계피나무의 껍질(계피Cinnamon)과 생강, 동남아시아산 육두구, 메이스 등의 향신료는 몸을 데워주는 의약품, 마사지용 오일로 유용한 재료였다. 그리고 당시 향신료가 유럽인의 입맛을 결정지었다 할 정도로 고기의 잡내를 잡아주는 데에 필수적인 요리 재료이기도 했다. 그 영향으로 지금도 유럽에서는 후추, 정향, 육두구 등의 향신료는 매우 대중적으로 쓰이고 있다. 다만 중세인의 불만은 이슬람인이 베네치아 상인과의 독점 무역을 통해 가져다주는 향신료가 너무 비쌌다는 것이고, 당시에는 '블랙 골드black gold'라고 불릴 정도였다.

실제 유럽인이 이토록 동방과의 직접적인 무역을 희망한 것은 향신료의 안정적인 공급을 위해서였다. 동방 진출 이전, 유럽인들의 경우 페르시아만을 통해 지중해로 들어오는 아랍 상인이 독점적으로 공급하던 향신료를 비싼 대금을 지불해 가며 구입해 왔었다.[22] 8~9세기부터 수백 년간 아랍의 이슬람 상인들이 해상 실크로드를 장악하면서 유럽에 향신료를 비싼 값에 공급하여 이득을 취한 것이다. 16세기 포르투갈과 스페인을 시작으로 17세기 영국, 네덜란드 등 유럽의 국가들이 동방에 직접적으로 진출하면서 이 상인들 사이에 향신료 쟁탈전이 치열하게 벌어지게 된다.

이 시기까지만 해도 포르투갈과 스페인, 네덜란드 상인의 동방 진출은 식민지 제국의 출현이라기보다는 동방의 진귀한 물품을 구입하여 유럽에 판매함으로써 이익을 획득하려는 장거리 무역에 가까웠다. 즉, 이전 이슬람 상인이 유럽과의 교역을 중개하였다면, 이

제는 유럽의 상인이 직접 동방에서 물품을 구매하기 시작한 것이다. 오히려 이러한 이유로 유럽인의 동방 진출이 이슬람 상인에게는 쇠퇴의 계기가 되었지만, 푸젠과 광둥의 상인에게는 거래 대상의 변경에 지나지 않았다. 18세기 초까지만 해도 유럽의 상인은 해상 실크로드의 여러 행위자 가운데 하나에 지나지 않았던 것이다.

18세기 중반 이후 유럽 제국주의 국가들, 특히 네덜란드와 영국의 해상 실크로드 개입 양상에 변화가 발생한다. 기존에는 항구와 항구를 연결하는 교역 네트워크를 중심으로 남아시아, 동남아시아, 중국, 일본에서 나는 물품들을 가지고 중개차익을 누리거나 유럽으로 가져가 판매하는 형식이었다면, 18세기 말부터는 본격적으로 대농장Plantation을 중심으로 자원과 농산물을 생산하는 착취의 방향으로 변화하게 된 것이다. 즉, 점을 연결하여 선을 이루는 교역로의 형성에서 면을 차지함으로써 그 속에서 생산되는 다양한 자원을 취하는 본격적인 제국주의 식민의 시대로 접어들었다.

이후 남아시아와 동남아시아에서의 식민지를 기반으로 동북아시아가 본격적으로 서구 제국주의 국가들의 진출 대상이 된다. 19세기 중반 이후 청, 일본, 조선 3국에 조약항treaty port(광저우, 샤먼, 닝보, 푸저우, 상하이, 나가사키, 요코하마, 고베, 부산, 원산, 제물포 등)이 개설되면서 조약체제와 더불어 본격적인 근대의 시기로 접어들었다. 이 시기 남아시아와 동남아시아는 식민화와 함께 서구 대량생산의 1차산품 생산기지로 기능하였고, 동북아시아의 경우 조약체제로 돌입하는 일련의 과정이 20세기 중반에 이르는 해상 실크로드의 전개 양상이었다.

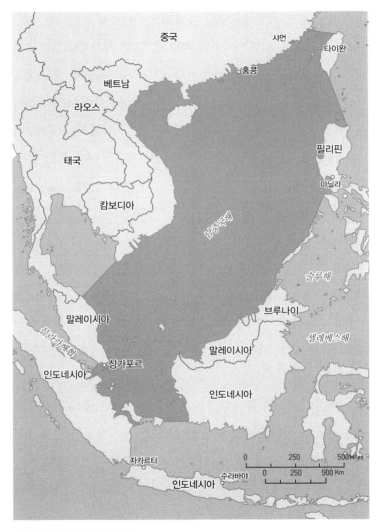

남중국해 해역 세계의 지리적 범위

이후 전 세계는 제국주의가 극으로 달해 충돌하는 제2차 세계대전을 겪게 되고, 전쟁의 종료와 함께 제국주의는 막을 내린다. 제국주의 아래 식민을 겪던 아시아의 여러 국가들은 각각 탈식민을 추구함과 동시에 민족주의에 기반한 국민국가를 형성하였다. 다만 제국주의적 침략 및 식민의 시대는 끝이 났지만, 아시아는 다시 미소냉전이라는 이념의 소용돌이에 빠지게 되었고, 동북아시아와 동남아시아 역시 그 갈등에 따라 분화된 공동체들 사이의 내전, 학살, 독재, 이주 등등의 비극적인 역사적 경험을 하게 된다. 제1차 인도차이나전쟁, 인도네시아 독립전쟁 등의 제국주의적 유산을 벗기 위한 전쟁도 있었고, 중국의 국공내전, 한국전쟁, 제2차 인도차이나 전쟁 등 냉전이 가져다준 내전도 있었다. 이 모든 과정을 거쳐 형성된 아시아의 국민국가들이 20세기 후반 미소냉전의 종식과 중국의 개혁개방이라는 새로운 변혁을 맞이하면서 신자유주의적 경제 질서와 세계화 시대를 헤쳐 나가고 있는 상황이 바로 제5시기에 해당된다고 할 수 있다.

이러한 시대적 흐름 아래 푸젠과 광둥의 상인, 노동자, 기술자 등은 천년이 넘는 기간 동안 해상 실크로드라는 문명 간 장거리 교역망에서 아랍, 인도, 동남아, 유럽인의 파트너이자 경쟁자였다. 우리가 그들에게 주목하는 이유는 천년이 넘는 기간 동안의 세력 부침에도 불구하고 꾸준히 생존하여 지금까지도 거대한 영향력을 가지고 있는 이주민 그룹은 화교가 유일하기 때문이다.

화교의 여러 뿌리

　동남아시아뿐 아니라 전 세계 화교들을 배출한 대표적 지역으로는 푸젠성과 광둥성이 꼽힌다. 그리고 이 두 지역 내부의 지리적 구분이 각각의 출신 지역이 되어 동남아시아 화교공동체의 다양성을 형성하였다. 특히 이민이 대량으로 이루어진 근대 시기에 오면 그러한 구분이 더욱 선명해지는 경향이 있다. 푸젠 출신의 경우 푸젠성을 가로지르는 민강閩江을 기준으로 민난閩南, 민베이閩北, 민둥閩東 등으로 나뉘고(호키엔Hokkien), 광둥 출신의 경우 성도인 광저우廣州를 중심으로 한 지역(캔터니즈Catonese), 배후의 메이저우梅州 등으로 대표되는 커지아客家 지역(하카Hakka), 그리고 동북 방향의 차오저우潮州와 샨터우汕頭를 중심으로 형성된 차오샨潮汕 지역(떼오추Teochew)으로 나뉜다.

　푸젠 출신 화교공동체 중에서는 민난의 세가 가장 크고, 민베이와 민둥의 경우 그리 활발히 해외로 진출한 지역은 아니어서 흔히 푸젠인을 일컫는 호키엔은 푸젠 전체를 가리키지만, 대부분 민난을 의미하는 것이라고 보아도 무방하다. 여기에 비교적 늦은 시기인 19세기 말 진출하기 시작한 하이난海南 출신의 화교공동체를 추가하면, 역사적으로 동남아시아에 거주해 온 화교의 출신 지역은 호키엔(푸젠), 캔터니즈(광둥), 떼오추(차오저우), 하카(커지아), 하이난(하이난) 등으로 정리할 수 있다(물론 이는 윈난성을 통해 대륙부 동남아로 건너온 소수의 화교들은 제외한 구분이다). 개별 지역의 명칭은 각 지역 방언에 따른 발음으로 현대 동남아시아의 화교공동체 내부에서 여전히 쓰이는 용어들이다.

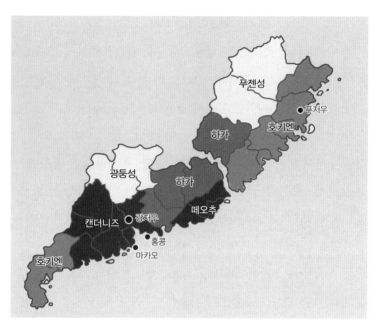

동남아 화교의 언어에 따른 출신 지역 구분

　지도에서 보듯 '호키엔'이라 지칭되는 민난 지역(취안저우, 장저우, 샤
먼 등으로 구성)과 '떼오추'라 지칭되는 차오저우 지역은 행정구역상 성省
은 다르지만 서로 인접해 있는 것을 확인할 수 있다. 역사적으로도
이 두 지역은 왕조에 따라 행정구역상 같은 지역으로 분류되었다가
다른 지역으로 분류되기도 하는 등 꾸준히 상호 영향을 주고받아 왔
다. 무려 진한秦漢대부터 당唐 현종玄宗대까지만 하더라도 이 두 지역
은 같은 행정구역으로 분류되었다가 송, 명, 청 대에 와서 다른 구역
으로 구분되기 시작한다. 그 영향으로 다른 출신 지역의 방언은 서

로 거의 다른 언어적 체계를 가지고 있지만, 이 두 지역 사이의 방언은 같은 체계를 가진 것으로 분류된다. 즉, 차오저우 지역 방언은 오히려 같은 성에 속해 있는 광둥어보다 민난 지역의 방언인 민난어에 가까운 언어적 체계를 가지고 있는 것이다.

또한 커지아를 지칭하는 '하카'의 경우 푸젠성과 광둥성의 경계를 넘어 분포되어 있는 것을 볼 수 있다. 사실 이러한 이유들로 인해 동남아에 퍼져 있는 화교의 다양한 활동을 그 뿌리인 현재 중국의 행정구역상 분류만을 가지고 재단하려 할 경우 잘 이해되지 않는 경우가 종종 있다. 출신 지역에 따라 구분되는 이러한 동남아 화교 그룹은 때로는 협력하고, 때로는 경쟁하면서 낯선 동남아시아, 그들은 난양南洋이라 불리는 지역에 정착해 왔다.

일반적으로 말레이반도, 인도네시아군도, 보르네오섬, 필리핀군도 등 도서島嶼부 동남아시아 화교 사회에서는 민난인, 즉 호키엔이 주류이고, 태국, 미얀마, 베트남, 라오스, 캄보디아 등 대륙부 동남아시아의 경우 떼오추와 캔터니즈 그룹이 주류라고 알려져 있다.[23] 커지아의 경우 도서부 동남아시아에 분포되어 있지만, 퍼져 있는 성향이 강하고, 하이난은 후발주자로 상대적으로 그 세가 약한 경향이 있다. 그럼에도 불구하고 이러한 일반적 인식을 일률적으로 적용해서는 안 된다.

예를 들어 도서부 동남아시아 지역에 호키엔만 살고 있었던 것은 아니기 때문이다. 하이난처럼 호키엔 그룹과의 경쟁을 피하면서 나름의 영역을 구축한 소수 그룹도 있고, 대륙부 동남아시아와 도서부(혹은 해양부) 동남아시아 전역에 걸쳐 독자적이면서도 끈끈한 네트워크를 통해 성공한 기업가를 다수 배출한 하카 그룹도 있으며, 대륙부 동남아에서 명백히 주류를 이루면서 도서부에서도 만만치 않은 세력을 구축하여 호키엔과 경쟁한 떼오추 그룹도 있다. 특히 떼오추 그룹은 캔터니즈, 호키엔에 비견할 수 있을 정도의 화교공동체로서 매년 세계 차오학潮學대회가 차오저우에서 열리고 있으며, 경극京劇에 비견되는 조극潮劇을 연구하는 학문이 따로 있을 정도다.

이처럼 남중국해를 건너 동남아시아에 정착한 화교는 중국이라는 하나의 뿌리를 가진 것이 아닌, 지역과 방언에 기반하여 다양하면서도 복잡한 구조를 가지고 있었다.

화교의 동향조직, 푸젠회관과 진지양회관

근대 시기 지는 해였던 본국의 도움을 바랄 수 없었던, 오히려 도와줘야 하는 위치에 있었던 동남아시아의 화교에게 동향조직의 형성은 가장 주요한 생존전략이었다. 중국인 이주민이 커뮤니티를 형성한 지역에는 어느 지역이든 이러한 동향조직이 존재하고 있다. 그런 이유로 동남아시아 대부분의 국가와 주요 도시에는 각 지역 출신 화교들의 동향조직이 형성되어 있어 해당 지역 다양성의 상징처럼 여겨지고 있다. 초기에는 공동체에서 가장 부유한 이나 부유한 이들이 출자하여 지은 사원이 보통 이러한 회관의 역할을 하는 경우가 많지만, 19세기 후반에서 20세기 초가 되면 화교 인구와 경제의 규

진지양회관 모습

모가 커지면서 좀 더 제도화되고, 본격적인 동향조직이 만들어지는
경향을 보인다.

　가장 대표적인 예가 바로 싱가포르의 푸젠회관福建會館이다. 푸젠
출신 화교들은 은연중에 싱가포르 사회 내에서 주류로 평가받고 있
는데, 가장 먼저 싱가포르에 발을 디딘 중국계 이주민이기도 하고,
인구수도 상대적으로 많았던 데다가 공동체 내부 주요 요직을 독차
지하기도 하였다. 푸젠회관은 이러한 '호키엔' 그룹 전체를 아우르
는 동향조직으로 그들의 이익을 대변하고, 네트워크를 유지하는 역

할을 하였다. 때로는 푸젠 출신 공동체 사이에 혈연과 지역에 따라 갈등이 일어나는 경우도 있었는데, 이를 조정하는 역할도 하였다. 다만 초기 조직은 도교 사원인 천복궁 내에 위치하고 있어, 그리 영향력이 강한 것은 아니었던 것 같다. 실제로 당시 푸젠인에게 푸젠회관은 천복궁에 가까웠을 것이다. 그런 이유로 20세기 초까지 이 푸젠회관은 천복궁 내에 위치한 부속 조직과 같았고, 공동체 내의 결속력 역시 그리 확고히 다져 주는 존재가 아니었다.

이러한 상황에 변화를 가져다준 것이 바로 당시 말레이시아와 싱가포르에서 거대한 부를 쌓아 푸젠 공동체의 리더와도 같은 역할을 하던 탄카키였다. 그는 1929년 푸젠회관의 장을 맡자마자 내부 조직을 일신하였는데, 일단 멤버십 비용을 내도록 함으로써 회원들이 소속감과 책임감을 가지도록 하였다. 뿐만 아니라 조직의 임원을 선출할, 혹은 나설 수 있는 권리도 주었다. 또한 임원단, 자문단과 더불어 각종 화교 사무(일반행정, 경제, 교육, 건설, 복지)를 담당할 다섯 부서를 설치하여 조직을 좀 더 체계화함으로써 직접적으로 푸젠인의 삶을 관리할 수 있는 조직으로 거듭나게 하였다.

1937년에는 천복궁 조직을 흡수하여 푸젠회관의 관리하에 두도록 법적 조치를 하였다. 이러한 구조와 역할은 지금까지도 그대로 이어지고 있어 푸젠회관은 각 부서별로 다양한 활동을 하는 기관들을 소유하고 있다. 특히 교육 분야에서의 업적이 두드러지는 것으로 평가된다.

다른 한편으로 동향조직의 가장 기본 단위인 각 교향별 회관 역시 중요한 역할을 했다. 대표적인 사례가 바로 민난 지역 대표 교향 중 하나인 진지앙晉江 지역 출신 이민자의 동향조직이다. 현재 싱가포르의 차이나타운에 위치해 있다. 현지에서는 '친캉 훼이꽌Chin Kang Huay Kuan'이라 불리는 진지앙회관은 1918년 진지앙 출신 남성 이민자들을 위한 조직으로 탄생하였고, 회관 건물은 1928년에 설립되었다. 1941년 일본의 싱가포르 침략에 대항하는 화교조직Overseas Chinese Mobilisation Council의 헤드쿼터 역할을 담당하기도 했다. 또한 일본의 무차별 폭격을 피하려는 현지인의 대피소 역할도 했다. 1942년에서 1945년까지 일본 점령 기간 동안에는 화교의 반일활동에 대한 본보기로 위안부를 수용하는 건물comfort house로 사용되었다. 1945년 일본의 패망으로 다시 지역협회의 기능을 하게 되었고, 1946년부터는 여성 회원을 받아들임과 동시에 화교 후예의 초등교육을 위한 교육 프로그램을 제공해 주는 역할을 하였다.

이러한 예들은 동향조직이 수십 년, 백수십 년의 역사를 거치면서 공동체의 역사와 함께하는 존재였음을 상기시켜 준다. 그리고 이러한 동향조직은 신해혁명(1911) 이후 중화민국 시기 중화 내셔널리즘이 대량의 이주민과 함께 인식되면서 중화총상회中華總商會나 중화회관中華會館 등의 이름으로 통합되기에 이른다. 화교라는 용어와 함께 지역 구분을 넘어선 통합의 공동체 논리가 동남아시아 화교 사회에 스며들기 시작한 것이다.

취안저우와 샤먼 사이,
장저우 월항의 전성기

　민난의 대표 항구도시이면서 교향(화교 배출지)인 지역으로는 취안저우와 샤먼이 유명하지만, 이들은 각각 송·원대와 청대 이후 근대에 전성기를 구가한 도시였다. 그 사이에 명대 중기, 절정의 무역 네트워크를 형성한 지역이 있으니 바로 장저우의 월항月港이다. 특히 15세기 말에서 16세기에 전성기를 맞은 월항은 16세기 중반 공식적으로 개항하는데, 이는 민난 연해민의 끊임없는 요구 덕분이었다.[24]

　특히 남중국해 해상무역의 핵심 항구이던 믈라카가 포르투갈의 지배를 받던 130여 년 동안(1511~1641), 포르투갈에 협력한 중국계 이주민이 장저우에서 온 이들이어서 믈라카의 장저우 인구는 계속 증가하였고, 더 나아가 장저우 출신을 비롯한 중국인의 독자적 마을이 형성되어 있을 정도였다. 당시 포르투갈인은 이 중국인 마을에 사는 이들을 '친쵸스Chincheos'라고 불렀는데, 이는 장저우에 대한 포르투갈어 음역으로 추정되기도 한다.[25]

　또한 명말청초에는 명의 유민 가운데 일부가 믈라카로 이주하기도 하고, 포르투갈령 및 네덜란드령 시기 믈라카의 저명한 중국계

믈라카에 위치한 청훈텡
명칭은 도교 사원이지만 내부에는 관음보살을 모시는 등 불교 사원의 요소도 가지고 있다.

까삐딴Kapitan(중국계 이주민 공동체의 장을 지칭하는 용어로 영어 captain과 같은 의미)은 대부분 장저우를 비롯한 민난 출신이었다. 믈라카 최초의 중국계 까삐딴이 16세기 말 인물인 장저우 출신 쩡팡양郑芳揚이고, 그는 현재 믈라카에서 가장 오래된 도교 및 불교 사원인 청훈텡青雲亭을 설립한 인물이기도 하다. 원래 동남아시아의 화교 사회에서 가장 부유한 이들이 각 지역의 중국계 지도자로 뽑히는데, 그들은 보통 대량의 자금을 들여 사원을 지었고, 이들 사원은 종교적 기능은 물론이고, 사회적, 상업적 기능도 담당하여 새로운 이민자들을 수용하거나 상업 정보를 주고받는 등 공동체의 구심점 역할을 하였다.

2

....

보이지 않는 영토,
네트워크의 형성

송금 네트워크의
시작과 수객

네트워크와 화교

'네트워크'는 근대 화교공동체를 경제적인 측면에서 이해하기 위한 핵심 키워드다. 면을 기반으로 한 영토를 중심으로 영역을 상상하는 근현대 국가nation-state의 '국민'과는 달리, '이주민'인 화교는 점과 점을 잇는 선, 그리고 무수한 선의 무질서한 교차를 상징하는 망網, web을 영역으로 상상하며 네트워크를 형성하는 특징을 보인다. 네트워크는 교향과 이주 지역 사이에서 생존을 추구하는 화교에게는 보이지 않는 영토이자, 실재하지는 않지만 그들의 생존을 보장해주는 삶의 근간이었다.

근대 남중국해를 오고 간 화교가 본국인 중국으로부터 아무런 도움 없이 홀로 생존할 수 있었던 것에는 바로 이 네트워크의 형성이 중요한 역할을 하였다. 화교 네트워크의 특징은 경계를 뛰어넘는 이동과 교류를 비공식적으로 제도화한다는 측면에서 매우 개방적인 요소를 가지고 있지만, 다른 한편으로 공동체 내부에서만 작동하는 폐쇄적 성격 때문에 그 확장에는 한계가 존재한다. 게다가 이 네트워크는 지연地緣, 혈연血緣, 업연業緣에 기반하여 다양하게 형성되어 내부적으로만 더욱 복잡하게 분화하는 양상을 띠기도 한다. 그럼에도 네트워크가 화교의 중요한 동력이자 생존의 비결이라는 점은 분명하다.

19세기 이후 대량이민으로 인해 당시 남중국해를 사이에 두고 중국의 동남부 지역과 동남아시아 사이에는 세 가지 종류의 네트워크가 발생하는데, 이민, 무역, 송금이 그것이다. 이민은 앞서 설명하였고, 무역의 경우 가장 오래되고 전통적인 네트워크라고 할 수 있다. 가장 전형적인 형태는 전근대 및 근대 초기 중국의 물품과 동남아시아, 남아시아, 서아시아, 유럽의 물품을 물물교환하거나 은과 동을 매개로 물품을 구입하는 방식이었다. 유럽 진출 이전 전통 시기에는 남아시아와 동남아시아의 천연 재료가 주요 거래 물품이고, 유럽 식민 시기에는 유럽의 가공품, 혹은 아편과 인도의 면화 등으로 변화한다.

그러다가 중국인의 대량이민으로 인해 또 한 가지 중요한 사업이 추가되는데, 바로 수백만 중국인이 쓰는 생필품 무역이다. 대량이민을 간 중국인의 경우 짧은 기간 바짝 벌어서 금의환향하는 것이 목적이기에 현지사회에 동화하는 경우는 수 세대 동안 현지에 뿌리내린 가문이 아니고서는 거의 없었다. 그에 따라 그들이 본국에서 누리던 삶의 방식, 문화를 그대로 유지하고자 하는 경향이 강했는데, 이들이 쓰는 물품이 남중국해를 오가는 소상인에 의해 공급되기 시작한 것이다. 이른바 다양한 명칭의 차이나타운이 동남아시아 각 주요 도시마다 활성화하는 계기이기도 하다.

그러나 무엇보다 송금 네트워크야말로 청 제국 및 신해혁명 이후 중화민국 정부가 화교의 경제적 역량에 크게 주목하게 되는 이유였다. 19세기 중후반에서 20세기 초중반까지 거의 100여 년간 이루어진 중국인의 동남아 이주는 유럽 제국주의 세력의 대량 노동력 수요 때문이고, 이들은 대부분 장기간의 체류가 아닌, 단기간의 체류였다. 이들이 고향을 떠나는 이유는 경제적 궁핍 때문이었다. 따라서 단기간 체류하면서 돈을 벌어 가족을 부양하거나 금의환향하기 위한 것이 주요 목적이었다. 그런 이유로 그들은 동남아시아에서 노동으로 번 돈을 그대로 본국의 가족 친지에게 보내는 경향이 강했다. 이주의 증가는 곧 송금의 증가였고, 수백만의 화교 노동자가 보내는 송금이 가정 경제와 교향 지역사회뿐만 아니라 국가 경제에 미치는 영향도 막대했다.

무엇보다 화상뿐 아니라 일반 화교 노동자, 그들의 가족 역시 송금 네트워크를 통해 근대 금융의 제도권으로 편입되기 시작했다. 화교의 송금은 이러한 경제적 효과와 더불어 남중국해를 사이에 두고 화교공동체와 교향을 정신적으로 이어 주는 물질적 기반이기도 했다.

가족의 소식은 만금과도 같고

당대唐代 최고의 시인이자 시성詩聖이라 불린 두보杜甫가 안사의 난을 겪으며 지은 시 「춘망春望」은 그의 대표작으로 꼽힌다. 그 가운데 "봉화는 석 달 동안 계속 오르고, 집에서 온 편지는 만금 값이네[烽火連三月 家書抵萬金]"라고 한 구절은 계속되는 전쟁으로 가족의 소식이 귀해진 당대 백성의 비참한 현실을 읊은 명문으로 회자되고는 한다(실제 두보는 안사의 난 시기에 가족들을 만나러 가다가 장안에서 안녹산의 군대에 의해 억류되었고, 그 와중에 「춘망」을 지었다). 흥미로운 사실은 천년도 넘게 지난 19세기, 20세기 화교의 가족 역시 종종 그들의 가족이 동남아에서 열심히 벌어서 보내오는 돈과 편지를 '가서저만금家書抵萬金'이라고 불렀다는 것이다. 전란으로 쉽게 접하기 어려운 가족의 소식을 만금에 '비유'한 두보와 달리, 동남아 화교의 가족들[僑眷]은 그들의 가장이 보내오는 돈(과 부수적으로 딸려오는 소식)을 직접적으로 가리켰다는 사실이 흥미롭다. 일찍부터 외부와의 교역에서 생존을 모색한 화교 특유의 묘한 실용성을 엿볼 수 있어 더욱 그렇다.

아편전쟁이 영국과 청 제국의 무역 불균형으로 인해 발생했다는 것은 잘 알려진 사실이다. 중국 대륙으로부터 차, 비단, 도자기 등의 수입을 요구한 영국과 은을 통한 결제만을 원한 청 제국 사이의 무역은 필연적으로 영국의 막대한 은 유출로 이어졌고, 거기에 광둥 무역 체제하에서 광저우의 제한된 구역에서 막대한 세금을 지불해 가며 이루어지는 무역은 영국 동인도회사의 적자만을 불리고 있는 상황이었다. 이에 영국은 어떻게 해서든 차를 직접 재배하려 노력하고, 다른 한편으로 인도와 동남아에서 재배한 아편을 광저우를 통해 대륙으로 대량 유입하기에 이른다. 아편의 유입으로 영국은 무역 불균형에서 벗어나게 되고 아편전쟁 직전이 되면 오히려 무역흑자를 기록, 청 제국으로부터 은이 유출되기 시작했다.

청 조정은 은 유출과 아편중독으로 인한 사회문제를 심각히 여겨 린즈쉬林則徐를 흠차대신欽差大臣으로 광저우에 파견하였고, 그 이후는 우리가 잘 아는 아편전쟁의 발발과 난징조약의 체결이라는 역사적 분수령으로 이어진다. 이후 뒤집힌 대對서구 무역적자는 청을 끊임없이 괴롭히는데, 문제는 은 유출을 메울 방법이 없었다는 점이다. 영국을 비롯한 서구 제국주의 국가들은 무역을 애걸하던 과거의 '오랑캐'가 아닌, 이미 대륙의 이권을 차지하고 재정을 갉아 먹으려 혈안인 '침략자'가 되어 있었다. 그런데 아이러니하게도 그동안 범죄자 취급해 온 해외 이민자의 송금이 청을 재정적으로 괴롭히던 은 유출을 상당 부분 메워 주고 있었다.

싱가포르, 말레이시아, 미얀마, 인도네시아, 필리핀 등지로 퍼져 노동력을 대가로 돈을 벌게 된 화교는 대부분 고향에 가족을 두고 온 성인 남성이기에, 그들이 번 돈을 대부분 교향의 가족에게 송금했다. 노동이민이 폭발적으로 늘어나 수십만 명에 달하게 되자 이들이 정기적으로 보내는 송금은 자연적으로 방대한 양의 은화 및 외환의 유입이 되었는데, 국가 경제의 경우 무역적자의 해결뿐 아니라 교향 가정경제의 기둥, 지역사회 현금 소비의 원천, 국가 및 지방 세금의 원천이 되었다.

이렇듯, 중앙과 지역 경제에서 큰 축을 차지하는 해외 거주 화교 노동자의 송금을 푸젠 남부, 즉 민난 지역의 방언으로 교비僑批라고 지칭하였다. '교'는 해외 거주민을 뜻하는 단어이고, '비'는 돈과 편지가 결합된 형태의 송금 방식을 말한다. 이는 대부분 가족에게 송금하는 것이기에 안부편지를 함께 동봉하는 것이 일반적이었기 때문이다. 그 외에도 '비신批信', '은신銀信' 등으로도 불렸다. "가족의 소식이 만금과도 같다"는 구절의 의미가 화교 가족에게는 '가족의 소식은 돈과 함께 온다'로 해석되었다고도 할 수 있겠다.

수객과 교비업의 탄생

교비라고 불리던 화교 송금은 초기 동향의 친구, 객두客頭, 무역상인 수객水客 등을 통해 전달하는 것이 일반적이었다. 그러다가 1870년대 이후 노동이민이 급속히 증가하면서 개인 간의 혈연, 지연에 기반한 송금 청탁으로는 처리할 수 없는 전달량의 한계가 발생하고, 또 다수 노동자의 송금을 처리하면서 발생하는 커미션을 노린 상인의 이익추구 본성이 발휘되면서 전문 송금 처리 기관인 교비국僑批局이 그 역할을 이어받게 된다.[1] 물론 이 경우에도 송금의 의뢰 및 청탁은 대부분 혈연, 지연 등 동향 네트워크 속에서 이루어진 것은 당연했다. 사실 중국 국내의 송금은 명·청대를 거치면서 거대 상인 집단을 형성한 샨시 상인이 설립한 샨시표호山西票號를 통해 활성화된 측면이 존재하지만, 국가 간 경계를 넘는 국제 송금이라는 측면에서 교비와 교비국의 탄생 역시 의미가 남다르다고 할 수 있다.

초기의 송금, 즉 교비를 담당한 이들을 보통 수객이라 불렀는데, 이들은 지역사회와 해외 중국인 커뮤니티에서 매우 독특한 존재였다. 원래 수객이란 동남아시아와 중국 남동부 지역을 오가면서 무역을 행하는 소小무역상을 지칭하지만, 사실 그들은 객두의 역할을 겸업하는 경우가 많았다. 동남아에서 구입한 진귀한 물품들을 지역의 관문 항구도시, 예를 들어 푸젠성 샤먼廈門이나 광둥의 샨터우汕頭(차오저우 지역으로 들어가기 위한 대표적 관문 항구도시)로 건너가 팔아 버린 뒤에, 고향 마을을 돌면서 신객을 모집하여 다시 돌아온다. 그리고 샤먼이나 샨터우에서 차와 도자기 등 지역의 물품과 함께 신객을 인솔하여 동남아시아로 건너가는 식이다. 그 수객이 만일 몇몇 해외 중국인에게 송금을 의뢰받았다면, 그 송금을 모아 무역의 종잣돈으로 사용하는 경우도 있었다.

수객의 이득은 무역으로 발생한 차익과 송금 수수료였다. 그가 객두이든 수객이든 동남아시아와 중국 대륙을 자주 오간다고 하는 직업의 특성상 교비의 전달에 매우 특화되어 있었음에는 틀림없다. 하여 수객과 동향인 노동자들은 혈연 및 지연이라고 하는 '꽌시關係'와 그 '꽌시'에 기반한 '신뢰'를 바탕으로 그들의 소중한 임금 및 안부편지를 고향의 가족에게 전달해 줄 것을 부탁하는 것이 보통인데, 일반적으로 수객이 취하는 수수료는 10퍼센트였다. 가난한 노동자에게는 적지 않은 금액이었을 것이다. 그러나 우정郵政 시스템, 은행, 전신 등이 적극적으로 활용되지 않은 19세기 초중반, 심지어 후반까

수객 '우쯔슌'의 유품

우쯔슌吳字順은 1930년에서 1944년까지 광둥 차오산潮汕(차오저우와 산터우의 합성어) 지역에서
수객을 했다. 유품은 각각 안경, 주판, 나무저울(은원銀元으로 송금했을 경우 은 함유량을 재기 위한
도구. 무역 활동에도 사용), 간편 상비약, 다구茶具, 물품 보관 항아리, 장부 등이다.

지도 수객을 통한 송금 전달 외에는 별다른 방법이 없었다. 물론 그
가운데에도 수많은 사연이 존재한다. 통통배라 불리는 작은 정크선
에 몸을 싣고 중국으로 향하던 수객이 풍랑으로 목숨과 함께 교비마
저 잃어버린 사연, 어느 비열한 수객이 노동자의 피땀과 눈물이 어
린 교비를 최대한 많이 모은 뒤에 중간에서 가로챈 사연 등 많은 이
야기가 있다.

　교향의 지역민은 수객을 굉장히 반기고 기다렸다고 한다. 물론
정확히는 수객이 배달해 오는 가장의 송금을 기다린 것이겠지만 말

수객 혹은 교비 배달부(신차 혹은 비각)가 화교 가족에게 교비를 전달하는 모습

이다. 실제 교비는 가정 경제에 큰 보탬이 되는 수입원이었는데, 민난 지역의 진지앙 사람들 사이에는 "교비가 오면 집이 새로 지어지고, 담벼락은 벽돌로 지어진다"라는 말이 있을 정도로 가정 경제뿐만 아니라 마을의 풍경을 바꾸어 놓는 주요 자금원이었다.[2] 심지어 가장이 보내주는 송금의 양에 따라 각 가정 사이에 빈부 격차가 발생할 정도라고도 하고, 또 송금을 가지고 쓸 궁리만 하는 아내에게 이국의 남편은 잔소리를 담은 편지를 전하기도 하는 등, 각종 사회 현상이 발생하기도 했다(물론 이 편지에서 남편의 가장 효과적인 협박은 "그렇게 쓸 궁리만 하면 송금을 끊어 버리겠다"는 엄포였다). 한편 노부모 혹은 조부모의 입장에서는 이역만리 타지에서 고생하는 아들 혹은 손자의 소식을

전달해 준다는 점에서 수객은 고마운 존재였다.

또한 대부분의 해외 노동자나 푸젠의 가족은 글자를 알지 못했기 때문에, 수객 혹은 수객을 대신하여 교비를 배달해 주는 신차信差(배달원, 비각批脚이라고도 함)가 그들의 안부편지를 대필 및 대독해 주는 서비스를 제공해 주기도 했다. 그 외에도 수객이 가져오는 동남아시아와 서구의 진귀한 문물들, 그리고 그들이 전해 주는 해외의 신기한 이야기 및 경험 등은 근대 교향 지역사회의 해외 인식을 형성하였다. 수객은 스스로 의도하지 않은 사이에 신문명의 전달자 역할을 한 것이다. 즉, 수객은 단순히 교비를 전달하는 전달자를 넘어 동남아시아 거주 화교공동체와 중국 대륙의 지역사회를 연결해 줌으로써 남중국해를 둘러싼 화교의 지역정체성 형성에 기여한 중요한 매개체였다고도 할 수 있다.

교비가 지역 경제와
국가 경제에 미친 영향

교비로 대표되는 화교 송금의 성격은 크게 두 가지로 분류할 수 있다. 첫째가 국내에 대한 투자이고, 둘째가 가족의 생계를 유지시키기 위한 생활비이다. 그러나 화교에 의한 투자가 교향의 도시 경제의 발전에는 큰 영향을 끼쳤을지 몰라도 전체 송금액에서 차지하는 비율은 미미했다. 푸젠성의 대표적 교향 도시이자 자본과 인력의 주요 관문 도시이던 샤먼의 경우를 예로 들면 다음과 같다.

1905~1938년 샤먼 화교 송금액에서 투자액의 비율(단위: 만 위안)

	송금 총액	투자 총액	송금에서 투자의 비율(%)
1905~1926	26,830	500	1.86
1927~1938	19,296	658.1	3.41
합계	46,126	1,158.1	2.51

출처 : 林金枝, 「1875-1944年華僑在中國的投資及作用」, 『廈門大學學報』, 1987年 第4期. p.21

화교의 송금 총액에서 도시에 대한 투자가 차지하는 비율은 2퍼센트 정도에 머물렀고, 나머지는 모두 국내의 가족을 부양하기 위한 것이었는데, 그 주요 사용처는 의식주, 자녀 교육, 각종 경조사였다.[3] 즉, 화교의 송금은 중국인의 동남아시아 이주 증가, 즉 화교의 증가에 따라 많아졌고, 그 성격은 짧은 시간 체류하면서 돈을 벌어 가족을 부양하기 위해 송금하는 것이 대부분이었으며 송금 총액에서 차지하는 비율 또한 절대적이었다.

이러한 화교 송금의 경제적 기능은 크게 지역 경제의 차원과 국가 경제의 차원으로 나누어 파악할 수 있다. 우선 지역 경제에 끼치는 영향이 매우 컸다. 1930년대 한 외국 영사의 계산에 따르면 샤먼 인근 지역 약 80퍼센트의 가정이 화교 송금에 의지하여 생활하고 있었다.[4] 한 가지 흥미로운 사실은 이러한 화교 송금의 중요성을 지방관청은 물론이고 도적들조차 인식하고 있었다는 점이다.[5]

푸젠성은 이전에 지방이 안전하지 못하여 강도를 당하거나 살인을 당하는 일이 자주 발생하였지만, 신차(송금 배달부)는 해당 지역에서 난양南洋(동남아시아)에서 오는 현금의 원천이라고 인식되기 때문에, 도적들이 서로 규칙을 세워 어쩌다 신차를 만나면 그 문건만을 살펴보고, 그 수금인을 적어 두었다가 이후에 수금인에게 가서 강탈하였으므로 여러 해 동안 신차의 송금은 강탈당하는 것이 매우 적었습니다. 지방관 역시 힘써 보호하였는데, 예전에 강탈당하는 일이 있으면, 매번 향촌의 보갑保甲에게 배상하도록 함으로써 지방 세수 수입 재정의 원천이 끊기는 것을 면하였습니다.

도적들도 지역사회에서 쓰이고 있는 현금의 원천이 동남아시아로부터 오는 송금이라는 것을 인지하고 있었고, 그 현금이 계속적으로 들어올 수 있도록 송금 업무를 담당하던 이들을 약탈하지 않았던 것이다. 지방관의 입장에서도 세수의 원천으로 인식하여 중요시했음은 당연하다.

　다음으로 국가 경제에 미치는 영향이 적지 않았다. 당시 중국 대륙은 청 제국과 중화민국을 막론하고 개항 이후 대외무역에서 만성적인 입초入超(수입의 초과) 현상을 겪고 있었다. 주요 수출품이던 차와 쌀의 질이 떨어졌고, 게다가 무역에서 일본의 식민지인 타이완에 밀리고 있는 실정이었다. 차와 쌀의 경우 오히려 타이완으로부터 역수

중국 무역 입초를 상쇄해 준 화교 송금 비율

연도	비율(%)
1894	19.4
1895〜1899 평균	14.6
1902〜1913 평균	18.9
1914〜1919 평균	7.5
1920	9
1928	11.2
1929	11.8
1930	13
1931〜1936	23.1
1936	23.2
전체 평균	15.17

출처 : Remer, C.F., Foreign Investments in China, New York: Macmillan, 1933; 陈争平, 「1895-1936年中国国际收支研究」, 中国社会科学出版社, 1996

입되는 데다, 서양으로부터 들어오던 물품은 그대로 수입되고 있었으니 무역 불균형은 당연한 것이었다. 그에 따라 계속해서 은과 외화가 유출되고 있었는데, 이를 부분적이나마 상쇄해 준 것이 화교의 송금이었다.

앞의 표에서 보듯 중국 전체 무역 입초에 대해 화교 송금의 비율은 19세기 말부터 20세기 중반까지 꾸준히 10퍼센트 중후반 대를 유지하고 있다. 특히 20세기 중반에 가까워질수록 그 비율은 20퍼센트를 넘는다. 전체 평균 15퍼센트가 그리 크지 않게 보일 수도 있지만, 수억의 인구가 거주하는 광대한 중국 대륙의 전체 무역 입초를 고작 수백만 화교 화인의 송금이 15퍼센트나마 메워 준다는 것은 그 기여도를 짐작할 수 있게 해 준다. 심지어 샤먼만을 예로 들 경우 1905년에서 1938년까지의 비율은 100퍼센트를 훌쩍 넘는다.[6] 즉, 당시 화교 송금은 무역 입초로 발생할 수 있는 은과 외환의 고갈을 부분적으로 막아 주었을 뿐 아니라, 교향 지역사회와 가정 경제의 중심축이었다.

교비국 네트워크의
형성

수객의 한계

　교비의 전달을 통한 수객의 수입은 주로 교비를 종잣돈으로 행한 무역 수입과 수수료였다. 1840년대까지만 해도 증기선을 통한 항해가 없어 정크선을 이용해야 했기 때문에 교비의 전달 속도는 매우 느렸다고 한다. 민난 지역의 유명한 교향 중의 하나인 용춘永春 지역에는 "간나디, 간나디, 3년에 교비 1장幹那低, 幹那低, 三年一張批"이라는 말이 구전되어 내려온다고 하는데, 여기서 간나디幹那低는 현재 인도네시아 떼르나떼Ternate섬을 가리킨다. 떼르나떼 섬은 해상 실크로드를 열었다고 평가받는 동남아시아 향신료의 대표 상품인 정향의 원산지로 유명하며 일찍부터 중국인이 거주하고 있던 지역이다. 내용인즉, 답신을 포함하여 교비를 3년에 한 번 받는다고 할 정도로 극악한 횟수를 자랑했다는 것이다. 이러한 상황이 변하게 되는 것은

19세기 후반 중국 대륙과 동남아시아 사이에 증기선을 통한 정기 항로가 배정되면서 1년에 몇 번 정도는 교비를 전달할 수 있게 되면서부터다. 그에 따라 수객의 수입 역시 증가하게 된 것은 말할 것도 없다. 그러나 수입의 증가는 기업형 송금기관의 출현을 예고하고 있었다.

20세기를 전후하여 증기선을 활용한 정기 항로가 발생하고, 해저 케이블을 통한 전신을 활용할 수 있었을 뿐 아니라 국가 간, 그리고 국내의 우정 시스템이 정비됨에 따라 수객을 통한 송금 횟수가 1년에 2~3회, 많으면 3~5회로 늘어나지만, 이 역시 화교의 입장에서 보면 그리 만족스러운 것이 아니었다. 게다가 일반적인 수수료인 10퍼센트 역시 화교에게는 부담이었고, 수객이 화교의 송금을 횡령하는 경우도 빈번했다. 가장 큰 문제점은 역시 화교의 폭발적인 증가에 따른 송금 의뢰 수집과 발송 능력의 한계였다. 각지에 흩어져 있는 화교의 의뢰를 다 받아들일 수도 없었고, 너무 많은 의뢰는 수객의 업무 능력을 초과하고 있었다. 이러한 수객에 의한 송금 방식의 한계는 교비국으로 대표되는 전문적인 송금 처리 기구의 출현으로 이어진다.[7]

교비국 네트워크의 탄생과 구조

교비국의 초기 형태는 화교 노동자와 수객 사이에 화상華商이 운영하는 상점이 개입하게 되면서부터다. 당시 동남아시아에서 노동을 하던 화교는 대부분 임금을 주변의 화교 상점에 맡겼는데, 왜냐하면 목돈을 가지고 있을 경우 분실 및 강탈, 소비의 위험이 있었기 때문이다. 그러다가 화교들은 점차 상점을 통해 송금을 의뢰하기 시작하는데, 상점은 그 의뢰를 받고 주소에 따라 수객에게 송금을 배정 및 의뢰하였다. 이러한 형태의 송금은 화교와 상점 모두에게 이익이었는데, 화교의 경우 직접 수객을 찾아다닐 필요가 없어졌을 뿐만 아니라, 신용이 있는 상점에 맡기는 편이 수객 개인에게 맡기는 것보다 안전했다.[8] 또 상점은 수객과 달리 이동성이 없기 때문에 시기나 횟수를 화교 마음대로 정할 수 있었다. 상점의 입장에서도 화교의 송금 의뢰를 모은 자본을 바탕으로 토산품 무역 거래가 가능했다. 그리고 화교로부터 받는 수수료도 있었다. 화교 이민자의 증가와 송금액의 증가에 따라 이와 같은 송금 네트워크가 발생하고 또 더욱 발전하는데, 이는 전문적인 교비국 탄생의 기초가 된다.

교비국이 개업하게 되는 유형은 천차만별이지만 크게 두 가지로 구분된다.[9] 첫째로 수객 및 객두에 의한 개업이다. 화교 송금 업무에 정통하고 경험도 많은 수객 및 객두가 중심이 되어 여러 곳으로부터 투자를 받아 교비국을 개설하는 것인데, 가장 큰 예로 천일신국天一信局을 들 수 있다.[10] 천일신국은 비교적 이른 시기(1892)에 개업한 교비국으로 창업자는 궈요핀郭有品(1853~1901)이라는 인물이다. 그는 롱시현龍溪縣 리우촨스流傳社 출신으로 스무 살 무렵 필리핀 마닐라에서 직업을 구하였다. 1870년대 말에 필리핀과 샤먼을 오가는 객두의 조수로 있으면서 해외 화교의 송금, 편지, 물품을 대신 전해 주었는데, 그 능력을 인정받아 나중에 객두가 되었다. 이후 자신의 고향에서 천일신국의 총국을 개업하게 된다. 궈요펀의 경우 수객 및 객두의 일을 하다가 교비국을 창업하게 되는 전형적인 유형이라고 할 수 있겠다.

두 번째는 객잔 및 상업기구에 의한 개업인데, 앞서 말한 수객과 화교 사이에서 중개를 하던 상점 및 샤먼, 광저우, 차오저우, 샨터우 등에서 송금 업무를 겸하던 객잔이 본격적으로 교비국의 간판을 걸고 송금 업무를 시작하게 되는 유형이다. 첩홍신국捷鴻信局을 예로 들어보면, 1893년(청 광서 24) 개설한 이 교비국은 바로 당시 샤먼에서 객잔을 개설하여 경영한 안하이安海 사람 스승푸施承福와 기타 고향 사람들이 합고合股(공동 출자)하여 설립한 곳이다.[11] 이러한 두 가지 교비국 개설의 유형은 교비국을 중심으로 하는 송금 네트워크가 외부로부터 이입된 기구로 인해 형성되는 것이 아닌, 오래전부터 교향의 지역사회에서 활동해 오던 이들이 그 기반을 토대로 형성한 것임을 보여 준다고 할 수 있다. 즉, 네트워크의 기업화, 제도화인 것이다.

교비업은 원래 있던 상점에 교비국의 간판만 내걸면 되는 것이었고, 송금이라고 하는 업무의 특성상 별다른 창업 자본금이 들어가지 않았다. 그 때문에 대부분의 교비국은 몇몇 예외를 제외하고는 규모가 매우 작았다.[12] 반면 적은 창업 자본금에 비해 날로 늘어가는 화교 인구로 인해 높은 이윤을 자랑했는데, 교비국의 수입은 대부분 수속비, 환차익 및 화교 송금의 운용으로부터 발생하였다.[13]

교비국을 통한 교비업으로의 전환은 무엇보다 산업 내 네트워크에 기반한 분업의 발견과 이를 보장해 주는 어음의 발행이라는, 보다 근대적 성격의 상업 관행이 고안되기 시작했다는 점에서 전통과 근대의 혼용으로 평가되기도 한다. 적은 자본금으로 소규모로 시작하는 교비업의 특성상 송금의 초국적 이동을 위해서 네트워크의 형성은 필수였다.

이로 인해 교비국은 네트워크 속 역할에 따라 본국本局(혹은 총국總局), 분국分局, 연호聯號(대리국代理局·위탁국委託局) 등으로 구분된다. 본국은 교비국 총국으로서 동남아에서 개설된 교비국의 경우 동남아시아에, 교향에서 개설한 교비국의 경우 중국 대륙에 위치하고 있다. 분국은 본국에서 직접 다른 지역에서 교비 업무를 할 수 있도록 설치한 분점이고, 연호는 본국 및 분국에서 분국이 없는 다른 지역의 송금 업무를 처리하기 위해 송금을 대리 혹은 위탁하도록 사업상 계약을 맺은 교비국을 가리킨다. 이와 같은 교비국 간 분업과 업무의 특징은 남중국해를 둘러싸고 형성된 화교 네트워크의 전형적 예시로 중국 동남부 지역과 동남아시아 화교공동체 사이의 관계를 공고히 해주는 물리적 기반이었다.

이주민인 화교로부터 그 가족에게 보내는 송금의 과정에서 분업을 통해 몇 단계를 거쳐야 했으므로 그 과정에서 교비국 사이에 송금액을 보장해 줄 수 있는 장치가 필요했는데, 바로 신회信匯, 표회票匯, 전회電匯가 그것이다. 신회는 화교들이 편지를 보내면서 돈을 첨부해서 보내는 방식으로 봉투의 겉면에 보통 "대양 ○○원을 부침[外附大洋○○元]"이라고 쓰는 식이다. 주로 적은 금액을 보낼 때 쓰이지

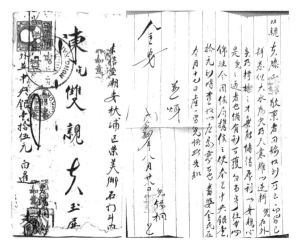

교비 봉투와 내부 편지

1936년 태국 방콕의 아들이 광둥 차오안潮安의 양친에게 보내는 편지다.
봉투 겉면에는 보낼 집의 주소와 송금한 금액(중앙은中央銀 십오 위안)이 적
혀 있다.

만, 직접 화교 가족에게 전달해야 한다는 번거로움 때문에 수수료가
높았다.

표회는 해외의 교비국이 각자 어음을 이용하여 송금하는 방식이
다. 화교가 교비국으로 돈을 보낸 후 가족, 혹은 연호의 교비국이 회
표匯票(환어음)를 받아 중국 내의 지정된 지점으로 가서 수령하는 방
식이다. 이러한 어음은 편지에 끼워서 보내거나, 화교 본인이 직접
가지고 가기도 하였다. 마지막으로 전회는 전보를 이용해서 돈을 가
족에게 보내는 방식이다. 국외의 연호 및 위탁국의 송금 의뢰 전보
를 받으면 국내의 교비국은 국외의 교비국이 돈을 보낸 것과는 관계

없이 바로 가족에게 돈을 지불해 주어야 했다. 굉장히 빠르지만 수수료가 비싸 화교는 일반적으로 급전용으로 사용하거나 기업 간 큰 자본의 이동에 쓰였다.

일반적으로 송금자인 화교 노동자와 가족 사이에는 신회의 방식이 가장 빈번하게 사용되지만, 교비 의뢰를 대량으로 모았다가 송금하는 교비국의 경우 표회의 방식을 활용하였기 때문에 교비국 사이에는 주로 두 번째, 혹은 세 번째 방식이 가장 많이 사용되었다. 이는 교비업계 및 발 빠른 화교 기업가들이 금융업, 특히 은행업에 본격적으로 눈을 뜨는 계기가 된다.

근대 금융 네트워크로의
확장

교비업계와 은행업

경제적, 금융적 측면에서 교비업의 가장 특기할 만한 특징은 외환업과 긴밀히 연계되어 있다는 것이다. 교비의 가장 중요한 전제는 해외에서 노동을 통해 수입이 발생한 화교 노동자가 그들의 가족에게 보내는 자본이라는 점인데, 당시 동남아시아는 대부분 유럽의 식민지였기 때문에 그들의 임금 역시 은화 혹은 외환이었다. 즉, 화교의 송금은 기본적으로 외국의 화폐를 국내로 보내는 것이어서 그 중간에서 태환兌換, 즉 환전의 과정을 거치게 된다. 다만 20세기 이전 수객과 교비국의 주요 태환 방식이 화폐-상품-화폐였다면, 20세기 들어 그 방식이 '환어음' 방식으로 변화하게 된다.[14] 이 환어음 방식은 주로 송금 방법 중 표회에 해당하는 것으로 교비 의뢰를 받은 교비국은 환어음을 구입하여 수신자 개인에게, 혹은 분국이나 연호에 보내는데, 그 환어음의 출처가 바로 은행이었다.

화교 송금 네트워크에서 은행의 역할은 외국 화폐인 화교의 송금을 국내 화폐로 태환해 주는 것이었다. 즉, 교비국이 받은 화교의 송금을 은행이 받아서 그에 대한 환어음을 교비국에게 전달해 주는 한편, 외국의 화폐를 홍콩이나 상하이에서 태환하여 금융 네트워크를 통해 수신지의 교비국에 전달하는 것이다. 송금의 전달에서 동남아의 교비국과 교향의 교비국 사이에 은행이라고 하는 태환 기관이 존재하였다. 그리고 동남아의 교비국은 당연히 외국 화폐와 국내 화폐를 태환할 때의 환 수수료가 가장 낮은 은행으로부터 환어음을 구입하려 하였다. 당시 환 수수료가 가장 낮은 은행은 주로 대량의 자본을 가지고 아시아의 금융을 장악하고 있던 외국계 은행이었다. 화교 송금의 경우 주로 홍콩상하이은행Hong Kong and Shanghai Banking Corporation, HSBC, 차터드 은행Chartered Bank 등 영국계 은행이 환거래를 장악하고 있었다.

외국계 은행은 화교 노동자가 그들의 가족에게 보내는 송금의 태환 업무를 담당함으로써 중국 동남부에 위치한 주요 교향 지역과 동남아시아 사이에서 영향력을 확보하는 한편, 교비국의 경우 수수료 외에 환전을 통한 환차익이라는 또 다른 수익원을 기대할 수 있었다. 20세기 초반까지 남중국해를 중심으로 한 화교 송금 네트워크의 외환 거래는 각 지역 교비국과 외국계 은행 사이의 긴밀한 관계에 의해 주도되고, 주로 싱가포르와 홍콩, 두 아시아의 허브 도시 간의 네트워크를 통해 이루어졌다. 즉, 화교 송금 네트워크는 교비국 네트워크와 은행을 통한 외환 네트워크로 구성되어 있었다.

그러나 20세기에 들어 중국 국내외를 막론하고 중국 자본의 근대식 은행업이 성장함에 따라 화자은행華資銀行이 그 역할을 대체하는 추세로 나아가게 된다. 19세기 후반 청 정부에 의해 최초의 근대식 은행인 호부은행戶部銀行(중국은행中國銀行의 전신)이 탄생한 이래 20세기가 되면 화교 기업가들 역시 근대식 은행을 자체적으로 설립하기 시작하는데, 화교 기업가들이 세운 은행은 대부분 이 교비업에서의 환거래를 주요 사업 가운데 하나로 지정하고 있었다. 대표적 사례가 바로 화교은행華僑銀行, OCBC, Oversea-Chinese Banking Corporation이다.

화교은행의 설립

화교은행은 세계적 경제지 『포브스Forbes』가 매년 발표하는 글로벌 2,000대 기업 순위에서 2020년 현재 167위(한국 기업의 경우 16위에 삼성, 189위에 현대 모터스가 위치함)를 기록했을 정도로 현지에서 광대한 금융자본을 운용하는 동남아시아의 대표적 금융기업이다. 비록 중국 동남부 지역과 동남아시아를 중심으로 영업 활동을 하고 있기에 고객을 전 세계적으로 확보하고 있지는 않아 거래량은 적지만, 자산이 튼튼한 것으로 평가받는다.

화교은행은 1919년 6월 실수자본 525만 위안元으로 그 영업을 시작했다. 주요 출자자는 림분컹林文慶, 탄임키얌陳延謙, 인수왓촨殷雪村 등으로 모두 싱가포르에 기반을 둔 푸젠 출신 화교 엘리트이다.[15] 특

싱가포르에 위치한 화교은행 총행 건물과 로고
로고의 문양을 자세히 보면 바다를 건너는 정크선을 형상화한 것을 발견할 수 있다.

히 림분컹은 약학자이자 사회 활동가이며 교육사업 종사자였음에도 1912년 화상은행華商銀行, 1917년 화풍은행和豊銀行 등 푸젠계 근대식 금융기업의 설립에 중추적 역할을 해 왔는데, 이는 화교은행을 비롯한 세 은행의 설립이 단순히 금융활동을 통한 이익 추구에만 머물러 있지 않았음을 보여 준다. 실제로 화교은행의 경우 근대식 금융서비스의 부족으로 임금의 송금 및 교향과의 금융 거래에 어려움을 겪고 있던 화교 및 그 가족을 위해 설립된 측면 역시 존재한다. 초기 화교은행은 림분컹이 이사회 의장董事主席을 맡았다는 점도 이를 뒷받침한다.

림분컹을 비롯한 초기 투자자들은 싱가포르 주변 지역의 여러 화교 자본가의 투자를 유치함과 동시에 금융 네트워크를 초국적으로 확장하는 데 노력을 기울였으며 말레이시아의 페낭, 쿠알라룸푸르, 믈라카, 미얀마의 양곤, 중국의 샤먼 등에 화교은행의 분행分行을 설립하였다.[16) 화교은행의 주요 업무는 각 지역 분행의 화교 기업과 개인의 입출금 계좌 개설, 개설된 계좌 혹은 회표匯票(환어음) 발행을 통한 송금 업무의 대행, 세금 납부 업무 등이다.

화교은행이 현재와 같은 세계적 금융기업으로 거듭나게 된 계기는 역설적이게도 미국발 대공황으로 인한 세계 경제 위기였다. 1920년대에 발발한 대공황의 여파는 1931년 말레이시아를 비롯한 동남아시아 지역에까지 이르렀다. 특히 이 시기에 다양한 경제 분야에 진출해 있던 화교 사회가 직격탄을 맞음으로써 독자 생존이 더 이상 불가능하다는 위기의식이 확산되었다. 화교은행의 설립자 중 한 사람인 탄임키앰의 증언에 따르면, 그는 1931년 경제위기를 돌파하기 위해 화상은행의 대표인 리콩치앤李光前, 경리經理(대표이사) 리춘성李俊承 등과 1932년에 모여 대책을 논의했다고 한다.[17)

그들은 날로 더해 가는 위기 상황을 돌파하기 위해서는 소극적으로 대처하기보다 오히려 공격적인 경영이 필요하다는 것에 동의하고 세 은행의 합병을 통한 위기 극복에 합의했다. 즉 각자도생보다는 자금과 인재의 집중을 통해 기업의 규모를 키움으로써 쉽게 무너지지 않을 거대 기업을 탄생시키는 것이 위기 상황에 가장 적절한 대처라 본 것이다. 이 세 은행의 합병으로 OCBC Oversea-Chinese Banking Corporation Ltd., 즉 화교은행유한공사華僑銀行有限公司가 탄생했다. 새로운 기업을 위해 총자본금 1,000만 해협식민지 달러Straits Dollar가 출자되

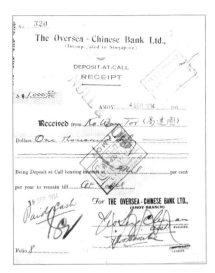

1934년 화교은행 샤먼분행에서 발급한 입금영수증
(OCBC Amoy Branch Deposit Receipt)

고, 각 은행에서 6명씩을 차출해 새 이사회를 구성했다. 탄임키앰이 이사회 의장을 맡고, 탄친투안陳振傳이 부경리副經理(부행장)에 임명되었다.[18] 이사회 의장직 및 행장은 이후 리콩치앤이 1937년에 이어받아 1954년까지 화교은행을 탄친투안과 함께 이끌게 된다.

3행 합병 후 화교은행의 규모는 크게 증가해 합병 직전 3행 합계 2,000만 해협식민지 달러에 불과하던 예금 총액이 1941년에 6,000만 달러로 급증하고, 해외 분행 역시 14행에서 26행으로 증가했다. 싱가포르 총행을 중심으로 말레이시아의 믈라카, 페낭Penang, 쿠알라룸푸르, 끌랑, 미얀마의 양곤, 인도네시아의 바타비아, 수라바야, 홍콩,

상하이, 중국의 샤먼, 샨터우 등에 걸쳐 초국적 금융 네트워크가 형성되어 화자華資 민간 금융 기업 중 최대 은행으로 성장했다. 아울러 은행의 기본 업무를 보조하기 위해 화창부貨倉部, 보관부保管部, 민신부民信部 등의 부속실이 설치되고 동시에 거시적인 경제 변동의 예측과 총행의 효율적 운영을 위해 경제조사실經濟調査室을 둠으로써 서구식 근대 은행의 외관을 갖추었다.[19]

싱가포르에 본행을 둔 화교은행의 샤먼분행에서 발급한 입금영수증은 당시 초국적으로 분포되어 있던 금융 네트워크가 동남아시아의 화교공동체뿐 아니라 그들과 혈연, 지연으로 묶여 있는 교향의 사회에까지 연결되어 있었음을 잘 보여 준다. 앞 사진 속 입금자는 고원각高遠閣이라는 인물로 'A$ 1,000'을 입금했다는 내용이다. 'A$'는 '아모이 달러'를 의미하는데, 푸젠 샤먼에서 통용되던 화폐 단위인 것으로 보인다. 당시 중국계 이주민 자본의 금융기업들은 그 특성상 그들의 고향인 교향에도 근대적 금융서비스를 제공하였는데, 당시 푸젠과 광둥의 화교 가족뿐 아니라 일반 인민까지 이를 적극적으로 활용하였다. 이 역시 당시 영국령 해협식민지의 화상들이 근대적 금융기관을 설치한 주요 이유 가운데 하나였다.

화교은행과 교비업 네트워크

합병 후 새롭게 탄생한 화교은행의 초국적 금융 네트워크를 잘 보여 주는 예가 바로 민신부(교비 업무를 담당하는 부서)의 설립이다. 1938년 화교은행의 민신부 증설에 대한 광고를 보면, 1938년 12월 27일 영업을 재개한 민신부는 광둥성 광저우, 샨터우를 포함한 1,000여 곳, 푸젠성 샤먼, 푸저우를 포함한 600여 곳, 광시성 100여 곳 등으로 교비 업무 관련 서비스를 확대할 것이라고 선언하고 있다.[20]

사실 화교은행은 합병 이전부터 대표적인 화교 송금의 집결지인 샤먼에 분행을 설립하고 송금 업무를 대행해 왔는데, 1938년부터는 보다 적극적으로 송금 업무에 집중하겠다는 의지를 표명한 것이라고 할 수 있다. 실제로 민신부의 설립과 화교 송금 업무의 집중을 통해 화교은행이 초국적 금융 네트워크를 더욱 확장시킬 수 있었다는 평가도 있다.[21]

20여 곳에 불과한 지역에 분행을 설치한 화교은행이 중국 동남부 지역 1,700여 곳으로 향하는 화교 송금을 대행할 수 있었던 것은 민신부의 설립과 함께 중국 국민정부의 교통부交通部 소속 우정저금회업국郵政儲金匯業局(지금의 우체국에 해당)과 합작해 중국 국내 우정로郵政路, 즉 우편 배달 네트워크를 활용할 수 있었기 때문이다.[22] 아울러 국영 은행이자 당시 중국 금융계에서 가장 거대한 은행인 중국은행中國銀行 및 교통은행交通銀行과도 합작하여 국내 송금로를 확보할 수 있었다. 이러한 국가 단위 금융기관과의 경영 합작은 화교은행이 장제스의 난징 국민정부와도 긴밀한 관계에 있었음을 보여 준다. 그러나 화교은행이 화교 송금 관련 민신 업무를 급격하게 확장할 수 있었던 가장 주요한 이유는 10여 년이 넘는 기간 동안 지역의 민간 교비국과 긴밀한 네트워크를 형성해 왔기 때문이다.

화교은행이 발행한 송금 영수증
1940년 수마트라섬 팔렘방의 탄펙전陳百川과
샤먼의 천빙샨陳炳山 사이에 이루어진 650위안
의 송금을 위해 발행한 것이다.

예를 들어, 인도네시아 수라바야Surabaya에서 교비업을 운영하고
있던 장합흥신국漳合興信局이 1939년 1월 5일 푸젠성의 연호聯號인 정
대신국正大信局에 송금을 할 때 화교은행 수라바야 분행과 샤먼 분행
사이의 금융 네트워크를 이용한 것, 1934년 10월 19일 페낭의 훔완
부켓Hum Wan Bhuket에서 샤먼의 정대신국으로 송금할 때에도 역시 페
낭 분행과 샤먼 분행 사이의 네트워크를 활용한 것 등이 있다. 무엇
보다 3행 합병 이후 금융 네트워크의 외연 확장으로 인해 송금 시간
역시 절반으로 줄어, 보다 신속한 송금이 가능해졌다.[23]

여러 송금 영수증 및 자료를 통해 직접적으로 확인할 수 있는 화교은행의 송금 네트워크는 동남아시아의 경우 싱가포르, 말레이시아의 쿠알라룸푸르, 페낭, 믈라카, 끌랑, 인도네시아의 바타비아(자카르타), 수라바야, 팔렘방, 미얀마의 양곤, 태국의 방콕에 이르는데 이 지역들에서 발견된 대부분의 송금 영수증이 샤먼으로 향하고 있다. 다만, 중국 대륙의 경우 샨터우, 상하이, 홍콩에도 분행이 있었음은 확실해 보인다.[24] 샨터우의 경우 샤먼과 비슷하게 송금의 기착지 역할을 했을 것으로 보이지만, 홍콩의 경우는 송금의 기착지라기보다 외환인 송금이 환전되는 교역소로서 분행이 설치되었을 것이다.

즉, 환어음은 동남아시아의 각 분행에서 샤먼 혹은 샨터우로 직접 배달되거나 싱가포르에 모였다가 다시 배달되지만, 각 분행이 어음을 발행해 주면서 받은 외환의 경우에는 싱가포르와 홍콩 사이의 금융 네트워크를 통해 환전되었다가 샤먼으로 보내진 것으로 보인다.[25] 이 시스템을 활용해 화교은행은 1936년에 이미 푸젠성으로 향한 송금의 20퍼센트를 담당할 정도로 성장하였다.[26] 동남아시아로부터 푸젠성과 광둥성으로 들어오는 화교 송금이 중국 전체 무역 불균형을 어느 정도 해소해 주고 있었다는 점을 고려해 본다면, 당시 화교은행이 형성하고 있던 초국적 금융 네트워크가 결코 작은 규모는 아니었음을 짐작할 수 있다. 게다가 화교은행은 푸젠성뿐 아니라 광둥성에도 네트워크를 형성하고 있었다.

화교은행은 이러한 초국적 네트워크를 통해 송금 업무를 진행할 수 있었는데, 송금 업무는 다른 한편으로 예금을 유치하는 데 도움을 주기도 했다. 몇몇 송금의 경우 기업 이름으로 계좌를 개설해 전신을 활용[전회電匯]하여 그 계좌를 통해 송금하는 근대식 은행 시스템을 활용하기도 했기 때문이다. 화교은행의 최대 고객 가운데 하나이던 정대신국正大信局의 경우, 샤먼 분행에 '571'이라는 번호를 가진 계좌를 개설하여 그 계좌에 입금하는 형식으로 송금 업무를 진행하는 모습을 보인다.

정대신국은 샤먼에 총국을 두고 취안저우, 안하이安海, 안시安溪 등 푸젠성 남부 지역과 홍콩, 싱가포르, 인도네시아, 말레이시아 등 동남아시아 지역에 연호를 둔, 매우 드문 거대 송금기업이다.[27] 그리고 샤먼 총상회厦門總商會 소속이자 샤먼시 은신업동업공회厦門市銀信業同業公會의 주요 회원이기도 했다.[28] 같은 소속 회원인 삼미三美, 첩흥捷興, 영복공사永福公司 등의 교비 기업 역시 화교은행과 거래를 맺고 있었는데, 정대신국처럼 계좌를 개설하여 송금 업무를 처리했을 가능성이 높다.

화교은행은 1932년 3행 합병을 기점으로 동남아시아 화교의 자본으로 설립된 거대 금융기업으로 거듭났다. 동남아시아 각 지역과 중국 푸젠성, 광둥성을 잇는 네트워크의 형성을 통해 초국적 자본의 이동이 쉬워지면서 화교은행은 급격하게 성장할 수 있었다. 화교은행이 주도한 화교 송금 업무는 이러한 특징을 잘 보여 준다. 또한 6,000만 달러에 달하는 예금 액수는 화교은행이 동남아시아와 중국 동남부의 지역 경제에 깊이 뿌리내리고 있었다는 것을 잘 보여 준다. 그리고 그 가장 중요한 동력이 바로 남중국해를 중심으로 동남아시아와 중국 푸젠, 광둥 지역에 걸쳐 형성된 초국적 금융 송금 네트워크였다.

전쟁과 교비업

　전쟁은 네트워크의 형성에 어떠한 영향을 주는가? 자유로운 이동이 전제인 네트워크와 적아의 명확한 구분을 통한 단절과 편 가르기를 추구하는 전쟁은 양립할 수 없는 것처럼 보인다. 그러나 네트워크가 삶의 터전이던 화교에게 전쟁으로 인한 네트워크의 단절은 생존에의 위협이었고, 그래서 화교는 어떻게 해서든 이를 이어붙이기 위해 노력했다. 그 가운데 그들은 '조국'인 중국을 침략한 일본에 협력하는 것도 서슴지 않았고, 다른 경로로 네트워크를 잇기 위해 고심하기도 했다.

　1937년 노구교 사건으로 촉발된 중일전쟁, 1941년 12월 시작된 아시아 태평양전쟁의 발발은 샤먼, 샨터우, 광저우, 홍콩, 싱가포르 등 화교가 건설한 네트워크의 주요 교차점node들을 단절시켜 버렸다. 타이완, 한반도, 만주국, 중국의 화북·화중·화남 지역, 홍콩, 싱가포르를 비롯한 동남아시아에 걸친 일본의 광대한 식민지, 이른바 '대동아공영권'은 일본의 적이라 할 수 있는 장제스의 국민정부에 도움이 될 위험성이 짙은 화교의 네트워크를 근본적으로 차단했다. 그리고 점령지 내부의 전체 경제적 역량을 각지에서 수행 중인 일본군의 전쟁에 동원하도록 재구성하기 시작하면서 화교가 초국적으로, 초지역적으로 건설해 온 네트워크는 엉망이 되었고, 각지의 화교는 서로의 소식이나 사정을 알지도 못한 채 각자도생해야만 했다.

특히 교향의 지역 경제를 떠받치던 교비, 즉 화교 송금의 단절은 치명적이었는데, 동남아시아 화교공동체와의 무역과 송금에 주로 의존하던 푸젠 남부, 민난 지역이나 광둥 북부 샨터우, 차오저우를 중심으로 한 차오샨 지역의 반응이 그 어느 곳보다 격렬했다. 민난 지역의 경우 전쟁으로 인해 교비가 각지에 쌓인 채 배달되지 못하고 있었고, 비양심적인 이들은 미배달된 교비를 중간에서 가로채 거대 자산가로 변모하기도 하는 등 혼란이 극심했다. 실제 1946년 급작스레 출현한 상당수의 신흥 자산가들이 이 시기 교비를 빼돌려 치부한 이들이었다는 보고도 있다. 당시 민난의 주요 교향 가운데 이미 점령된 샤먼과 취안저우, 장저우를 제외하면 진지앙이 가장 큰 도시였는데, 이 진지앙 지역 각계각층의 엘리트와 화교 가족, 교비업 종사자 들이 모여 대책회의를 열기도 했다. 이들은 위원회를 설립하여 당, 정부, 군 인사 3인, 화교 가족 대표 2인, 교비국 대표 2인, 지역사회 인사 2인을 중심으로 대책 마련에 부심한다.

핵심은 일본의 침략과 주요 지역 점령에 따른 네트워크의 단절을 어떻게 회복할 것인가였다. 이때 주목한 것이 바로 당시 광둥성의 화교 가족이 전쟁으로 끊어진 교비를 받기 위해 일본군 몰래 연결한 동싱東興-몽카이Mon Kai 루트였다. 동싱과 몽카이는 지금의 광시성과 베트남의 국경에 접한 도시인데, 주로 해양부 동남아시아에 집중한 일본의 눈을 피해 송금을 주고받기 좋은 지역으로 알려져 있었다. 그 결과 당시 샨터우, 광저우를 비롯한 광둥성 동남아시아의 화교 사회와 교향의 교비업계 및 금융업계가 주목하며 모여들면서 금융시장을 형성하던 지역이었다.

이 소식을 들은 민난의 교향 지역사회에서도 이 새로운 루트를 통한 교비 네트워크의 재구성을 꾀하지만, 그리 성공적이지는 않았던 것으로 보인다. 왜냐하면 당시 대륙부 동남아시아의 경우 차오저우, 샨터우, 광저우 등 광둥성 출신 화교의 비중이 높아 해당 루트가 유용했겠지만, 주로 해양부 동남아시아에 퍼져 있던 민난 출신 화교의 경우 육로를 이용한 교비의 전달이 쉽지 않았기 때문이다.

흥미로운 사실은 당시 둥싱-몽카이 루트를 활용하면서 자체적인 네트워크를 이은 샨터우 지역 화교 가족과 출신 화교는 다른 한편으로 일본과도 협력하면서 네트워크를 유지하려는 모습을 보여 주고 있었다는 사실이다. 당시 샨터우의 교비업자들이 설립한 동업조직인 '샨터우시 교비업동업공회汕頭市僑批業同業公會'는 일본군에 의해 설립된 괴뢰정부인 왕징웨이 국민정부가 화교를 통제하기 위해 1942년에 설립한 교무위원회僑務委員會에 적극 협력하면서 네트워크를 이어 가는 모습을 보여 주었다.

그들은 일본계 은행인 타이완은행이나 요코하마정금은행의 네트워크를 활용하여 동남아시아와의 송금 네트워크를 다시 이었는데, 『차오샨교비업당안선편潮汕僑批業檔案選編』에 따르면, 1943년 6월부터 12월까지 6개월간 총 5,866총포總包의 교비가 타이완은행의 지행 네트워크를 통해 싱가포르로부터 샨터우로 유입되었다고 한다. '총포總包'에서 '포'란 개별 교비를 묶음으로 모아서 배달하던 관행에 따른 단위로서 우편으로 배달되던 교비의 (우표 값을 포함한) 배달 비용을 줄이기 위해 고안된 방식이다. 한 포당 수십 장의 교비가 포함되어 있었다는 점을 생각해 보면, 매달 적어도 수만 편의 교비가 일본의 시스템을 활용하여 전달되었다는 것을 알 수 있다.

다시 한 번 강조하자면, 네트워크는 화교와 그 가족, 더 나아가 고향 지역사회의 삶의 근간이었다. 그들은 전쟁으로 인해 단절된 네트워크를 잇기 위해서라면 무엇이든 할 준비가 되어 있었다. 그 무엇도 아닌, 생존을 위해서였다. 새로운 연결점을 찾으면서도 침략한 적국에 협력하는 그들의 이중적 모습은 기회주의적인 행동으로 보일 수도 있지만, 다른 한편으로는 생존을 위한 몸부림으로 볼 수도 있지 않을까. 이주민인 화교의 다양한 네트워크를 지금의 국가주의적, 민족주의적 시선만으로 재단할 수만은 없는 이유가 여기에 있다.

3

이익과 생존,
내셔널리즘의 충돌

동남아 화상이
근대를 살아가는 법

아시아의 근대와 제국의 상인

아시아의 근대는 아수라장이었다. 자본주의와 산업혁명을 통해 형성된 물질문명을 앞세운 서구 제국주의 국가들의 진출, 침략, 식민, 분열, 전쟁 등으로 18세기 이후 아시아 문명은 평온한 날이 없었다. 동북아와 동남아의 경우 그 영향을 강하게 받아 수많은 계층의 아시아인이 그 아수라장에서 허덕였지만, 그 가운데에는 200여 년이 넘는 지금까지도 끈질기게 살아남아 오히려 번영을 누려 온 집단이 있다. 바로 동남아시아의 화상華商이다.

서구의 주요 국가가 동남아와 동북아에 걸쳐 세운 '제국'은 식민이라는 형태로 그동안 해당 지역에 강하게 형성되어 있던 정치적·지리적·경제적·관념적 경계를 해체시키는 결과를 가져왔다. 내부자가 아닌 외부자의 이해관계에 따라 경계가 허물어지면서 함께 공동체를 이루며 살아가던 이들이 분열하는 경우도 있고, 서로 왕래가 없던 이질적 공동체가 '제국'이라는 이름 아래 통합되기도 했다. 그리고 이러한 '제국'의 유산은 여전히 현대 아시아의 지정학적 이해관계를 유발하는 주요한 요소이기도 하다.

다만 아이러니하게도, 기존의 질서가 해체되고 외부자라고 할수 있는 서구 제국에 의해 새로운 질서가 재편되는 와중에 발생한 혼란을 기회 삼아 성장한 집단이 있었다. 바로 상인이다. 새로운 문물의 유입과 경계의 해체는 초국적 무역 행위에 집중한 아시아의 상인에게 상업적 기회의 장을 제공했다. 서구 근대 물질문명의 핵심이라 할 수 있는 자본주의적 상업제도들과 교통·통신의 비약적 발전을 통해 더욱 광범하고도 긴밀하게 연결된 초국적 시장이 형성되었는데, 아시아의 상인은 이를 적극적으로 이용했다. 그 대표적 예가바로 화교 상인, 인도 상인, 일본 상인이다. 재미있는 사실은 다른 두상인 집단(인도와 일본)과 비교하면 동남아 화상의 특징과 생존법을 더욱 뚜렷하게 엿볼 수 있다는 것이다.

제국의 상인들: 인도 상인과 일본 상인

근대 인도 상인의 네트워크는 남아시아, 동남아시아, 동북아시아에 걸쳐 광범하게 형성되어 있었다. 이는 대부분 '대영제국'의 확장과 함께 이루어진 것이기도 했다. 18세기 중후반 남아시아에서의 지배권을 확립한 영국은 18세기 말부터 동남아시아로 그 세력을 넓혔고, 19세기 아편전쟁을 계기로 중국을 비롯한 동북아에 진출하였다. '제국'의 확대와 더불어 수많은 인도인이 식민지 및 조계지의 관료, 경찰, 군인, 용병, 노동자 등의 역할을 부여받아 미얀마, 말레이반도, 해협식민지, 홍콩, 그리고 중국 내 각 조계지에 강제 혹은 자발적으로 이주한다. 그중에서도 인도인 상인의 진출이 두드러졌는데, 특히 영국령 말라야British Malaya의 경우 1844년에서 1931년 사이에만 30만 명의 인도 상인이 진출했다. 인도인의 노동이민이 대부분 강제 계약에 따른 것[Indentured Indian labour migration]이었다면, 상인의 경우 상업적 이익을 추구한 경우가 많았다[Spontaneous Indian traders].[1)]

민족이 아닌 카스트 제도와 지역 정체성에 기대어 진출한 인도 출신 상인 그룹들은 다양한 분야에서 초지역적 상업 네트워크를 형성하였다. 예를 들어 남아시아 신드Sind(현재의 파키스탄 지역) 지역 출신의 상인 그룹은 아시아 전역에 걸쳐 국제적 금융 네트워크를 형성했고, 인도 남부 타밀Tamil 지역 출신 체티어Chettiar 계급 상인의 경우 말레이반도에 진출하여 현지인과 중국인을 대상으로 부를 축적한다.

대표적인 사업이 바로 대부업이었다. 당시 영국령 해협식민지와 영국령 미얀마, 영국령 말라야로 건너온 화교는 초기 정착금이나 사업 자금을 대출로 해결하였는데, 주로 타밀인이나 혈연, 지연 기반 동향 및 씨족 단체로부터 충당했다. 물론 이는 대부분 고리대였고, 이 사업 자금으로 화교 역시 말레이인뿐 아니라 다른 화교를 상대로 고리대금업을 했다. 이른바 타밀인으로부터 시작한 고리대의 연쇄였다.

인도 타밀 지역 출신 체티어 계급의 상인을 묘사한 동상
이들 상인은 당시 중국인과 말레이인뿐 아니라 유럽인을 대상으로 대부업을 했다. 싱가포르는
동남아에 형성된 영국 식민제국의 중심도시로, 특히 타밀 출신 상인이 많이 진출한 곳이다. 그
영향으로 싱가포르에는 꽤 많은 타밀인이 현재까지 남아 있고, 그들이 사용하는 타밀어는 영
어, 중국어, 말레이어와 함께 싱가포르의 공용어 중 하나다.

　　인도 상인은 국제적 교역 및 금융 네트워크를 형성하면서 본
향과의 관계에 있어 그들만의 결제 시스템을 운용했는데, 흔히 훈
디Hundi 시스템을 활용하였다. 원래 훈디는 일종의 태환 영수증Bill of
exchange을 가리키는 말로 인도 내부 지역 간 상거래에 쓰이던 결제 시
스템이다. 광대한 영토에 다양한 결제 화폐를 운용하고 있던 지역
간 이질성을 해소하기 위해, 혹은 대량의 은 루피rupee를 운용해야 하
는 어려움을 해소하기 위해 은행에서 발행하는 태환 영수증인 훈디
를 활용한 것이다. 그 시스템이 인도 상인들의 아시아 진출과 맞물

1932년 싱가포르에서 이루어진 인도인 대부업자와 화교 사이에 이루어진 고리대의 영수증
싱가포르 거주 화교인 이영림李永林과 이찬주李贊周가 인도 상인 나바나 사나 슌무감 필레이
Navanna Sana Shunmugam Pillay로부터 129달러를 빌렸고, 이를 86일 안으로 갚는다는 내용이다. 빌
린 날짜인 4월 20일부터 129달러를 86으로 나누어 하루 1.5달러씩 지급하고, 연이율 24퍼센트
는 만기일 이후부터 적용한다. 여기서 달러는 당시 통용되던 해협식민지 달러이다.

려 인도인 간의 초지역적 결제 시스템에 적용된다.

한 가지 분명한 사실은 이러한 인도인의 초지역적 상업 네트워
크와 그 결제 시스템의 적용이 철저히 영국 제국의 아시아 지역으로
의 확장과 연계되어 있었다는 점이다. 사실 영국과 인도 상인의 관
계는 지배하는 자와 지배받는 자의 관계라고 할 수 있었지만, 역설
적이게도 영국 제국의 피지배자라는 신분 덕분에 인도 상인은 국제
적 상업 네트워크를 비교적 쉽게 형성할 수 있었고, 제국민으로서
상업 영역에서 각종 보호를 받을 수도 있었다. 이는 적은 수로 광범

한 아시아의 제국을 운영해야 했던 영국 식민당국의 필요에 따른 것이기도 했다. 제국민이라는 신분은 식민의 산물이지만, 한편으로는 비제국민에 대해 우월한 지위를 가져다주는 것이기도 했을 것이다. 조계지에서의 치외법권이 그 대표적 특권이다.

실제로 청일전쟁 이후 타이완을 할양받은 일본이 타이완의 지역민에게 일본의 제국민이 될 것인지, 청의 신민으로서 떠날 것인지 결정하라고 공표했을 때 수많은 푸젠의 상인이 앞다투어 제국민이라는 지위를 획득하려 한 것도 그 때문이다. 특히 상업적 이익을 좇아 자발적으로 본향을 떠난 인도 상인의 경우 대영제국의 정치적 강제로부터 상대적으로 자유로웠을 뿐만 아니라 근대 시기 세계 패권을 거머쥔 영국의 영향력 역시 활용할 수 있는 위치에 있었다. 온갖 학살과 배제를 겪으며 갖은 고생을 거쳐 해외에 뿌리내린 화상과 비교해 보면, 그 특징은 더욱 두드러진다.

한편 일본 상인의 아시아에서의 상업 활동은 국가 단위에서 이루어지는 경우가 많았다. 메이지 유신 이후 근대화에 성공한 일본제국의 아시아 진출은 일본 상인의 진출과 함께 이루어졌고, 해외에 진출한 그들은 때로 본국의 제국적 진출의 첨병 역할을 수행했다. 유럽 제국의 아시아 진출이 처음에는 동인도회사를 중심으로 한 상인에 의해 먼저 이루어졌다는 사실과 묘하게 겹치는 부분이 있다. 아시아의 유일한 근대제국으로서 일본의 영향력이 아시아 전체로 확대될수록 일본 상인의 영역 역시 확대되고, 그에 따라 상업 네트워크도 광범해져 갔다.

다만 다른 아시아 상인에 비해 후발주자이던 일본 상인의 경우 화교 상인과 동남아 및 동북아 곳곳에서 조우하게 되는데, 그들은 때로는 협력하고 때로는 경쟁하는 관계였다. 카고타니 나오토籠谷直人에 따르면 19세기 말, 20세기 초 일본 상인이 아시아의 역내무역에 적극적으로 진출할 수 있었던 것은 화상의 네트워크에 의존했기 때문이라고 하는데, 이 시기까지만 해도 화상의 상업 네트워크가 압도적이었음을 알 수 있다.[2] 그러나 그러한 관계는 1920~1930년대가 되면 역전된다.

타이완 식민지에서 재배한 차와 가공한 고무 제품을 앞세운 일본 상인이 화상의 앞마당이던 동남아 시장에서의 경쟁에서 앞서나가기 시작한 것이다. 심지어 다급했던 화상이 당시 중국 대륙 및 동남아 화교에게 널리 퍼지기 시작한 반일국화國貨운동에 적극적으로 가담하여 민족성 및 애국심에 기반한 마케팅을 펼쳤을 정도였다. 게다가 일본 상인의 경우 당시 일본의 아시아 식민지를 재정적으로 뒷받침하느라 아시아 전역에 걸쳐 형성해 놓고 있던 요코하마정금은행과 타이완은행의 금융 네트워크를 적극적으로 활용하기도 했다. 예를 들어 중국 및 동남아에서의 상업 활동에는 요코하마정금은행의 네트워크를 통한 결제 시스템의 활용이 필수적이었다.

'제국 없는 상인', 화상의 생존법

피식민인으로서 인도 상인은 '대영제국'의 제국민이라는 정치적·사회적 지위를 활용하여 아시아에서 그 상업적 영역을 확장했고, 일본 상인의 경우 본국의 제국적 인프라를 적극적으로 활용하면서 아시아 시장에 진출했다. 두 상인 집단 모두 근대 시기 '제국'이라는 초국적, 초지역적 정치체제의 보호 아래 비교적 쉽게 아시아 시장에서 나름의 영역을 갖출 수 있었던 것이다. 이 시기 동남아시아 시장에서 두 그룹은 때로는 화상과 협력하고, 때로는 경쟁하면서 존재감을 과시했지만, 21세기 현재까지 동남아시아를 비롯한 아시아 전역에 깊게 뿌리내려 '아시아의 유대인'이라 불리며 초국적 네트워크를 유지한 이들은 화상이 유일하다. 화상은 어떻게 인도 상인과 일본 상인이 모두 물러난 근대 이후의 아시아 시장에서 생존할 수 있었을까?

자바섬 동쪽에는 인도네시아에서 두 번째로 큰 도시인 수라바야 Surabaya가 있다. 수라바야는 그 특유의 위치 때문에 꽤 긴 역사를 가지고 있는데, 특히 정향과 육두구로 유명한 향신료제도Spice Islands와 말레이반도의 믈라카를 중개하는 해상 실크로드의 핵심 도시라는 지리적 이점을 토대로 성장해 왔다. 수라바야 지역에는 한韓 씨 성을 가진 화예華裔가 살고 있는데, 그 기원을 거슬러 올라가면 수라바야 지역 한 씨 가문 최초의 이민자는 한 시옹콩韓松公으로 알려져 있다.[3] 그는 1673년 푸젠 장저우현 톈바오天寶 지역 출신으로 1700년 즈음해서 라셈Lasem(현재의 렘방Rembang 지역. 자바섬 스마랑과 수라바야 사이에 위치한 작은 항구도시)으로 이주하였다. 명확하지는 않지만, 그 지역 중국인 이주민의 딸과 결혼하여 1743년에 사망할 때까지 다섯 명의 아들과

인도네시아 자바섬 주요 지역

둘 혹은 네 명의 딸을 두었다고 한다.

흥미롭게도 다섯 아들 가운데 장남으로 여겨지는 치엔콩震公 (1720~1776)의 경우 당시 자바섬의 주요 종교였던 이슬람으로 개종하였고, 심지어 현지의 자바 여인과 결혼도 했다. 반면 나머지 아들들은 푸젠 전통의 관습과 종교를 그대로 유지하였고, 결혼 역시 현지의 페라나칸Peranakan(자바섬 현지에서 태어난 화인) 여성과 했다. 그에 따라 족보에는 첫째의 이름이 치엔콩으로 나오지만, 당시에는 소에로 페르놀로Soero Pernollo라고 불렸다고 한다. 네덜란드 동인도회사가 자바섬에 본격적으로 영향력을 끼치기 전에 건너온 아버지와는 달리 2세대한 씨 가문의 오형제는 18세기 초중반부터 자바섬을 본격적으로 점령하기 시작한 네덜란드 상인에게 적극적으로 협력함으로써 가문의 영향력을 넓히게 된다.

네덜란드 동인도회사는 수라바야를 포함한 동자바 지역의 경우

한 씨 형제인 치엔콩, 브위콩尾公 등과 깊이 협력하여 그 식민 지배를 공고히 하였다. 한 씨 가문은 그 영향력을 수라바야를 중심으로 한 동자바 연해 지역 전체로 넓혀 가며 네덜란드 식민체제 아래에서 각종 고위직을 독점했다. 2세대가 주로 각 대농장에서의 세금 징수Tax Farmer 및 현지인과 식민지 지배 세력 사이의 중개 등의 역할을 했다면, 3세대, 4세대에 이르면 실질적으로 땅을 팔기 시작한 네덜란드 동인도회사의 방침 아래 19세기에서 20세기에 걸쳐 대규모 토지를 소유하고, 각종 상품작물을 재배하는 대지주 가문으로 성장한다. 특히 사탕수수의 왕으로 불렸고, 토지를 기반으로 금융, 부동산업 등에도 진출했다고 한다.

자바섬의 한 씨 가문은 이주 지역에서의 적응 및 생존을 위해 거리낌 없이 장남을 이슬람으로 개종시키고, 현지 이슬람 가문의 여성과 결혼시켰으며, 그 이름뿐 아니라 장남의 후예들 역시 이슬람의 관행을 그대로 따르도록 했다. 그리고 그렇게 형성된 이슬람 세력과의 네트워크를 충분히 활용하여 동자바 지역의 거대 가문으로 4, 5세대에 걸친 영화를 누렸다. 그러나 한 씨 가문의 성장과 영화에는 일본 상인과 인도 상인과 같은 본국과의 '정치적' 관계와 관련한 스토리는 찾아볼 수 없다. 심지어 이 가문의 구성원이 당시 많은 화상이 하고 있던 (본국의 차나 비단, 도자기 등을 수입해서 현지 물품을 거래하는) 중개무역을 주요 사업으로 한 것도 아니다.

그들은 그저 현지의 정치 세력과 연계를 맺고, 침략해 온 네덜란드인에게 협력하면서 자신들만의 구역을 형성했을 뿐이다. 물론 '중화인'이라는 '문화적' 프리미엄이 그들의 적응에 도움이 되었을 수는 있다. 17, 18세기 중국은 자바섬의 현지인에게 첨단 문명의 상징으로 여겨졌다는 기록(실제 자바인은 중국인처럼 보이기 위해 그들의 음식과 의복을 따라 했다는 기록이 있다)도 있으니 그러한 이득을 받았을 수는 있었겠지만, 본국으로부터의 정치적 보호나 관심을 받은 바는 없었을 것이다.

이러한 푸젠 출신 화상의 특징에 관해 왕궁우는 '제국 없는 상인 Merchants without Empire'이라고 명명하기도 했다.[4] 중화제국이 해외에 거주하는 본국인의 정치적 보호 및 신분에 대해 인식하게 되는 것은 19세기 중후반 이후다. 1911년 신해혁명 이후 베이양北洋 정부가 화교에 대해서 거의 관심이 없던 것과는 달리 쑨원의 경우 1924년 광저우에 화교사무국을 설치하고, 그들의 지위에 대해 근대적 국가의 관점에서 관심을 기울이기 시작한다. 그를 이어받은 장제스의 난징 국민정부 역시 화교에 대해 비슷한 관점을 가지고 그들의 축적된 부를 본국의 근대화에 기여할 수 있도록 유도하기 위해 노력하였다. 그 영향으로 많은 화교―특히 신이민자들―가 민족주의적 관점에서 스스로의 정체성을 인식하기 시작한다는 점은 잘 알려진 사실이다.

다국적과 무국적의 화상들

뒤바뀐 본국 정권의 태도에도 불구하고, 이미 본국과의 정치적 연계 및 지원 없이 해외에서 각자도생하는 생존전략을 그들의 상인

DNA에 깊이 새겨 놓고 있었기 때문인지, '제국 없는 상인' 가운데에는 이러한 호의적인 본국의 태도를 그리 감사히 여기지 않은 이도 많았던 것 같다. 게다가 중국은 영국 제국이나 일본 제국과 같은 강대국이 아닌, 침략을 당하는 아시아의 '지는 해'였기 때문에, 그리 큰 도움이 되지 않았을 수도 있다. 심지어 본국은 화상에게 애국 송금 및 애국 원조라는 이름으로 끊임없이 무조건적인 원조를 요구하며 귀찮게 해 왔다. 그러한 측면에서 오히려 이러한 변화된 상황 역시 그들이 활용해야 할 상업적 수단 정도로 여긴 듯하다.

1930년대에 이르면 만주사변으로 인해 반일감정이 전 중화권을 휩쓸게 되는데, 여기에는 해외의 중국계 기업가들 역시 예외는 아니었다. 홍콩과 싱가포르의 화상은 연일 국화國貨운동을 벌이며 캠페인, 광고 등을 통해 일본 상품을 배척하고 국화를 애용하자고 난리 법석을 피웠는데, 그것이 과연 고국의 위기를 보고 분개한 기업인의 가륵한 애국심의 발로였을까? 퀴 훼이잉Kuo Huey-Ying의 연구는 그들이 이전에 같은 상황에서 취했던 선택을 지적한다.[5] 1919년 제1차 세계대전 종전 직후, 파리 강화회의에서 일본이 주장한 산둥 지방에 대한 조차권 등 21개조 요구에 반응해 베이징을 중심으로 거세게 일어난 5·4 운동의 여파로 전국적인 반일감정이 격해진 것은 잘 알려진 사실이다.

당시 많은 이가 국내의 기업가뿐 아니라 해외의 화상에게도 일본 제품 보이콧 운동에 동참할 것을 요구하였다. 그러나 홍콩중화총상회CGCCHK, Chinese General Chamber of Commerce Hong Kong와 싱가포르중화총

상회|SCCC, Singapore Chinese Chamber of Commerce뿐 아니라 상하이, 광저우 등지의 개항장 도시에서 활동하던 화상까지도 별다른 반응을 보이지 않았다. 1930년대와 1919년의 이러한 차이는 무엇인가? 1930년대 들어 그들의 애국심이 폭발하기라도 했단 말인가?

쿼의 연구는 이러한 홍콩 및 싱가포르 화상의 정치적 선택 이면에 숨겨진 경제적 요인을 밝힌다. 싱가포르 화상이 반일운동에 참여한 것은 일본과의 동남아시아 무역시장에서의 경쟁력 약화에 그 원인이 있었다. 특히 값싼 고무창 구두를 앞세워 기존 화상과의 고무신발 시장 경쟁에서 일본 상인이 우위에 서기 시작한 것이다. 일본 제품은 1934년이 되면 신발 시장에서 거의 80퍼센트에 달하는 독점적 지위를 누리게 된다.

다른 한편으로 화상의 주요 거래 품목이던 차茶 시장에서의 경쟁에서도 역시 일본에 패했기 때문이기도 하다. 원래 차로 유명한 지역이 푸젠이다. 유명한 반半숙성차인 철관음, 대홍포, 무이암차 등이 모두 이 지역이 원산지이고, 이러한 차 시장을 잡고 있던 푸젠 출신의 상인이 싱가포르 화상 그룹의 주류를 이루고 있었다. 그러나 일본의 식민지인 타이완으로부터 대량으로 재배되어 밀려오는 우롱차와의 가격경쟁에서 밀리게 됨으로써 수많은 차 상인이 시장을 빼앗길 위기에 처하게 되었다. 그 외에 여러 품목에서 일본 상인과 동남아시아 시장을 둘러싸고 경쟁을 벌이다 일패도지하게 된 화상이 반일 보이콧 운동에 열렬히 참가하였던 것이다.

홍콩 상인의 경우 일본과의 경쟁보다는 광저우와의 경쟁에 그 원인이 있었다. 광저우 해관海關 수입을 둘러싸고 기존에 영국이 운영하던 해관이 장제스 정부의 수립 이후 그 운영권이 중앙정부로 넘어가게 되고, 이에 광저우 경제계와 홍콩의 화상들 사이에 긴장 관계가 형성되었다. 영국이 해관을 운영할 당시에는 홍콩의 화상이 영국 국적임을 내세워 5퍼센트의 관세 할인을 누렸고, 가격경쟁에서 앞선 홍콩의 화상이 광저우 상인에 비해 우위를 차지할 수 있었다. 그러나 1929년 난징 국민정부가 해관 운영권을 되찾음에 따라 영국적으로서 우위를 누리던 '검은머리 외국상인'들을 어떻게 대우할 것인가를 두고 논란이 일어난다. 그동안 아니꼬운 꼴을 보아 온 광저우의 상인들은 당연히 당한 것이 있으니 외국인으로 대우하여 관세를 높게 책정하자고 하였고, 홍콩의 화상은 또 그들 나름대로 '우리가 생산하는 제품은 국화다'라는 인식을 심어 줄 필요가 생겼다. 홍콩 상인의 반일 보이콧과 국화운동의 배경은 바로 여기에 있었다.

　인종, 문화, 종교, 공동체에의 소속감 등은 흔히 인류문명의 형성에 중요한 요소라고 알려져 있다. 그러나 화상에게 이러한 가치들은 언제든지 변화할 수 있는, 더 나아가 적극적으로 활용할 수 있는 요소에 지나지 않았다. 이는 한 지역에서 수 세대에 걸쳐 공동체를 형성한 화상의 경우에는 본국의 지원 없이, 심지어 돌아갈 수도 없는 상황에서 낯선 타국에 뿌리내려야 한다는 절박함의 발로였다. 또 여러 지역에 초국적으로 네트워크를 형성한 근대 화상의 경우 여러 정치체에 동시에 '협력'해야 한다는 생존 조건으로 인해 형성된 화상만의 특징이다. 많은 화상이 상업적 이익을 최우선 가치로 삼아 그들 자신의 종교, 소속감, 문화, 심지어는 인종까지도 결정하였고, 그러한 특징이야말로 그들이 이토록 다양한 정치, 사회, 문화, 경제적 환경을 지닌 동남아시아 각국에서 생존할 수 있도록 해 준 밑거름이었다.

다시 한 번 상기하자면 아시아의 근대는 아수라장이었다. 특히 근대 식민시기가 마무리되고, 냉전으로 넘어가는 시기인 1차, 2차 세계대전을 거치면서 아시아의 여러 공동체들이 국가, 인종, 종교, 문화적 가치의 경계가 무너지고 재구성되는 과정을 겪었고, 번성했던 인도와 일본 출신의 상인 역시 예외는 아니었다. 몇몇 소수의 예외적 상황을 제외하고, 대부분의 인도와 일본 상인은 그들이 기대고 있던 제국의 패배 및 철수와 함께 동남아시아에서 물러날 수밖에 없었다. 그러나 수 세기 동안 이방인으로서 본국에 종속되지 않고, 상업적 이익만을 추구하는 DNA를 가지고 변화무쌍하게 적응해 온 화상의 경우 전쟁기를 거치면서도 생존하였다.

심지어 1955년 인도네시아 반둥에서 열린 회의에서 중국이 선포한 해외 거주 중국인의 이중국적 금지정책에 대해 수많은 화상이 그 상업적 기반을 유지하기 위해 과감하게 중국인으로서의 국적을 포기하였다. 그렇게 본국과의 관계가 끊어지나 싶더니 1978년 중국의 개혁개방과 더불어 중국 정부의 요청으로 동남아의 화상들은 각종 혜택을 받으면서 다시 본국으로 진출하게 된다.

18세기 한 씨 가문의 수라바야 진출부터 20세기 국화운동을 거쳐, 현재 중화계 외국 기업으로서 조상이 건너온 땅에 역진출하기까지, 동남아 화상이 보여 주는 생존력은 이민자 그룹으로서 수 세기 동안 끊임없이 타협하고 적응한 노하우가 축적되어 형성된 것이라고 할 수 있다. 인도 및 일본 상인과는 달리 때로는 다중국적, 때로는 무국적의 성격을 띠는 화상의 이러한 특징이야말로 그들이 아수라장의 근현대 아시아를 헤쳐 올 수 있도록 해 준 생존 비결일 것이다.

부유한 화교 자본가는
혁명에 관심이 없다?

　동남아시아 화상의 이익 추구 본성, 그 와중에 관찰되는 친제국주의적 성향, 기회주의적 태도는 청말과 중화민국 시기 대륙의 지식인에게 끊임없이 비판의 대상이 되었다. 1911년을 전후하여 다양한 혁명 조직이 광저우와 해외 여러 거점을 중심으로 청 제국을 무너뜨리고 공화국을 설립하기 위해 몸부림치고 있을 때, 그들을 적극적으로 도와준 화상이 있었던 것은 사실이지만, 오히려 아무런 관심을 기울이지도, 조금의 도움도 주지 않은 화상 거부도 많았다. 이들은 20세기 전체에 걸쳐, 혹은 후대의 민족주의적 사학자들에 의해서, 혹은 정치인들에 의해서 계속해서 비판을 받게 되는데, 신해혁명의 주역이면서 이후 국민정부 내에서 장제스와 라이벌 관계를 형성하는 정치인이자 혁명가인 후한민胡漢民 역시 마찬가지였다. 특히 그는 혁명에 적극적이면서, 조국에 대한 갸륵한 마음이 남아 있는 이들은 중소 상인이나 일반 노동자들이라며, 거대 자본을 가진 자본가들을 혁명에 아무런 관심이 없는 '장사치'로 폄하하는 데에 주저함이 없었다.

반대로 화상은 그들을 아무런 가망도 없는 일에 매달리면서도 대가에 대한 아무런 약속이나 보장도 없이 오직 애국심에 기대어 돈을 달라고 징징거리기만 하는 존재로 생각했을 것이다. 실제 1930년대 일본이 중국 대륙 침략을 본격화하고, 전국에 국화國貨운동이 펼쳐지면서 일본 상인과 거래 관계를 유지하는 화교 상인이 모두 지탄의 대상이 되었을 때조차 많은 화교 상인은 그 거래를 쉽게 깨지 못하는 모습을 보이기도 한다.[6] 이미 이 시기 이주민으로 초국적 네트워크를 형성해 놓고 이를 영토 삼아 살아가던 화교 상인과 대륙의 민족주의에 기반한 지식인 사이에는 조금씩 간극이 벌어지고 있었다. 다음은 후한민의 불만을 기록한 글로 다소 길지만 그들의 간극이 잘 드러나 있어 인용한다.

10. 난양의 자본가는 혁명을 하지 않는다.

화교는 혁명에 매우 열성인데, 대개 외국인의 핍박을 받아 조국에 대한 관념이 비교적 절실하기 때문이다. 화교 가운데 주관이 있는 이들은 언제나 중국을 하나의 어엿한 국가로 만들려고 하는바, 그들은 대외 교제에서도 훌륭하게 역할을 해낸다. 화교의 혁명에 대한 태도를 분석하자면, 크게 두 가지로 나눌 수 있다. 하나는 대자본가이고, 다른 하나는 열성이 풍부한 일반 노동자, 소상인인 화교이다. 이들 화교의 혁명에 대한 태도는 매우 큰 차이를 보인다.

대자본가들은 혁명을 원하지 않고, 가장 혁명을 두려워하는데, 거대 자본가라는 사람들은 모두 고유의 자본을 지킴과 동시에 확대하려는 경향을 고수하면서 혁명을 마치 그들에게 크게 불리한 것처럼 여긴다. 내가 지금 두 명을 예로 들어 볼 것인데, 기타 화교 자본가의 태도를 대표하기에 충분할 것이다.

한 명은 야오둥성姚東生이라고 하는데, 그의 형제는 일찍이 황화강黃花崗 혁명(1911년 광저우에서 쑨원의 동맹회가 일으킨 제3차 혁명운동을 가리킴)으로 희생하였다. 그 자신 또한 우리의 동지라고 할 수 있다. 그는 후에 주석 광산을 열었고, 큰 재물을 모아 결국 일약 자본가가 되었다. 우리는 그가 혁명에 대해 결코 모른 체하지 않을 것이라 여겼고, 반드시 우리를 도와줄 것이라는 생각에 그에게 찾아가 혁명에 도움을 주기를 청하였다. (그러나) 그는 바로 일개 자본가의 표정을 보이고는 말하였다!

"지금 나의 재산이 중대하게 되어 종전과는 다르니, 이전과 같은 방법으로 자네들과 일을 도모하자고 하는 것은 안 될 일일세! 자네들이 도움을 요청하고자 한다면 다른 방법을 강구해 보세나! 앞으로 천천히 방법을 세워 보세!"

이러한 말은 실로 사람을 화나게 하는 것으로 황금의 마력이 결국 한 개인의 사상을 바꿔 놓는 것이 어찌 이토록 빠르단 말인가!

다른 한 명은 성이 루盧인 자로, 실로 더욱 나쁘다고 할 수 있다! 3월 29일 광저우 황화강 혁명 전에 난양의 동지들로부터 조달할 자금을 모집하면서 그가 고무농장 사업으로 재산이 2~3만 위안에서 40

만 위안 정도로 급증했다는 것을 알게 되었다. 덩쩌루鄧澤如 동지는 이러한 신흥 부자暴發戶(벼락부자를 의미하는 Parvenu의 중국어 음역)들에게 반드시 가르침을 청해야 한다고 여겨, 나와 함께 그를 만나러 갔다. 우리는 그와 세 시간 정도 대화를 나누었고, 그야말로 입이 닳도록 말을 했다. 쩌루는 이번에는 이전 몇 차례에 비해 움직이는 군사가 달라 그렇게 큰 손실은 없을 것이라 하였다. 그(상인 루)는 모금 장부를 받고는 바로 우리에게 등을 돌리고 쓰더니, 다 쓰고 난 이후 장부를 우리에게 넘겨주었다. 그러면서 그는 머리를 숙이고, 허리를 굽혀 읍揖하고는 미안한 어투로 말하기를 "죄송합니다, 양해해 주시길 바라겠습니다!"라고 하였다.

우리는 그가 이렇게 미안해하는 것을 보면서 그 자리에서 바로 장부를 펴서 보지 못하고, 문을 나온 뒤에 살펴보니, 역시나 20위안(만)이 또렷하게 적혀 있었다. 쩌루가 펄쩍 뛰며 말하길, "어찌 이럴 수 있단 말인가! 세 시간을 보내고도 20위안만을 쓰다니! 만약 세 시간을 가지고 보통사람을 찾는다고 해도 결코 이렇지는 않을 걸세!"

이상 예로 든 두 명의 신흥부자조차 우리의 혁명을 도우려 하지 않았으니, 우리의 혁명을 반대한 대자본가에 대해서는 더욱 말할 필요조차 없을 것이다.

자본가의 태도는 금전에 대해서는 먹어도 부족함을 모르고, 돈이 쌓이면 쌓일수록 많아지니, 그들이 돈을 보관하는 철로 된 금고는 불에도 타지 않는다. 예를 들어 920위안이 있으면, 그들은 반드시 수십 위안을 빌려서 기어코 1천 위안을 만들어 놓고는 기뻐한다. 만일 그들이 손해를 본다고 해도 그들의 금고 속 1천 위안으로 보전하겠는가? 그들은 매우 마음 아파하며 섭섭해할 것이다! 하물며 1천 위안을 채워도 1천 500위안, 2천 위안을 모으려 할 것이니, 그들은 영원히 다른 이에게 돈을 주려 하지 않을 것이다! 화교 대자본가의 태도 역시 이와 같다.

요루요有陸祐란 자는 난양 영국령에 있는 대자본가인데, 그는 쿨리출신으로 후에 쿨리 모집객이 되었다. 그는 일찍이 (사업상) 수차례실패하였지만, 후에는 결국 다시 부활하였다. 그가 죽었을 때 남긴재산만 4, 5천만 위안에 달했다. 그는 원래 우리 혁명당의 활동에 대해 알고 있었지만, 한 푼의 돈도 내놓지 않았다. 그는 여러 사정으로쩌루를 찾아 도움을 청한 바 있고, 쩌루 역시 진실로 고심하여 그의여러 사정을 처리하는 데에 도움을 주었다.

쩌루가 그에게 "저는 당신이 중국의 혁명사업을 도와 주기를 바랍니다!"라고 청하자, 그가 답하길, "기회가 있을 때를 기다려 다시 말하시지요. 기회가 있으면 제가 다시 도울 방도를 마련하겠습니다"라고 하였다. 우리가 매번 혁명을 할 때마다 쩌루는 그를 찾았지만, 그는 언제나 "당신들은 성공할 가능성이 없는 것이 두렵지 않습니까? 당신들이 성공할 가능성이 있을 때 제가 돕는 것이 좋겠습니다!"라고 답하였다."

출처: 胡漢民,「南洋與中國革命」, 張永福 編輯,「南洋與創立民國」, 上海中華書局, 1933.

친일의 두 얼굴,
오분호와 림분컹의 친일과 그 후

오분호의 상업활동

여기 두 명의 저명한 동남아시아 화교가 있다. 이 둘은 20세기 초중반에 걸쳐 각자의 분야에서 최고의 명성을 자랑하고 있었고, 대표적 동남아 화교 거상이자 지식인으로 존경받고 있었다. 그리고 그들은 똑같이 친일 활동을 했다. 그러나 전후 일본의 항복과 함께 시작된 정치적 혼란기에 이 둘의 친일 행각에 대한 평가는 극과 극을 달린다. 같은 친일 활동임에도 찬사와 비난으로 평가가 나뉘는 것은 무엇일까. 바로 오분호와 림분컹에 대한 이야기다.

오분호胡文虎는 1882년 당시 영국령이던 동남아 미얀마의 양곤Yangon에서 푸젠 하카客家 출신 화교 집안에서 태어났다. 그는 아버지의 유언에 따라 하카 출신의 조상들로부터 대대로 내려온 '고膏' 만드는 기술을 더욱 완벽히 발전시켜 대량생산하는 데에 성공하게 된다. 1926년에는 싱가포르를 본격적인 사업의 전진기지로 삼고, 동남아시아 전체에 '호랑이 브랜드虎標'의 의약품 유통망을 형성하였다. 그리고 그는 그 유통망을 1930년대 홍콩과 광저우 등으로 확대하여 초국적, 초지역적 상업 유통망을 형성한 거부가 된다.[7]

'호랑이 연고Tiger Balm'로 불리는 의약품 외에 오분호가 적극적으로 진출한 영역은 언론이다. 1929년에서 1951년 사이 그는 총 17개의 '싱星(싱가포르를 의미)'자 계열 신문을 출간하였다. 오분호가 발행하는 신문들은 중문과 영문을 모두 포함하고 있어 그 영향력은 당시 동남아 최고 거부이자 '고무왕'으로까지 불리던 탄카키陳嘉庚의 사업적 라이벌로 불릴 정도였다. 정통 푸젠계 '성골'인 탄카키에 비해 하카 출신인 오분호의 '지연'적 배경이 상대적으로 약했다는 점과 그가 동남아 화교 사회에서는 변방에 해당하는 미얀마에서 뒤늦게 싱가포르로 진출했다는 사실을 고려하면, 그 성장세는 놀라울 정도였다고 할 수 있다. 오분호가 신문을 계속해서 다양하게 발행한 것은 그가 가진 상대적 한계를 여론 형성을 통해 극복하기 위한 측면도 있다. 실제 그는 전쟁 기간, 혹은 전후에도 소유한 신문의 논조를 통해 여론을 형성하거나 정치권과 협상 및 타협하는 모습을 자주 보여주었다.

그는 사업으로 발생한 이익의 25퍼센트에서 60퍼센트 정도를 자선사업에 투입하는 것으로도 유명했는데, 주로 교육사업, 체육사업, 하카 그룹 소속의 사회단체가 그 대상이었다. 가장 유명한 것으로 호파虎豹빌라 혹은 타이거 밤 가든Tiger Balm Garden이 있다. 그의 이름인

호와 동생의 이름인 파豹를 붙여 작명한 일종의 교육 목적의 놀이공원이다. 각각 홍콩, 싱가포르, 푸젠 용딩永定 지역에서 1930~1940년대에 개장하였다. 놀이공원이지만, 화교 자녀들에게 중화 문명의 다양한 요소를 소개하기 위해 지어진 교육시설로 볼 수도 있다. 내부에는 유교와 도교 신앙의 전설 및 민담을 소재로 한 코스들과 역사적 이야기들로 가득하다. 홍콩과 싱가포르의 호파빌라는 현재까지도 운영되고 있다.

그럼에도 불구하고 기업가 특유의 강한 이익추구 성향은 그가 탄카키의 사업적 라이벌은 될 수 있을지 몰라도, 동남아 화교공동체의 진정한 리더가 되지는 못하게 한 측면이 존재한다. 예를 들어, 그는 1929년 『싱추일보星州日報』를 창간할 때에 당시 국민당의 영수였던 장제스에게 제자題字, 즉 창간 기념문을 요청한 반면, 1938년 홍콩에서 『싱타오일보星島日報』를 창간할 때에는 공산당의 저우언라이周恩來, 주더朱德, 예젠잉葉劍英 등에게 제자를 부탁한 바 있다. 이러한 행동이 사실 기업인으로서는 매우 당연한 '처세'였을지 몰라도 화교 대중에게는 기회주의적으로 보였을 것이다.

특히 국민당과 공산당으로 양분된 당시의 민심으로 볼 때 두 그룹으로부터 동시에 비난을 받을 소지도 있었다. 물론 탄카키 역시 사업적 이익을 위해 기회주의적으로 행동하지 않은 것은 아니고, 게다가 이러한 성향은 정도의 차이만 있을 뿐 당시 동남아 화상이라면 누구나 가지고 있었던 것이기 때문에 오분호에 대한 과한 비판은 억울한 측면도 있다. 그러나 그에 대한 이러한 평판이 극대화된 사건

「싱추일보」 창간호의 장제스 제자와 오분호

이 있었으니, 바로 그의 친일 행각이었다.

림분컹의 사회사업 활동

1869년 페낭에서 태어난 림분컹林文慶은 말레이 지역(말레이반도, 싱가포르, 수마트라, 자바 섬 등)에서는 '페라나칸'이라 불리는 3세대 푸젠계 화예다. 페라나칸은 말레이어로 '현지에서 태어난 이Local born'를 가리키는 말로 흔히 현지인과 화교 사이에 태어난 혼혈을 가리키지만,

광의로 해석하면 지역에서 태어난 외부인 전체를 의미하기도 한다. 그는 18세에 이미 영국 여왕의 장학금 Queen's scholarship을 받고 영국에서 공부하였고, 이후 에딘버러대학에서 의사 수련을 받은 엘리트였다. 스코틀랜드에서 공부했을 때 백인들로부터는 중국인이라고 인종차별을 당하고, 청에서 온 중국인들로부터는 중국어를 모른다는 이유로 차별을 받는 이주민으로서 경계인의 삶을 살았다고 전한다.[8]

의술을 수련하고 1893년 싱가포르로 돌아온 그는 스코틀랜드에서 겪은 정체성 충돌의 경험 때문인지 돌연 싱가포르 페라나칸 공동체 사이에서 평론가로 활동하기 시작한다. 그는 이주민 집단으로서 동남아에서 가지는 화교의 지위와 처지에 대해 끊임없이 고민하고, 양쪽에서 차별과 견제를 받는 (화교) 동족의 삶을 개선하기 위해 애썼다. 그런 이유로 그가 20세기 초중반 벌인 활동은 특정한 분야에 국한되지 않고 매우 다양했다. 그는 1890년대 페라나칸 출신 동료 작가들과 함께 화교에게 중화문명을 근대적 요소와 혼합하여 교육하려 노력하였다. 유학儒學을 알리고, 한자를 공부하였지만, 동시에 변발을 자르고, 여성에게도 공부할 것을 장려하는 등의 근대적 지식인의 모습도 보인다. 그는 이주민으로서 화교가 '중화성中華性'을 분명히 가짐으로써 말레이 로컬 문화의 영향과 유럽 근대문명의 영향을 배제한 그들만의 정체성을 형성하려 한 듯하다.

이 당시까지만 해도 페라나칸에 대한 관심 정도에 머물던 그의 인식이 '중국'이라는 본국으로까지 확장된 것은 20세기 초반 청말의 유명한 개혁가 캉유웨이康有爲와 쑨원을 싱가포르에서 만나면서부터다. 이후 그는 교육적 관점에서 동남아의 화교공동체와 본국의 교향 사이의 연계에 관심을 기울이고, 1921년 비슷한 관점을 지닌 친우 탄카키의 초대와 쑨원의 제안으로 탄카키가 세운 아모이대학Amoy University(지금의 푸젠성 샤먼대학)의 2대 총장을 16년 동안 맡기도 한다. 또 다른 한편으로 말레이 지역 화교화인과 교향에 거주하는 가족 사이에 이루어지던 경제 활동(예금, 대출, 송금 등)을 근대화하려는 목적으로 1910년대에는 화상은행(1912), 화풍은행(1917), 화교은행(1919)을 공동 설립하기도 했다.

그 외에도 해협식민지 화교를 위한 각종 신문(『티엔난신보天南新報』)과 잡지(『the Straits Chinese Magazine』)의 발행에 참여하고, 싱가포르의 화교 여성을 위한 교육기관Singapore Chinese Girls' School을 설립하기도 했다. 그리고 싱가포르가 영국 동인도회사에 의해 개발된 지 100주년을 맞아 발행될 예정이던 '싱가포르 100년사 편찬사업'에 관한 소식을 듣고, 친우이자 같은 페라나칸인 송옹시앙宋旺相에게 '싱가포르 화인 100년사One Hundred Years' History of the Chinese in Singapore'를 저술하여 참가하도록 독려한 이도 림분컹이었다.[9)]

이토록 다양한 그의 활동은 단순히 '조국'을 위한다거나 중화의 문명을 보존하여 동남아의 화교를 교화한다는 민족주의적, 혹은 중화주의적 의식에서 비롯된 것은 아니다. 그의 활동은 오히려 동남아, 특히 말레이 지역의 화교공동체가 이주민 그룹으로서 말레이 문화와 서구 문화에 휩쓸리지 않도록 뿌리를 잊지 말자는 캠페인에 가깝다고 할 수 있다. 그리고 그 목적은 그가 속한 화교공동체 자체의 안정과 독립된 정체성의 보존에 있었다. 그는 오롯이 (그 교향의 가족을 포함한) 화교의 이익에만 관심이 있었다. 이러한 그의 태도는 19세기 말부터 20세기 초중반에 걸쳐 화교에게 영향을 주었고, 림분컹은 당시 그들의 정신적 스승과도 같은 역할을 하였다.

이런 림분컹도 1942년 일본의 동남아 점령과 함께 시작된 일본 식민통치 아래 친일 행위를 했다. 오분호 역시 일본의 전쟁 수행에 동참하여 친일 활동을 했다. 또 다른 리더 격의 화교인 탄카키는 전쟁 발발과 동시에 수마트라섬으로 도망쳐 1945년 일본이 항복하는 순간까지 일본의 감시망이 닿지 않는 모처에 숨어 있었던지라 친일이라는 굴레를 면할 수 있었다. 그러나 도망치지 않은, 혹은 못한 림분컹과 오분호는 친일 행각에 대해 전혀 다른 평가를 받게 된다.

같은 친일, 다른 평가

1942년 2월 싱가포르가 일본에 의해 점령되고, 그 명칭 역시 쇼난토昭南島로 개칭되었다. 동시에 싱가포르는 일본의 대동아공영권을 재정적으로 뒷받침하는 핵심 지역 가운데 하나로 기능하게 된다. 일본이 싱가포르를 활용하는 과정에서 가장 중요한 사안이 바로 인구의 대다수를 차지하는 데다, 풍부한 경제적 역량을 가지고 있던 화교 그룹의 협조를 구하는 것이었다. 그래서 일본군은 그 기선 제압의 일환으로 이미 「항일화교명부抗日華僑名簿」를 준비해 놓고 있었다.[10] 100여 명이 넘는 항일단체 지도자와 임원 그리고 주요 회원의 주소를 미리 파악해 놓고 점령 이후에 모두 교외로 끌고 나가 기관총과 총검으로 학살하였다. 이를 소위 '숙청肅淸, Sook Ching'사건이라 부른다. 이러한 학살은 화교 유력인사에 그치지 않고 싱가포르 거주 일반인에게까지 미치게 되어 그 피해 규모가 기하급수적으로 증가하였다.

사실 일본의 싱가포르 점령을 전후하여 많은 화교 엘리트가 싱가포르를 탈출하려 시도하였다. 저명한 화교 사업가인 탄카키가 인도네시아로 탈출한 것을 비롯하여 그의 사위이자 화교은행(OCBC)의 행장인 리콩치앤과 부행장 이하 간부들 역시 인도로 탈출하였다. 그 외에도 많은 화교가 탈출에 성공하기도, 탈출을 기도하다가 일본군에 의해 잡히기도 하였다. 반면 탈출할 방법이나 기회를 갖지 못한 일반 화교 주민들은 식민지 지배가 영국에서 일본으로 넘어가는 것을 그저 지켜보아야만 했다. 다만 무슨 이유에서인지 림분컹은 그대로 싱가포르에 잔류하였고, 일본의 점령과 그 직후 벌어진 잔혹한 학살을 목도하게 된다.

당시 일본 군정의 간부이자 숙청사건으로부터 림분컹을 포함한 많은 중국인을 구한 바 있는 시노자키 마모루篠崎護는 림분컹에게 '쇼난화교협회昭南華僑協會'의 설립을 요구하였는데, 림분컹은 나이가 많다는 이유(당시 70대)로 한 차례 거절한 바 있다. 그러나 숙청사건과 싱가포르 화교의 고난에 충격을 받은 림분컹은 결국 시노자키의 제안을 수락하였다. 그 결과 림분컹을 회장으로 하고 21인의 이사회를

시노자키 마모루

전쟁 이전부터 말레이 지역과 싱가포르에 거주했다고 알려져 스파이로 의심을 받은 바 있고, '숙청'사건으로부터 수많은 중국인과 현지인을 구해 '일본의 쉰들러'라고 불리기도 했다. 전후에는 숙청사건의 중요한 목격자로 전범재판에서 협조적으로 증언하기도 했다. 그 때문인지 그는 별다른 비난 없이 순조로운 인생을 1991년까지 살았다. 그에 대해서는 기회주의적 인사라는 평가와 영웅이라는 평가가 엇갈린다.

둔 일본의 '괴뢰조직', '쇼난화교협회'가 탄생하였다. 일본군정은 이 단체를 통해 50만 엔의 '봉헌금奉獻金'을 모으도록 했고, 그 처리 역시 쇼난화교협회가 담당하였다. 1945년 일본이 항복할 때까지 3년 동안 림분컹을 회장으로 하는 쇼난화교협회는 거액의 전비와 인력을 일본군에 제공하게 된다.

중국 대륙 정부와의 관계로 인해 항일인사로 분류되었던 오분호의 경우 탈출하는 과정에서 홍콩에서 일본군에게 나포되었고, '지나파견군支那派遣軍'을 지원하는 조건으로 살아남았다.[11] 당시 그의 친일 행각은 미국 중앙정보국CIA의 보고서에도 나타나 있는데, 이 보고서에서 그는 일본과 중국 국민당, 공산당 등 모든 정권과 연계를 맺고 있는 기회주의자로 묘사되고 있다.[12] 심지어 오분호는 일본의 항복으로 전쟁이 끝난 이후에도 일본과 밀접한 관계를 이어갔는데, 전후 그의 아들을 일본인 여성과 결혼시킨 것과 일본의 증권회사와 협력하여 금융업에 진출한 것 등이 대표적이다. 그의 이러한 행적은 동남아시아, 특히 싱가포르 화교 사회에는 매우 잘 알려져 있었고, 이는 전후 화교공동체의 리더를 언급할 때 그의 영향력을 탄카키에 비해 현저히 낮추는 계기가 되었다.

오분호와 림분컹 모두 저명한 화교 엘리트로서 일본의 점령 기간 친일 활동을 벌였다. 그것도 단순 선전이나 여론 조성과 같은 소극적 협력이 아닌, 전비를 마련하여 그들의 '조국'인 중국과 전쟁을 벌이는 일본에 무기와 보급을 조달하는 적극적 활동이었다. 그러나 전후 그들에 대한 평가는 극과 극이다. 오분호의 경우 친일 경력이 오점이 되어 1942년 이전 중일전쟁 내내 국민당의 전비를 모금하고 많은 기여를 했음에도 비난의 대상이 되었다. 그는 비난에 시달리다 말년에는 하와이에서 생을 마감하였다. 웬만큼 이름 있는 화교들은 다 가지고 있는 싱가포르의 거리 명칭도 오분호에게는 허락되지 않았다. 반면 림분컹은 친일을 했음에도 그에 대한 존경은 줄어들지 않았고, 오히려 더욱 공고해진 측면마저 있다. 현재 싱가포르에는 그의 이름으로 된 지하철역[Boon Keng MRT Station]이 있고, 도로 역시 두 곳[Boon Keng Road, Upper Boon Keng Road]이나 된다. 그 차이는 무엇일까.

림분컹이 '쇼난화교협회'를 설립하여 일본의 전비를 지원하게 된 것에는 또 다른 사연이 있다. 당시 싱가포르를 비롯한 말레이 화교의 정신적 지주 및 원로 역할을 하던 림분컹에 대해서는 일본군 역시 이미 파악해 놓고 있었고, 싱가포르를 점령하자마자 그와 그의 가족을 붙잡아 아랍 스트리트[Arab Street]에 있던 강제수용소에 감금하였다. 그 상황에서 압박을 가하며 화교협회의 설립을 강요했지만 림분컹은 한 차례 거절하였고, 일본군은 그의 부인으로 타킷을 변경하여 뜨거운 햇볕 아래 무릎을 꿇리게 하고는 4시간 이상 모욕을 가하며, 림분컹을 압박하였다. 그는 이러한 압박을 이기지 못하고 결국 수락하였고, 그의 집에는 그와 가족을 24시간 감시하는 감시자가 따라붙게 된다.

당시 일본군 치하의 싱가포르 화교는 매우 엄혹한 환경에 처해 있었다. 이유 없이 학살을 당하고, 잡혀가 강제수용소에서 고문을 당하는 데다 외부 상황에 대해서는 아무런 정보도 전달받지 못하고 있었다. 여기에 그들을 이끌어야 할 대부분의 화교 지도층은 모두 탈출하였고, 영국군마저 일본에 패퇴하여 그들을 버린 채 물러난 상황이었다. 싱가포르의 화교를 대변하고 이끌 리더의 부재야말로 일반 화교 주민을 힘들게 하는 근본 원인이었다.

사실 이러한 경험으로 인해 1945년 이후가 되면 탈출하였지만, 여전히 기득권을 가진 구세대 화교와 신세대 화교 사이에 세대갈등이 일어나게 되고, 영국의 재지배에 대한 극렬한 저항감이 화교공동체 사이에 퍼지면서 결국 싱가포르의 자치와 독립으로 이어진 측면도 있다. 중국 대륙과의 연계를 중시하는 구세대와 영국과 중국으로부터 벗어난 독립된 공동체와 정체성을 구성하려는 신세대 사이의 갈등이 싹트는 순간이기도 했다.

이러한 상황에서 림분컹은 당시 일본 점령하 싱가포르 화교의 대변인과 리더를 맡아 그들과 같은 위치에서 고난을 함께 감내했다고 하는 사실이 그 행위에 대한 정상참작을 가능하게 해 주었던 것으로 생각된다. 실제 당시 싱가포르에서 푸젠계 화교와 일본인 사이의 통역 역할을 했던 한 푸젠계 친일 타이완인의 기록에 따르면 쇼난화교협회의 드러난 목표는 일본의 전비 마련이었지만, 그 감추어진 진정한 목표는 싱가포르 화교의 구조와 보호였다고 한다. 게다가 림분컹은 50만 엔을 요구한 일본군에 대해 '겨우' 28만 엔만을 모금하여 주었고, 이에 대한 추가 헌금 모금에 대한 압박을 감당하기도 하였다. 다른 한편으로 가족을 위해 어쩔 수 없이 일본에 협력하게 되었다는 사연이 일반 화교들로 하여금 동질성을 느끼게 해 주었을 수도 있다.

당시 다양한 계층의 많은 화교가 림분컹과 같이 일본의 학살과 압박에 못 이겨 일본에 협력하였는데, 전후 영국이 다시 돌아왔을 때 이들 친일 화교의 재산을 적산敵産으로 간주하여 일괄 정리하려고 하였다. 탈출한 이들은 재산상에 아무런 손실이 없고, 남아서 고초만 당한 이들이 친일과 적산으로 분류되는 현실에서 림분컹의 존재는 일반 화교에게 변명과 위로가 되어 주지 않았을까. 결국 친일, 애국이라는 프레임보다는 누가 우리와 고난을 함께해 주었는가 하는 점이 가장 중요한 가치였던 것이 아니었을까. 그러한 측면에서 탈출하다 잡힌 데다가 전후에도 일본과 긴밀한 관계를 맺고 있던 오분호에 대한 화교의 여론이 좋았을 수는 없었을 것이다.

사실 이러한 현상은 애국심의 대상이 명확한 한반도를 비롯한 다른 피식민지인이 가진 경험과 인식과는 확실히 다른 결을 보여 준다. 여기에는 이들이 애국의 대상이 모호한 이주민 그룹으로서 그러한 경험을 했다는 점이 크게 작용했다. 싱가포르를 비롯한 동남아의 화교에게 애국심을 가지고 충성해야 할 대상이 누구인가라고 묻는다면 그 대답은 매우 복잡 다양할 것이다. 다만 한 가지 분명한 점은 이미 20세기 초중반이 되면 동남아시아의 화교 사회와 중국 대륙 사이에는 서서히 메울 수 없는 균열이 벌어지고 있었다는 사실이다.[13] 1955년 반둥회의에서 저우언라이周恩來가 해외 거주 중국인의 이중국적 금지를 선언한 것이 동남아 화교를 중국 본토로부터 급속히 단절시키는 중요한 '공식적' 계기였다고 한다면, 어쩌면 림분컹을 비롯한 화교의 일본 식민 경험과 그 이후 애국심을 배제한 독립된 이주민 공동체로서의 자각이야말로 그들을 중국으로부터 단절시키는 좀 더 이른 시기의 '관념적' 계기가 아니었을까.

저명한 기업인으로서 오분호의 선택과 지식인이자 교육가, 사회사업가로서 림분컹의 선택은 그들의 진실한 동기가 무엇이었든 간에 당시 주변인에게는 단순히 이익과 생존만을 추구하는 '장사치'의 기회주의적 태도와 화교와 끝까지 고난을 함께한 참된 지도자로 여겨져 그들에 대한 평가를 가른 기준이 되었다. 다만 비난은 받았을지언정 오분호의 친일을 통한 생존 모색이 없었다면 그의 대표 상품인 '호랑이 연고'가 현재까지도 동남아시아와 중국, 타이완, 홍콩에서 잘 팔리는 초국적 인기 상품이 되었겠는가. 외부자이자 학자의 시선에서 오분호의 선택을 통해 동남아 화상들 특유의 묘한 생존력의 일부를 엿본 것 같아 흥미롭다. 결국 신념으로 고난을 함께한 친일 지식인은 '지명'을 남겼고, 이익을 위해 친일을 한 기업가는 '상품'을 남긴 셈이다.

전쟁과 화교은행

    1942년 동남아시아 점령을 완료한 후 일본이 건설한 '대동아공영권'은 그 광대한 영역을 효율적으로, 그리고 일본의 전쟁 수행에 도움이 되는 방향으로 통제 및 착취하기 위해 여러 권역으로 나뉘게 된다. 동남아시아의 경우 해양부와 대륙부로 나뉘었고, 그중에서도 싱가포르는 해양부 동남아시아의 핵심이었다. 특히 동남아시아는 일본이 아시아-태평양전쟁을 수행하는 과정에서 동쪽에는 태평양, 서쪽에는 영국이 장악한 인도양, 북쪽으로는 중국을 면하고 있어 지정학적으로도 중요한 지역이었다. 그리고 오랜 기간 동안 서구 제국주의 국가들의 식민을 경험한 현지 주민들 가운데 일부 반서구 민족주의 세력은 영국, 미국 등 연합군 세력과 전쟁을 수행하는 일본에 협력하면서 도움을 받아 반제국주의 무장투쟁을 벌이기도 하였다. 미얀마와 인도의 국경에서 치열하게 벌인 전투가 그 가장 좋은 예이다.

    다른 한편으로 일본이 동남아시아 지역에서 기대한 것은 산업자원, 식량, 자본이었다. 싱가포르의 경우 인도네시아와 말레이시아의 사이에 위치하여 고무, 주석과 같은 자원뿐 아니라 자바 및 태국의 쌀과 같은 식량을 수급하기에 좋은 위치에 있었고, 이 모든 보급을 융통할 수 있는 자금력을 가진 화교가 몰려 있어 특히 신경 쓴 지역이었다. 이름마저 쇼난토로 바꾸고, 군정軍政을 두었다. 무엇보다 금융적인 측면에서도 싱가포르는 중요한 지역이었는데, 일본은 전비를 위한 자금을 동원하기 위해 소위 '바나나 머니'라고 불리던 자체적인 화폐(남발권南發券)를 발행하여 해양부 동남아시아에 유통시키기도 했다.

동시에 서구 은행을 제외한 몇몇 소수의 현지 은행은 영업을 재개할 수 있도록 허가해 주었는데, 이 역시 자금 동원과 이를 위한 현지 금융의 안정화 작업을 위한 것이었다. 화교은행(OCBC)은 재개장을 허락받은 5개의 중국계 은행 가운데 하나였다. 몇몇 증거들은 당시 화교은행이 일본 점령기에 싱가포르, 말레이시아, 중국의 샨터우, 샤먼 등지에 연결한 네트워크를 일본에 협력하여 운용하고 있었음을 잘 보여 준다. 샨터우 지역민들의 일본 점령기 송금 역시 타이완 은행(혹은 요코하마 은행)과 화교은행 사이의 네트워크를 통한 것이었다.[14]

흥미로운 점은 일본 점령 직전 화교은행의 행장인 리콩치엔Lee Kong Chian과 부행장인 탄친투안을 비롯한 지도부는 극적으로 탈출하여 인도 봄베이에 근거지를 두고 영국과 미국을 상대로 기업의 구명운동을 벌이고 있었다는 점이다. 그리고 1944년 5월 그들은 이미 일본의 패색이 짙어지는 상황에서 영국이 싱가포르, 말레이반도를 재지배하기 위한 방안을 구상하고 있다는 정보를 입수하고, 영국 정부 소속 말라야 행정청Civil Affair Service Malaya에 다음과 같은 편지를 보낸다.[15)]

봄베이, 1944년 5월 11일

콜 데이에게

요청드린 것처럼, 저희는 가능한 다양한 방책을 마련하고 있습니다. 저는 (영국이 말라야를) 재지배했을 때 화교은행이 임시든 혹은 계속적이든 말라야 행정기구의 빠른 법질서 및 신용의 회복에 기여할 수 있을 것이라고 확신합니다.

화교은행은 말라야 전역에 걸쳐 퍼져 있는 최대의, 그리고 가장 중요한 토착은행indigenous bank입니다. 그러므로 화교은행의 활동은 말라야인의 삶과 긴밀하게 연결되어 있습니다. 화교은행은 우정저금은행the Post Office Savings Bank을 제외하고 가장 많은 숫자의 정기 예금계좌를 확보하고 있고, 그 어떠한 은행보다도 많은 소액 예금계좌를 가지고 있습니다. 다른 어떤 은행보다도 더 많은 농민과 소상인에게 자금을 융통해 주고 있고, 저희의 고객, 주주, 직원은 말라야의 인구와 같이 대부분 아시아계입니다. (중략)

은행 직원은 대부분 해협식민지에서 태어난 중국인이자 영국의 신민이며 의심할 여지없이 강력히 연합국의 승리를 원하고 있습니다. (일본이 점령한) 말라야에 직원과 그 가족이 남게 된 것은 오로지 말라야가 너무나 급작스럽게 일본의 손에 넘어간 뒤에 떠날 시간과 이동수단을 구하지 못했기 때문입니다. 은행의 직원은 말라야에서 잘 알려져 있는 지역 중국인 공동체의 주요 리더인 데다, 다른 (공동체) 리더와도 사적으로 친밀하게 잘 알고 있습니다. 이 신뢰할 만한 리더의 귀중한 모임은 지역민이 연합군의 군사 작전을 돕도록 하거나, (일본 제국의) 부역자를 색출해 내는 데에 도움을 주는 방식으로 연합군 측에 중요한 도움을 줄 수 있습니다.

필요한 때에 즉시 운용할 수 있는 은행 조직을 확보하기 위해서는 사전의 준비가 필요합니다. 그 가운데 몇몇은 오로지 은행의 영업에 대한 재허가를 받은 이후에나 가능한 것들입니다. 그러한 이유로 보다 빠른 재허가가 반드시 필요합니다. (중략)

말씀드렸듯이, 저는 말라야의 아들son of Malaya로서 저의 첫 번째 의무가 제가 태어난 곳의 재건을 촉진시키는 데에 모든 노력을 기울이는 것에 있다고 생각합니다. 어떠한 형태로든 도움이 될 것이니 저와 저희 은행을 간과하지 말아 주시길 바랍니다.

감사합니다.

탄친투안 드림

봄베이에서 보낸 부행장 탄친투안의 편지에는 화교은행이 가진 장점이 영국의 재지배에 도움이 될 것이라는 '어필'로 가득하다. 심지어 그는 스스로를 '말라야의 아들'이라고 칭하면서 중국계임에도 말레이인으로서의 정체성을 강조하는 것에 거리낌이 없다. 이는 말 그대로 스스로가 가진 제국의 피식민지인으로서의 정체성을 드러내는

일본 점령기 일본이 싱가포르, 말레이반도, 인도네시아 등에서 발행한 화폐
전면에 현지 특산품인 바나나와 코코넛이 그려져 있어 소위 '바나나 머니'라고 불렸다. 당시 일본은 전비를 마련하기 위해 중국, 홍콩, 동남아 등 각 지에서 이와 같은 화폐를 새롭게 설정하여 대량으로 찍어 내기 시작했는데, 이로 인해 발생한 인플레이션이 결국 일본이 패배하게 된 주요 원인 가운데 하나였다.

것이기도 하다. 화교 특유의 생존력이 여기서 또 이렇게 드러난다.

사실 탄친투안의 장담은 일정 부분 사실이기도 했다. 이는 바로 증명이 되는데, 1945년 8월 이후 일본이 항복하고 영국이 말레이반도를 재지배했을 때 남겨진 가장 중요한 과제는 '지는 해' 영국의 미국에 대한 무역 불균형이었고, 이를 어느 정도 메워 줄 존재가 말레이산 고무였다. 결국 이전과 같은 말레이 지역에 대한 완벽한 식민 지배가 필요했는데, 여기에 광대한 예금 고객과 탄탄한 현지 금융 기반을 가지고 있는 화교은행의 존재가 필요했다. 일본과 영국이 화교은행을 원한 이유가 같았다는 것 역시 흥미롭다.

다만 문제는 탄친투안의 편지에도 드러나지만, 일본 점령기에 남겨진 화교은행의 직원들이 일본에 협력하여 영업을 재개했다는 사실이다. 특히 1938년 영국 국회 소속 적성국교역부Trading with the Enemy Department에서 제정한 적성국교역법Trading with the Enemy Act, TWE에 근거하면 화교은행의 경우 명백한 적산敵産이다. 말레이반도를 재지배한 영국의 딜레마는 화교은행의 기반이 필요하지만, 적산이라 원칙적으로는 폐쇄해야 한다는 것이었고, 결국 영국은 실리를 택하여 편법을 써서 영업 재개를 허락해 주었다. 화교은행은 이렇게 또 한 번의 위기를 넘기게 되었다. 이처럼 전쟁기 화교는 둘로 나뉘어 한쪽은 영국에, 다른 한쪽은 일본에 협력하기도 하고, 다시 하나가 된 뒤에는 영국에 협력하며 생존하는 모습을 보여 준다.

제국민과 국민 사이 '호키엔' 정체성
-탄카키 또는 천지아경

동양의 헨리 포드, 탄카키의 성공

근대 동남아시아 화교사에서 탄카키陳嘉庚, 혹은 중국어로 천지아경으로도 불리는 인물은 매우 특별하고 화교 관련 연구의 다양한 요소를 상징하고 있다. 그는 말레이시아, 싱가포르, 인도네시아, 보르네오 등의 지역에서 고무사업으로 거부가 된 대표적 기업가이고, 쑨원을 전폭적으로 후원한 대표적 중화 내셔널리즘의 경제적 지원자이며, 중일전쟁기 동남아시아 화교의 '고국원조'를 체계적으로 조직함으로써 지금도 대표적 애국화교로 칭송되는 인물이기도 하다.

그의 활동 가운데 가장 흥미로우면서 지금까지도 풀리지 않는 미스터리는 동남아시아 전체 화교에게 존경을 받던 그가 1950년 5월 돌연 싱가포르를 떠나 푸젠성 샤먼에 정착해 버린 일이다. 게다가 그는 1961년 사망할 때까지 그의 근거지인 동남아시아로 다시 돌아오지 않았다. 그의 대륙행에 대해서는 일찍부터 '친공_{親共}' 활동을 활발히 해 온 그가 '애국' 화교로서 신중국 건설에 기여하겠다는 의지로 떠났다는 설도 있고, 당시 그의 친공 활동에 대해 부정적이던 영국 식민정부의 통제와 국민당 및 미국의 영향 아래 있던 화교 단체의 압력에 못 이겨 떠났다는 의견도 있다.[16] 여기에는 현재 학자들 사이에도 일치된 의견이 없다. 다만 한 가지는 분명해 보인다. 탄카키의 '대륙행'과 그가 근거지인 동남아로 돌아오지 못한 사실은 그 원인이 무엇이든 간에 제2차 세계대전 이후 냉전 초 아시아에 독립과 국민국가 형성의 바람이 불어오던 시기에 이주민으로서 그의 정체성이 '제국민'에서 '국민'으로 전환되어야만 했던 시대적 배경을 상징한다는 것이다.

탄카키는 1874년 중국 푸젠성 통안_{同安}(지금의 샤먼시)에서 태어났다. 유년 시절 그의 아버지 탄키팩_{Tan Kee Pek}은 싱가포르에 거주하면서 사업으로 돈을 벌어 고향의 탄_陳 씨 가족 및 씨족 클랜들을 먹여 살리고 있었다고 한다. 탄카키 역시 그렇게 아버지가 벌어서 보내주는 송금으로 16세까지 교육을 받았다. 그리고 17세에는 싱가포르로 건너가 아버지가 운영하는 가게에서 점원으로 일하면서 비즈니스의 세계에 입문하였다. 사실 동남아시아 화교들의 사업장에서 이런 식으로 인력을 수급하는 것은 매우 전형적인 형식이었다. 돈을 좀 벌었다는 화교는 그들의 고향에 크든 작든 교육기관을 설립하였고, 그들의 자식, 혹은 클랜의 젊은이들에게 교육의 기회를 제공해 주기도 하였다.

탄카키의 아버지인 탄키펙과 탄카키의 어린 시절

　그리고 그렇게 성장한 10대 후반, 20대 초반의 젊은이들을 그들의 사업장으로 불러들임으로써 인력을 수급했다. 이런 식의 혈연, 지연에 기반한 동향조직의 네트워크는 새로운 이민자를 끌어들이는 데에 매우 효과적이었고, 다른 한편으로 매우 '일상적'이었다. 이렇게 형성된 초국적 네트워크는 사실 당시 화교에게는 자연스러운 배경이어서 그들은 지금과 같은 국민국가적 경계인식보다는 다양한 공동체를 품고 있는 초국가적, 혹은 제국적 경계인식을 가지는 것이 일반적이었다고도 할 수 있다. 탄카키 역시 마찬가지였을 것이다.

　탄카키의 아버지는 싱가포르에서 '순안順安'이라는 미곡상을 운영하고 있었다. 해당 미곡상은 시암(지금의 태국), 안남(프랑스령 중부 베트남), 양곤(영국령 미얀마의 거대도시)으로부터 쌀을 수입하여 싱가포르 및 주변 해양부 동남아시아 항구도시로 판매하는 중개업을 운영하고 있었다. 대륙부 동남아시아의 미곡으로 해양부 동남아시아 주요 항구도시의 식량을 공급하는 형식의 동남아시아 역내무역은 매우 오래된 형식의 무역으로 늦어도 17세기부터 존재했는데, 19세기 전후한 시기에 와서는 이 시장을 중국인이 장악하게 된다. 이 '순안' 미곡상은 탄카키의 아버지가 운영하는 사업이었지만, 다른 한편으로는 푸젠계 탄씨 클랜에서 운영하는 것이기도 했다. 실제 미곡상의 운영은 같은 클랜원으로 탄카키에게는 삼촌뻘에 해당하는 인물이 운영하고 있었다. 그의 아버지는 미곡상을 기반으로 다른 사업적 기회를 모색하고 있었다고 한다.

탄카키가 18세가 되던 시기 '순안' 미곡상은 매우 어려운 상황에 빠지는데, 설상가상 매니저 역할을 하던 삼촌마저 병을 얻어 귀향하면서 그 역할을 탄카키가 맡게 되었다. 때마침 그해에 탄카키의 아버지가 운영하던 파인애플 교역 사업과 부동산 사업에서 이익이 나기 시작했다. 아울러 탄카키의 사업적 역량으로 '순안' 미곡상 역시 어느 정도 안정권에 접어들었다. 이후 26살까지 사업을 운영하는 와중에 모친의 사망을 계기로 샤먼에 돌아갔다가 다시 싱가포르로 돌아왔다.

당시 어떠한 심경의 변화가 있었던지, 혹은 기존 '순안' 미곡상 및 아버지의 사업이 거의 다 망해 가고 있었기 때문인지 모르겠지만 탄카키는 남은 자본금을 밑천으로 새로운 자신만의 사업을 진행하였다. 바로 200헥타르에 달하는 파인애플 농원을 개척하여 운영한 것이다. 20세기 전후한 시기 파인애플 농원 사업은 일종의 호황이었는데, 왜냐하면 당시 말레이시아, 보르네오, 인도네시아 등에서 대량으로 채굴되는 '주석'으로 제작한 통조림이 개발되어 과일을 장기 보관하는 것이 가능해졌기 때문이다. 탄카키 역시 통조림 공장을 설립하여 장기 보관이 가능한 파인애플 통조림을 판매하면서 사업을 시작하게 된다.

바로 이어 1905년, 그를 거부로 만들어 주는 고무농장을 경영하기 시작하였다. 이 당시 고무산업은 유례없는 활황을 맞는데, 원래 고무는 동남아시아가 원산지가 아니었다. 잘 알려진 것처럼 고무는 브라질이 원산인데, 1870년 영국에 의해 처음으로 보르네오섬과 말레이반도에 이식되었다가 이후 1880년대 수마트라, 태국, 베트남, 캄보디아 등으로 전파되었다. 1900년대 고무산업이 활황을 맞게 되는 것은 자전거가 일상적으로 보급되고, 자동차가 상용화되면서부터다. 게다가 제1차 세계대전을 계기로 고무 타이어에 대한 수요가 급증하면서 고무를 대량으로 심고 있던 동남아시아의 고무농장은 주요 산업으로 거듭나고, 그 결과 1950년까지 전 세계 고무 생산량의 75퍼센트가 동남아시아에서 생산되었다. 이러한 바람을 타고 탄카키의 고무사업 역시 급성장하였다. 1926년에는 종업원 6,000여명, 경영하고 있던 농장 면적만 1만 6,000헥타르에 달했다. 그가 세운 'Tan Kah Kee Corporation'은 전 세계에 80여 개소의 지점을 설치하여 네트워크를 형성하고 있었다.

고무사업의 성공으로 그는 말레이, 싱가포르뿐만 아니라 동남아시아 전체에서도 손꼽히는 거부로 성장하였고, 동남아시아의 '고무왕', 말레이시아의 '헨리 포드'로 불리기도 했다. 그러나 그의 이러한

고무사업은 1930년대에 들어서면 현저한 하락세를 겪는데, 그 이유
는 첫째로 세계 대공황의 영향으로 전 세계적으로 고무 가격이 하락
했고, 둘째는 일본의 상사들이 자체적으로 대량 제작한 고무 제품을
가지고 동남아시아로 진출했기 때문이다. 기존 화교가 거의 독점하
다시피 한 고무산업에 강력한 경쟁자가 생긴 것이다. 이와 같은 사
업적 정체를 맞는 시기에 공교롭게도 탄카키는 국화國貨운동에 앞장
서면서 중국 본국과의 정치적 관계에 집중하는 모습을 보인다.

탄카키의 '친공애국' 활동

사실 탄카키는 사업이 활황이었을 때에도 그의 고향인 푸젠 및
샤먼과의 관계를 매개로 중국 본국과 긴밀한 관계를 맺어 온 측면은
있다. 실제 그는 쑨원의 열렬한 지지자였고, 그의 사후에도 본국에
원조하기 위한 활동을 해 온 대표적 '애국' 화교였다. 그럼에도 그는
1930년대에 본국에 대해 보다 적극적 개입 및 관계 맺기를 마다하
지 않는데, 여기에는 상업적 이익을 노린 측면도 있었다. 다만 여기
에서는 그러한 측면보다 제국의 상인으로서 광대한 초국적 상업 네
트워크를 통해 성장한 탄카키가 제2차 세계대전 이후 냉전이 시작
되고, 중국이 공산화하면서 이러한 제국민으로서의 정체성이 부정
당하는 시기를 겪게 되는 과정을 그의 친親공산당 활동 이면에 숨겨
진 의미와 더불어 살펴보려 한다.

1940년대 탄카키의 활동은 '친공親共'으로 유명했는데, 사실 그는

1940년에 이미 중일전쟁을 수행하는 국민당 정부의 관료집단과 지도부의 부패와 무능을 체감하고 있었고, 다양한 루트를 통해 화교로부터 모금한 돈이 불분명하게 쓰이고 있었음을 파악하고 있었기 때문에 공산당 지지로 선회하게 된 것이다. 이러한 그의 활동은 1945년 이전에는 그리 주목을 받지 못했지만, 제2차 세계대전이 일본의 항복으로 끝을 맺고, 미소냉전이 시작되는 와중에 중국에서 국공國共내전이 발발하면서 소위 '뜨는' 인사에 속하게 된다. 그가 속칭 '친공' 인사로 분류된 결정적인 사건은 1946년 9월 22일 미국으로 하나의 전보를 보낸 것으로부터다.[17)]

탄카키가 1946년에 보낸 전보의 수신인은 각각 대통령 트루먼, 마셜 장군, 주중대사 레이턴이었다. 그는 스스로 화교지원기금조직 Overseas Chinese Relief Fund Organization의 회장이라고 칭하면서 동남아시아 전체 화교overseas Chinese in Southeast Asia의 이름으로 메시지를 전한다고 하였다. 그 핵심 내용은 미국이 중국의 국공내전에 개입하는 것은 주권의 침입이니 국민당 정부의 장제스에 대한 경제적, 군사적 지원을 그만두라는 것이었다. 동남아시아, 특히 영국령 말라야, 해협식민지, 네덜란드령 인도네시아 화교공동체에서 지도자 격의 존경을 받고 있던 탄카키의 전보는 그가 영향력을 끼치고 있는 지역의 화교를 순식간에 '친공산당파'와 '친국민당파'로 갈라서게 만듦으로써 항일전쟁을 거치면서 동남아 화교 사회에 잠재되어 있던 갈등의 불씨를 당긴 사건이었다. 실제로 CIA 역시 이 전보로 인해 영국령 말라야와 싱가포르 지역 화교들 사이에 우익과 좌익의 갈등이 촉발되었다고 판단하고 있었다.

한반도가 남북으로 갈리고, 중국에 국공내전이 벌어지고 있었으며, 베트남 북부가 호치민을 중심으로 공산화되었다. 그뿐 아니라 말레이시아 정글에는 수만 명의 말라야 공산군Malayan Comunist Party, MCP이 게릴라전을 벌이고 있는 상황에서 소위 '도미노 효과'를 걱정하고 있던 미국으로서는 말라야, 싱가포르, 인도네시아 등에서 거대한 영향력을 가진 '자본가'의 친공선언은 날벼락과도 같았을 것이다. 이때부터 미국의 CIA가 탄카키의 행보를 추적하기도 한다. 당시 동남아시아와 중국과의 관계에 주목하고 있던 미국을 비롯한 서구의 입장에서 탄카키에 주목할 수밖에 없었던 이유는 그가 이룩한 거대한 경제력뿐만 아니라 그가 가진 현지에서의 영향력 때문이기도 하다.

이 영향력에는 화교에 대한 것뿐만 아니라, 영국 식민정부에 대한 것도 포함된다. 예를 들어 탄카키는 말콤 맥도널드Malcolm MacDonald와 절친하여 식민지 관련한 문제에서 자주 조언을 주고받는 사이로 알려져 있었다. 말콤 맥도널드는 영국의 수상을 지낸 램지 맥도널드Ramsay MacDonald의 아들로서 영국 중앙정계에서 활발한 정치활동을 벌이고, 1946년에서 1948년 사이 영국령 말라야의 총독을 지낸 뒤, 1949년에는 동남아 식민지 고등판무관High Commissioner을 역임한 대표적 정치인이자 관료였다.

그렇다면 탄카키의 이러한 친공 행보를 어떻게 바라보아야 할까? 단순하게 자본가임에도 불구하고 공산주의라고 하는 사상에

'감화'된 특이한 인물로 판단하면 끝일까? 그러기에는 그가 친공 활동을 벌이는 와중에도 끊임없이 자신은 공산주의자가 아니라고 항변하고 있었고, 많은 학자가 그의 친공은 국민당 정부에 대한 끝없는 실망과 불신의 반작용이라고 판단하고 있다. 그리고 여기에는 향후 대륙의 정권을 어느 정부가 차지했을 때 중국이 강대국으로 발돋움할 수 있을 것인가에 대한 일반 화교의 고민과 여론도 중요한 변수였다. 당시 동남아시아 역내 정치경제뿐 아니라 중국의 전후 회복에도 중요한 변수일 수 있었던 화교의 행적과 여론을 조사하고 있던 1954년 CIA의 보고에 그러한 양상이 잘 드러나 있다.[18] 당시 탄카키뿐 아니라 대부분 중립 성향의 화교는 그들 본국의 이데올로기보다는 집권 세력이 더 이상 외부의 침략을 받지 않을 강한 국가를 만들 수 있는 역량을 지닌 세력인가의 여부가 중요했다.

> 모든 화교는 그 누구도 진정 정치적으로 어딘가에 열광하지는 않는다. 오직 생존에 관심을 기울일 뿐이다. 그들은 그들이 거주하는 공간에서 권력을 가진 정부에 복종하고 협력할 것이다. 중국에서 자산을 잃어버린 구세대를 제외하고 그들 모두는 본국인 중국의 정치 혹은 정책 그 자체에 신경 쓰기보다는 중국이 과연 강한 국가인지 아닌지의 여부에 관심을 기울인다. (심지어) 그들의 열망은 다양한 차원에서 그들의 보호자로서 중국의 강함에 관심을 기울인다는 근본적 원칙을 넘어, 지식인의 경우 국민으로서의 자부심과 애국심이 매우 강해지고 있다. 결국에는 중국이 그들의 진정한 모국인 것

이다. 최소 70퍼센트의 지식인은 공산화된 중국을 오직 전 세계 국가들 가운데 강한 국가인가 아닌가를 두고 판단할 것이다.

어쩌면 이러한 양상은 수많은 화교가 제국주의의 피식민 이주민으로서 강한 본국을 원했다는 측면에서 국민으로서의 내셔널리즘이 발아하고 있었다고 볼 수도 있을 것이다. 당시는 전 세계적으로 보면 냉전의 시대지만, 아시아에 한정해서 본다면 탈식민과 국민국가 성립의 시기이기도 하기 때문이다. 제국주의 시대 피지배계층으로 신음하고 있던 수억의 아시아인은 각자의 내셔널리즘을 바탕으로 독립된 국가를 꿈꾸게 되었고, 화교가 뿌리내리고 있던 동남아시아 역시 마찬가지였다. 경계를 뛰어넘는 제국의 프레임이 배타적 경계를 설정하는 국민국가로 전환되면서 경계에 있던 이주민인 화교들 역시 선택의 기로에 서게 되었고, 동시에 강한 본국이라는 내셔널리즘적 인식이 생겨나고 있었던 것으로 해석할 수도 있을 것이다. 그 과정에서 탄카키 역시 부패한 국민당보다는 (찢어지게 가난하여 어쩔 수 없이) 청렴했던 공산당 지도부에 마음이 기울었을지도 모른다.

탄카키와 천지아경

그럼에도 불구하고, 이러한 화교의 내셔널리즘에는 한층 더 깊은 분석이 필요하다. 바로 제국민도, 국민도 아닌 지역민으로서의 지역적 정체성이라는 층위가 존재하기 때문이다. 화교가 소위 '교향'이라고 불리는 고향에 대한 지역성을 기준으로 자신들의 정체성을 인식한다는 것은 이미 여러 차례 서술한 바 있는데, 탄카키 역시 마찬가지였다. 그가 가진 교향 중심의 사고방식은 익히 알려진 사실로 1940년 가을, 그가 한창 중일전쟁을 수행 중이던 충칭重慶의 국민정부를 위문(및 헌금을)하기 위해 방문하였을 때, 푸젠성 정부가 아모이대학의 명칭을 푸젠대학으로 변경하려 한다는 계획을 듣고, 반대의견을 강경하게 표명한 것이 그 대표적 예다.[19]

> 난양화교南洋華僑(동남아 화교)의 반이 푸젠인이고, 그 다수는 아모이 지방 출신이다. 아모이는 그들의 창구이지만, 일본군 점령 후에 화교는 고향을 상실했다. 지금 아모이대학의 명칭을 잃게 된다면, 항전의 조기 승리와 향토 회복의 실현을 목표로 모금 운동을 하고 있는 난양화교의 의기를 잃어버리는 결과가 될 것이다.

아모이는 샤먼의 민난 지역 방언인 '애명'을 영어로 표기한 것인데 이를 푸젠대학으로 변경한다는 것은 수많은 '아모이' 출신 화교가 본국에 기여하려는 동기를 잃어버리는 결과로 작용할 것이라는 점을 강조하고 있다. 즉, '애국' 역시 교향과의 사회문화적 연계라는 맥락 아래 작용하고 있었다는 점을 은연중에 드러내고 있다. 동남아 화교에 의한 본격적이고 조직적인 모금이 사실 그들의 교향인 푸젠과 광둥의 주요 항구도시들이 점령된 후인 1937년 중일전쟁의 발발과 함께 적극적으로 시작되었다는 사실 역시 이를 잘 뒷받침해 주고 있다.

그는 '조국'의 정치적 안정이 기왕이면 부패에 물들어 있는 데다 화교를 착취하고 이용만 하려는 장제스 국민당 정부보다는 아직 검증되지는 않았지만, 그렇기에 기대해 볼 수 있는 공산당 정부에 의해 이룩되기를 원했다. 왜냐하면 이것이 곧 궁극적으로 그가 이끌고 있는 동남아시아 화교공동체 구성원의 고향인 푸젠, 더 나아가 광둥 지역의 안정화 및 번영으로 이어질 것이기 때문이다. 여기에는 앞서 언급했듯이 그가 중일전쟁 기간 동안 동남아 화교가 지원한 대량의 자본이 국민당 정부에 의해 적절하게 쓰이지 않고 있었고, 특히 많은 화교가 투자한 푸젠성의 경우 성장省長이 주도하여 부패와 착취를 일삼는 광경을 지켜본 결과이기도 하다.

실제로 탄카키가 중국으로 건너간 이후에도 싱가포르에 그대로 남았던 탄카키의 외손자인 리썽지李成義의 증언에 따르면 그의 외할아버지인 탄카키가 공산당을 공개적으로 지지하고, 국민당을 비판한 것, 그로 인해 여러 서구 국가들로부터 친공주의자라고 불린 것이 모두 그의 교향인 푸젠 지역의 근대화와 안정을 위해서였다고 한다.[20] 특히 탄카키가 중국으로 건너간 것은 샤먼 지역의 교육사업과 경제 재건을 위해서였다는 것, 그리고 당시 중국으로 영구 귀국한 것이 아니었기에 이후에 싱가포르로 돌아오려고 했지만, 영국 정부에 의해 입국이 금지되었다는 사실을 증언하기도 했다. 당시 영국 정부가 한국전쟁 직후 중국과 영국령 말라야 화교들 사이의 어떠한 무역활동도 금지했었다는 점, 그럼에도 불구하고 탄카키는 그의 사위이자 역시나 유명한 자본가였던 리콩치엔을 통해 인도네시아 공산세력과 소련 사이의 고무 밀수를 중개한 것[21]을 보면 영국이 탄카키의 입국을 거절한 것 역시 충분히 개연성이 있어 보이지만, 실제로 거절했는지는 불분명하다. 다만 당시 말레이시아와 싱가포르의 화교 사이에는 그렇게 알려져 있었다.

냉전 이전 탄카키가 가진 의식에서는 교향인 푸젠 지역과 그 지역 출신 화교들이 주로 거주하는 말레이반도, 싱가포르, 인도네시아 지역이 모두 하나의 공동체로 '상상'되고 있었기 때문에 그가 샤먼에 갔다가 다시 싱가포르로 돌아오는 행위는 같은 영역 내부를 오고 가는 것에 다름 아니었고, 그의 어린 시절처럼 '일상적'인 일이었다. 이는 대부분의 화교들이 냉전 초기인 1950년대까지 꾸준히 가지고 있었던 인식이기도 하다. 그러나 그가 1950년 샤먼으로 간 뒤에 싱가포르로 다시는 돌아오지 못한 것에는 중국의 출국 방해, 영국의 입국 거절 등 다양한 추측이 가능하지만, 그 결과만 놓고 봤을 때 최소한 냉전과 내셔널리즘이라는 새로운 이념의 소용돌이 속에서 그가 가진 호키엔과 호키엔 이주민으로서의 정체성이 부정당한 것만은 분명해 보인다.

이는 매우 상징적인 것으로 그동안 전근대와 근대 시기를 거치며 이주국과 교향 사이에서 본국의 정치적 변화와는 관계없이 그들만의 경제적, 사회문화적 네트워크를 유지해 오며 번영을 누려 온 동남아 화교들이 제국주의 시대 이후 냉전과 내셔널리즘이라는 새로운 질서에 적응해 가는 과정, 혹은 적응해야만 했던 맥락을 잘 보여 준다. 사실 화교는 경계를 넘나드는 초국적, 초지역적 제국의 울타리 안에서 '호키엔'이라는 지역성을 그대로 유지하는 가운데, 조금씩 내셔널리즘을 배워 가고 있었다. 그러나 아시아 각국이 독립하며 경계를 배타적으로 설정해 감과 동시에 이념 대립이 시작되던 시기를 맞아 그들의 정치적 위치를 분명히 할 것을 급작스레 강요받게 된다. 냉전 초 탄카키의 행적은 당시의 화교가 더 이상 호키엔이 아닌 중국인 혹은 중국계 말레이인, 중국계 싱가포르인, 중국계 인도네시아인으로 살아가야만 하는 도전에 내던져졌음을 잘 보여 주고 있다.

그럼에도 제국과 국민 사이 '호키엔'의 정체성은 21세기인 현재까지도 잔존하고 있는데, 한국의 한자어 발음상 진가경이라 불리는 그는 현재 싱가포르를 비롯한 동남아시아 화교 사회에서는 탄카키라 불리고, 중국 대륙에서는 천지아경으로 불리고 있다. 이는 저명한 호키엔 계열 화상으로서의 그의 정체성과 중국 국민으로서의 그의 정체성 사이에서 냉전 초 그가 중국 대륙에 (자의든, 타의든) 남음으로써 후자로 결정된 것처럼 보였지만, 여전히 결정되지 않은, 현재진행형의 문제임을 잘 보여 준다. 그리고 그 범위는 단순히 이주민으로 존재하던 동남아시아뿐만 아니라 그들의 조상과 가족, 친족이 머무는 중국 동남부 지역, 푸젠과 광둥까지도 포함한 범위라는 것 역시 짐작할 수 있다. 남중국해를 중심으로 중국 동남부 교향 지역과 동남아시아 이주민 사회 사이에 형성된 '중화성Chineseness'의 도전은 여전히 끝나지 않은 것이다.

4
....

교류와 적응

바다 위 알라신을 믿는
중국인들

중국의 이슬람화한 중국인

동남아시아의 이슬람화Islamization, 특히 말레이반도, 수마트라, 자바 및 부속 군도, 보르네오섬, 필리핀 남부 술루Sulu 지역의 이슬람화는 13세기 후반을 그 시작으로 보는 것이 일반적이다. 수마트라 북부, 지금의 아체Aceh 지방에서 성립한 파사이Pasai 술탄국을 최초의 이슬람 왕국으로 보고 있다. 이후 15세기 초 동서교역의 핵심으로 떠오른 믈라카의 왕이 개종한 것을 계기로 동남아시아 도서부 전역으로 전파되기에 이른다. 동남아시아의 이슬람화는 당시 이슬람교가 글로벌 교역의 헤게모니를 장악하고 있었다는 배경과 함께 그 이전 남아시아 지역에 이슬람화가 진행되어 델리Delhi 술탄왕국, 무굴Mughal 제국이 성립하였고, 그로 인해 인도계 이슬람 상인이 동남아시아로 진출하였다는 직접적 요인이 복합적으로 작용한 문명적 현상이다.

흥미로운 점은 이러한 '일반적인' 동남아시아의 이슬람화 과정에서 베트남 남부 지역은 일종의 예외 지역이었다는 사실이다. 당시 해상 무역에 능한 참족이 세운 참파왕국이 성립되어 있었던 베트남 남부 지역에서 고고학적 발굴을 통해 현재 11세기 초일 것으로 추정되는 이슬람 무덤과 다양한 서아시아 양식의 도자기들이 발굴되었다. 이 시기 참파왕국은 이미 이슬람의 영향을 받았을 것으로 짐작되는 증거들이다. 게다가 현재 베트남 남부 지역에 퍼져 있는 참Cham족 중 일부는 여전히 이슬람교도이다.

베트남 남부 참파왕국의 비교적 '이른' 이슬람화는 중국의 영향인 것으로 알려져 있는데, 9~10세기 이미 해로를 통해 중국에 진출한 이슬람 상인의 주요 기항지가 참파왕국이었다. 또 한 가지 요인은 이슬람인의 활동으로 형성된 해상 실크로드를 따라 15세기까지 중국 동남부 지역의 광저우, 취안저우 지역에 이미 이슬람인의 거주 구역이 형성되어 있었던 영향이 크다. 거주 구역을 형성한 이슬람인의 영향을 받아 개종한 중국계 이슬람교도, 혹은 그 혼혈 후예가 상인이 되어 동남아시아로 진출할 때 기착하던 항구가 주로 참파왕국의 동부해안에 위치하고 있었기 때문이다. '중국에서 이슬람화한 중국 상인'의 해외 진출 과정에서 참파왕국 역시 그 영향을 받았을 것으로 여겨지는데, 학자에 따라서는 10세기 이전으로 보기도 한다.

당唐대에 본격적으로 시작된 광저우 상인의 해상 실크로드 진출로 인해 당시 광저우에는 수많은 외국 상인이 중국과의 교역을 위해 거주하고 있었는데, 그중 상당수는 아랍과 페르시아 제국에서 건너

푸젠 취안저우의 청정사 내부 전경
육상 실크로드를 통해 시안에 조성된 모스크인 청정사가 중국화된 이슬람 사원 형식이라면, 취안저우의 모스크는 같은 명칭임에도 서아시아의 모스크 형식을 그대로 따르고 있다는 점이 흥미롭다.

온 상인이었다. 750년경 한 불교 승려의 기록에 따르면 당시 광저우에는 "인도인, 페르시안, 말레이인 상인이 있었고, 그 숫자를 헤아리기 어려웠다"고 한다.[1] 10세기 이후 취안저우가 동방항로의 대항으로 떠오르면서 이슬람 상인들이 집단적으로 거주하였고, 몇 기의 모스크와 힌두사원이 지어지기도 했다. 그중 하나인 청정사淸淨寺가 여전히 취안저우에 남아 있다. 그 영향으로 푸젠 남부 지역은 10세기 이전 일찍부터 이슬람 문명의 영향을 강하게 받았고, 15세기 초 명대 쩡허가 대항해를 준비할 시기에 무슬림 선원들을 취안저우에서 모집했다는 이야기도 있다.

동남아시아의 이슬람화한 중국인

당시 동남아시아에는 단순히 상인으로 왔다가 현지의 이슬람 지배계층과 혼맥을 통해, 혹은 사업상의 기회를 획득하기 위해 이슬람으로 개종하는 중국인도 있었다. '동남아에서 이슬람화한 중국인'의 출현이다. 15세기를 전후한 시기 유럽-서아시아-남아시아-동남아시아-동북아시아로 이어지는 해상 실크로드를 장악하고 있던 세력은 이슬람 상인이었다. 이슬람 상인은 동서를 잇는 교역로를 항해하면서 형성한 교역 네트워크에서 상행위를 할 때 이슬람 법률에 기반한 상관행을 그대로 유지했다. 이는 당시 이슬람 세력이 세계적 헤게모니를 장악하고 있었고, 이슬람 상인의 상업 및 금융 기술이 다른 지역에 비해 발달되어 있었기 때문이다. 그리고 무엇보다 동과 서의 상품을 교역하는 유일한 상인 그룹이라는 장점도 있었다.

그 영향으로 당시 말레이 지역과 인도네시아 지역에서 오랑라웃Orang laut이라 불리던 로컬의 해상민족과 중국인 상인의 경우 이슬람 상인의 상관행을 따를 수밖에 없었고, 이러한 현실적 고민이 그들을 이슬람교로 개종하게 만든 직접적 요인이었을 것으로 짐작된다. 무엇보다 15세기 이후 가속화되는 도서부 동남아시아 지역의 이슬람화 역시 중요한 요인이었다. 대표적인 지역이 현재 인도네시아 자바 섬 북부 해안가를 중심으로 형성된 항구도시들이다. 데막Demak, 수라바야, 켄달Kendal 등 자바 북부 해안 지역은 동서교역의 주요 교통로이자 1400년대 초 이슬람으로 개종한 믈라카와 향신료의 주요 산지인 몰루쿠제도Maluku Islands(향신료 제도)를 연결해 주는 중개지역으로 이슬람 상인 중심의 항구도시들이 형성되어 있었다. 특히 정향, 육두구로 대표되는 동남아의 향신료는 당시 서아시아의 이슬람 상인들이 베네치아 상인들을 통해 유럽으로 수출하던 매우 중요한 물품이었다.

자바 북부 해안 지역은 이러한 향신료를 싣고 믈라카로 돌아가는 선박들이 주로 기항하는 길목에 자리하였다는 지리적 이점을 가지고 있었다. 그에 따라 푸젠, 광둥으로부터 건너온 중국인 상인들 역시 주요 거점인 자바섬 북부 지역에 자리 잡게 되는데, 그 과정에서 상당수가 이슬람으로 개종했다고 한다. 심지어 몇몇 중국인 상인은 지배계층과의 혼맥을 통해 이슬람화하면서 당시 자바 북부 이슬람 세력의 지배계층을 형성하기도 했다. 결과적으로 16세기 즈음이 되면 이 지역의 이슬람 세력은 자바 북부 지역 항구도시를 중심으로 아랍, 인도, 말레이, 중국인 등 다인종 이슬람 공동체를 구성하고 있었다. 이슬람이라는 종교와 교역을 매개로 서로 다른 종족적 배경을 지닌 상인들이 하나의 공동체를 이루게 된 것이다.

자바 북부에 형성된 다종족 이슬람 세력들은 1572년 큰 사고를 치게 되는데, 바로 당시 자바 중·북부 지역과 발리섬을 장악하고 있던 강력한 자바인들의 왕국인 마자파힛Majaphahit 왕국을 멸망시킨 것이다. 마자파힛왕국은 동남아시아의 고대를 형성했다고 평가받는 힌두교와 불교를 중심으로 건설된 국가였고, 현재 국민국가 인도네시아의 원형이라고 여겨지고 있는 자바섬을 기반으로 한 해상왕국이었다. 데막의 이슬람 상인을 중심으로 형성된 자바 북부 항구도시들 간의 이슬람 연합 세력이 결국 힌두, 불교 중심의 마자파힛왕국을 패배시키고 자바 지역을 장악하게 된다. 이를 계기로 중부 자바에는 마타람Mataram 술탄국이, 서부에는 반튼Banten 술탄국이 형성되어 자바섬의 이슬람화가 본격적으로 진행된 것이다. 살아남은 일부 소수의 마자파힛 왕가의 인물들이 발리섬으로 피신하여 힌두 문명을 그대로 유지하였는데, 그런 이유로 현재까지도 발리섬은 인도네시아 내에서 유일하게 힌두교를 믿고, 희미하게나마 카스트 제도가 존재하는 지역이다.

'중국에서 이슬람화한 중국인'과 '동남아에서 이슬람화한 중국인' 간의 교류를 상징적으로 보여 주는 역사적 사건이 바로 명대 1405년에 시작된 쩡허의 남해대원정이다. 쩡허의 원래 이름은 마화馬和로 중국 윈난성雲南 쿤밍昆明 출신이다. 성인 마는 당시 중국 내 무슬림이 일반적으로 가지고 있던 것으로 원래부터 이슬람 가정에서 태어난 이슬람교도라고 알려져 있다. 명을 건국한 주원장朱元璋의 윈난 공략 당시 사로잡혀 거세당한 채 환관이 되어 연왕燕王 주체朱棣에게 보내진다. 이후 연왕의 정변에서 큰 공을 세워 황제로부터 쩡鄭이라는 성을 하사받아 쩡허가 되었다. 1405년부터 시작된 7차례의 남해대원정은 공적으로는 원 제국을 물리치고 중화 제국을 건설한 명의 조공체제를 확대하려는 목적이 있었고, 쩡허 개인적으로는 이슬람교도로서 원정을 성지인 메카Mecca로까지 보내고 싶은 욕구도 있었던 것으로 알려진다. 그 과정에서 쩡허는 동남아시아의 믈라카를 거쳐 자바에도 머물게 되는데, 당시 자바 지역에 있던 중국계 이슬람교도들을 만났을 뿐 아니라 자바 지역과 믈라카 주변 말레이 세계의 이슬람화에도 기여한 것으로 평가받는다.

이러한 과정을 거쳐 15, 16세기를 전후한 시기 코란을 몸에 지니고 메카를 향해 절하던 선상船上의 중국계 이슬람교도들이 남중국해를 오가며 교역 네트워크를 형성하였고, 그 유산은 여전히 잔존하여 중국 푸젠 남부 지역의 모스크와 네덜란드, 영국 등 서구 식민 세력에 협력한 중국계 이슬람인에 대한 기록, 그리고 자바 지역의 현존하는 중국계 이슬람 공동체들을 통해서 그 일부나마 엿볼 수 있는 것이다.

인도네시아 중국계 무슬림의 과거와 현재

인도네시아에서 중국계 무슬림은 소수계층 중에서도 소수로 불린다. 원래부터 소수인 중국계에서도 그야말로 드문 무슬림이기 때문이다. 그러나 소수일지라도 그 존재 자체가 가져다주는 함의는 적지 않다. 또한 잘 현지화localization하여 동화assimilation된 이들이라고 단정 짓기에는 그 이면에 좀 더 복잡한 사정이 있다.

흔히 인도네시아에 있는 중국계 무슬림의 기원은 상술한 쩡허의 대원정 당시 취안저우에서 모집된 중국인 이슬람 상인 및 선원으로 알려져 있다. 물론 사실 그 전후하여 개별적으로 오고 간 중국인 이슬람 상인이 있었고, 자바섬의 항구도시에 정착하면서 현지에의 적응을 위해 무슬림 공동체에 스며들기 위한 전략으로 개종하는 경우도 있었다. 심지어 인도네시아 등 해양부 동남아시아의 이슬람화에는 서아시아와 남아시아에서 온 무슬림 상인의 영향뿐 아니라 취안저우 등 중국 동남부 무슬림 커뮤니티에서 온 중국계 무슬림의 영향도 있다고 주장하는 연구들이 있을 정도다.[2] 다만 쩡허의 대원정은 이를 공식화하고, 좀 더 활성화시켰다는 것에 의의가 있을 수 있다.

물론 그들의 존재를 양적으로 수치화하기는 불가능하고, 사실그 숫자가 그리 많은 것도 아니었다. 다만 남중국해를 사이에 두고 중국 동남부 항구도시의 이슬람화한 중국인과 동남아시아 항구도시의 이슬람화한 중국인 사이에는 나름의 네트워크가 형성되어 있었던 것은 분명하고, 그 주요 동기는 상업적 이득과 종교적 믿음의 혼합이었다. 이것이 인도네시아, 특히 자바에서 가장 하위의 마이너리티라고 여겨지는 중국계 무슬림의 시작이다.

이러한 경향은 17, 18세기까지도 계속 이어지고 있었는데, 당시 네덜란드 동인도회사는 바타비아를 비롯한 몇몇 항구도시 및 향신료가 생산되는 핵심 섬들을 제외하고는 내부 지역으로까지 그 영향력을 넓히고 있지는 않았기 때문에 상당수의 중국계 상인이 현지에 적응하기 위해 결혼 및 개종을 통해 지역사회에 편입하려 하였다. 즉, 네덜란드의 영향력이 미치지 않는 지역에서는 지역사회에서의 정치적, 사회적 성장을 위해 무슬림으로의 변신을 꾀하거나 현지 유력자의 여성과 결혼하여 낳은 자식을 무슬림으로 키우는 방향을 추구함으로써 중국계 이슬람교의 전통은 계속 이어지고 있었다.

그 과정에서 현지화에 어느 정도 성공한 중국계 이슬람 공동체가 19세기 이후 큰 타격을 입고 급격하게 마이너리티 그룹으로 전락하게 되는데, 여기에는 크게 세 가지 계기가 있었다고 여겨진다.[3] 첫 번째는 자바섬을 중심으로 퍼져나가기 시작한 정통orthodox 이슬람교의 확산이다. 인도네시아의 이슬람화에 큰 영향을 끼친 것은 정통의 수니Sunni파가 아닌, 미신적 요소가 많은 수피파Sufism였는데, 코란을 통한 율법보다는 개인 간 관계나 신비적 요소에 중점을 두는 분파의 특성상 초기 인도네시아, 특히 자바의 이슬람교는 좀 더 현지화에 강하면서 개방적 성격을 지니고 있었다. 중국계의 이슬람 개종이 활성화되고, 쉽게 받아들여진 것은 그 영향이 컸다.

그러다가 19세기 들어 자바의 이슬람 지도층이 메카와 메디나에 성지순례를 자주 다녀오게 되고, 그 과정에서 수피보다는 코란에 입각하여 규율을 중시하는 정통 수니를 채택하기 시작함에 따라 좀 더 급진적이고 폐쇄적인 경향을 띠게 된다. 그로 인해 자바 지역을 중심으로 내부의 화교에 대해 학살을 벌인다거나, 비이슬람인과의 결혼을 금지한다던가 하는 등의 배척 활동이 빈번해지고, 여기에 원주민의 반화교 정서가 맞물리는 동시에 민족주의마저 끼어들게 되면서 더욱 폐쇄적으로 변화하게 된 것이다.

두 번째는 19세기 말에서 20세기 초, 청 제국과 중화민국의 해외여행 자유화 방침으로 많은 화교가 그들의 부인을 포함한 가족을 이

주시키려 하였고, 본국에 중화 민족주의에 기반한 공화국이 성립하면서 많은 화교가 현지화하려는 노력보다는 본국과의 연계에 더욱 집중하는 모습을 보이는데, 그 과정에서 이슬람으로의 개종은 선택지에서 서서히 사라지게 되었다. 무엇보다 이 시기 물밀 듯 들어오는 신이민의 행렬로 화교공동체의 사이즈가 커졌다는 것 역시 중요한 영향을 미쳤다. 세 번째로는 네덜란드 식민 정부의 역할이다. 식민 정부는 19세기부터 본격적으로 자바섬과 수마트라섬의 내부에 대농장과 광산을 짓고는 대규모의 식민지를 경영하기 시작하는데, 이때 주로 행했던 전략이 중국계 공동체를 원주민 공동체와 분리시킴으로써 '디바이드 앤 룰Divide & Rule' 전략을 활용하는 것이었다. 두 공동체 간의 반목과 갈등을 적절히 조율함으로써 효율적으로 통치하고자 하였다. 사실 이 영향으로 인해 인도네시아의 중국계 무슬림은 현지의 이슬람공동체뿐 아니라 화교공동체로부터도 배척과 놀림의 대상이 되는, 소위 이중의 차별을 당하는 존재가 된다.

이러한 처지는 1945년 인도네시아가 독립을 선언한 이후에도 크게 달라지지는 않는다. 비록 초대 대통령인 수카르노에 의해 종교와 종족을 초월한 화합의 상징으로 여겨진 적도 있었지만, 곧 1965년 반공주의를 기치로 내걸며 쿠테타를 통해 집권한 수하르토의 반화교 정책으로 인해 더욱 지하로 숨어들게 된다. 흥미로운 사실은 그럼에도 불구하고, 중국계 공동체 내에서 무슬림으로 분류되는 인구가 꾸준히 증가하고 있다는 사실이다. 1983년 통계에 따르면 인도네시아의 전체 화교 가운데 0.5퍼센트만이 무슬림으로 분류되었는데,

2010년 통계에 따르면 인도네시아의 중국계 인구가 260만 명이고, 그 가운데 무슬림은 약 13만 명이다. 대략 5퍼센트로 그 비중이 늘어났음을 보여 주고 있다.[4] 인도네시아의 중국계 인구가 꾸준히 늘어나고 있었다는 점(2003년 220만 명)을 생각해 보면 중국계 무슬림 인구 역시 증가해 왔음을 관찰할 수 있다.

물론 여기에는 수하르토 시기 반화교 정서가 높아짐에 따라 화교의 반무슬림 정서도 비례하여 높아진 상황에서 스스로를 무슬림이라고 솔직하게 밝히지 못한 '샤이 중국계 무슬림'이 많았을 것이라는 점을 고려해 볼 수 있을 것이다. 그러나 다른 한편으로는 중국계 가운데 1998년 수하르토 정권이 막을 내리고 2000년대 들어 좀 더 리버럴한 정권이 들어서면서 사회 분위기 역시 조금씩 달라져 가고 있고, 그 가운데 화교 가정 내에서도 종교로 인해 분화하는 현상이 두드러지고 있다는 요인도 있다. 그들 3세대, 4세대 화교 후예는 현지의 무슬림과 함께 교육받고, 생활하며 일하는 과정에서 현지화하면서 개종하기도 하고, 혹은 결혼을 통해 개종하기도 한다. 아니면 어릴 때부터 영향을 받아 개종했지만, 스스로 감추며 살기도 한다.

지난 2020년 1월 26일 『사우스 차이나 모닝 포스트』의 기사에 따르면 많은 화교 후예가 그들의 가족적 배경과는 상관없이 현지에 동화하여 무슬림으로 개종하는 경우가 발생하였고, 그로 인해 가족 사이에 왕따를 당하는 경험을 하고 있다고 한다. 사실 근현대 들어 양쪽으로부터 차별을 당해 온 많은 중국계 무슬림이 두 집단으로부터 벗어나 그들끼리 모스크를 짓고, 중국어로 신께 경배를 드리는 모습도 발견할 수 있다. 또한 무슬림 율법에 따라 돼지고기는 먹지 않지만, 중국의 설날에 해당하는 춘절春節은 기념하는, 문화적으로 좀 더 복잡한 정체성을 드러내기도 하는 모습이 현재의 이슬람화한 화교, 중국계 무슬림이다.

중국계 무슬림 화교

'청호'는 쩡허의 푸젠 방언식 발음이다. 인도네시아 중국계 무슬림의 시조격으로 여겨지는 '청호'의 이름을 딴 무슬림 사원은 자바섬과 수마트라섬 여러 곳에 분포되어 있는데, 팔렘방Palembang, 젬베Jember, 반자르마신Banjarmasin, 수라바야Surabaya 등이 있다. 청호 모스크Cheng Ho Mosque는 중국의 도교사원처럼 지어졌고, 내부에서의 종교행사는 중국어로 진행된다는 점에서 화교로서의 정체성을 강조하고 있는 모습이다. 이러한 중국계 무슬림의 존재는 1998년 이후, 2000년대 들어 집단화, 제도화하는데, 중국계 무슬림 협회Indonesian Chinese Muslim Association PITI가 중요한 역할을 하고 있다.[5]

그리고 인도네시아의 중국계 무슬림은 앞으로 그 중요성이 더욱 강조될 것으로 보인다. 우선 중국의 부상에 따라 동남아시아에서 중국의 영향력이 커지고 있다는 점을 무시할 수 없다. 인도네시아 정부로서는 중국계이지만, 무슬림인 이들을 중국-인도네시아 간 관계의 연결점으로써 상징적으로 활용할 가능성이 높다. 그리고 현재 인도네시아에서 중요하게 여기고 있는 국가의 통합과 내부 안정 및 조

자바섬 동부 판단Pandan에 지어진 청호 모스크

화에 있어서 무슬림으로 개종한 중국계의 존재는 그 통합과 조화의
상징으로 적절한 예일 것이다. 과연 앞으로 이들이 소수 중의 소수
계층이라는 딱지를 벗을 수 있을지 지켜볼 필요가 있다.

이주의 상징,
혼혈의 탄생

대항해시대와 유럽의 동남아시아 진출

 이민 현상을 연구할 때는 고려해야 할 사항은 너무나 다양하다. 이민의 목적, 거주 기간, 본국 및 거주국과의 관계, 디아스포라 개념, 규모, 정치·경제·문화·사회적 맥락 등 다양한 요소를 고려해야 하는데, 이때 대부분 '혼혈'의 존재가 간과되는 경우가 많다. 이는 어떠한 개념으로도 명확하게 규정할 수 없는 혼혈의 다양성 때문이다. 예를 들어 이민자 그룹과 본국 및 거주국과의 관계를 연구할 때 본국과의 관계를 긴밀히 가져가면서 거주국에 동화되지 않고 이질적 존재로 살아가는지, 혹은 거주국의 일원으로 동화되는지 등의 문제를 이질성heterogeneity과 동질성homogeneity의 개념으로 해석하려 하지만, 혼혈이 발생하게 되는 순간 어느 한쪽의 개념 틀로는 정의할 수 없는 다양한 양상이 발견된다.

    국적 혹은 종족이 다른 부모를 가진 혼혈은 두 지역 모두에 속하면서 또 그 어느 지역에도 속하지 않는 특징으로 인해 이질적인 존재로 여겨지는 경우가 많지만, 역사학적인 측면에서 봤을 때 정체성 관련 이슈를 제외하고도 그들의 비중은 적지 않다. 특히 각종 문명의 교차로였던 동남아시아 역사 속 혼혈 그룹은 그 다양성만큼이나 중요한 역사적 작용을 해 왔지만, 여전히 본격적인 연구가 필요한 영역이다.

    유럽 국가의 동남아시아 진출로 인해 발생한 다양한 혼혈 그룹은 크게 포르투갈인과 동남아시아인 사이의 혼혈, 중국인과 동남아시아인 사이의 혼혈로 나누어 볼 수 있다. 그 역할을 비교하면서 혼혈이 동남아시아 역사 속 화교의 존재 양태에 끼친 영향을 살펴보면 매우 흥미로울 것이다.

    동남아시아에 진출한 최초의 유럽 국가인 포르투갈과 스페인의 동방무역은 종교전쟁이라는 정치적·종교적 동기도 있었지만, 무엇보다도 향신료 무역의 장악이라고 하는 경제적 이유가 훨씬 중요했다. 리스본의 포르투갈 상인은 15세기까지 수백 년이 넘는 기간 동안 서아시아의 이슬람 상인과 베네치아 상인이 독점해 온 향신료 무역(과 그에 따라 부과되는 과중한 세금)에 치를 떨고 있었고, 무슨 수를 써서든 이 독점구조를 깨고 싶어 했다. 16세기 포르투갈의 한 장군이 향신료 무역의 핵심 항구였던 믈라카를 무려 점령하고 난 뒤 한 말을 보면 이러한 독점구조를 얼마나 의식하고 있었는지 잘 알 수 있다.

> 믈라카는 무어인Moors(이슬람인)이 매년 중동으로 가져오는 모든 향
> 신료와 약재의 공급지다. (포르투갈의 믈라카 점령으로) 카이로와 메카
> 는 완전히 망할 것이고, 베니스인은 그 상인들이 포르투갈에 오지
> 않는 이상 어떠한 향신료도 가질 수 없을 것이다.[6]

카이로와 메카는 동남아시아와 인도를 거쳐 오는 향신료들이 서
아시아에서 모이는 거점이었고, 이를 베네치아 상인이 받아서 유럽
에 보급하는 형태의 독점 공급이 당시 동서무역의 헤게모니를 형성
하고 있었다. 포르투갈인은 믈라카의 점령과 함께 이슬람인이 완전
히 망할 것으로 봤지만 실제로 그렇게까지는 되지 않았다. 이는 포
르투갈이 근본적 한계를 가지고 있었기 때문이다(사실 이 독점 공급을 완
전히 깨버린 것은 네덜란드 동인도회사였다).

이러한 열망은 스페인도 마찬가지였는데, 결국 1492년 스페인
왕의 지원을 받은 콜럼버스의 배가 대서양을 건너 아메리카 대륙을
발견하였고, 이어서 1498년 포르투갈 왕의 지원을 받은 바스코 다
가마의 함대가 리스본에서 출발해 희망봉을 돌아 인도 서부 해안 캘
리컷Calicut에 도착하는 항로를 발견하게 된다. 또한 1521년 포르투갈
인이지만 스페인 왕의 지원을 받은 마젤란의 함대가 신대륙을 지나
태평양을 건너 필리핀 세부Cebu에 도착하였다. 이와 같은 대항해시
대의 개막과 지리상의 발견을 통해 이슬람 상인의 네트워크를 벗어
난, 유럽인이 통제하는 동서교역의 길이 열리게 된 것이다.

바스코 다 가마의 동방항로 개척 이후 포르투갈은 그동안 간접

적으로 구입해 오던 향신료를 직접 구입하려 했을 뿐만 아니라 그 공급로를 직접 통제하고자 했다. 1510년 고아Goa 점령, 1511년 믈라카 점령, 1515년 페르시아만의 입구인 호르무즈Hormuz 점령, 그리고 몰루쿠제도의 암본Ambon을 1513년에 점령함으로써 리스본에서 희망봉을 거쳐 페르시아만, 인도, 동남아, 동북아(이후 16세기 중반 마카오와 일본 규슈 진출)에 이르는 항로에서 각지의 주요 항구를 점령하였다. 소위 '에스따도 다 인디아Estado da India'라고 불리는 포르투갈의 동방제국을 건설한 것이다. 그중 고아항이 동방항로의 헤드쿼터 역할을 담당하였고, 믈라카와 암본 지역의 경우 몰루쿠제도에서 생산되는 정향, 육두구 등 향신료의 수급을 담당하였다.

포르투갈 혼혈, 메스띠꼬스와 끄리스땅

포르투갈은 유럽 국가 중에서 최초로 동방항로를 개척했지만, 그 야망처럼 완벽하게 통제했다고는 볼 수 없었다. 우선 무역의 헤게모니를 장악하고 있던 믈라카를 중심으로 일원화되어 있던 향신료 무역의 구조가 포르투갈이 믈라카를 점령하자마자 수마트라의 아체지역, 자바섬, 술라웨시섬의 마카사 왕국 등으로 분산되어 다원화하는 현상이 발생하였기 때문이다. 현지인도 가만히 당하고만 있지는 않았던 것이다. 그리고 무엇보다 결정적으로 포르투갈이 가진 자체적인 한계가 있었는데, 바로 긴 장거리 무역을 유지할 만한 인력의 부족이었다. 물론 16세기 포르투갈의 동방 진출은 초반 주로

182

무력을 동반한 왕실함대 위주에서 16세기 중반 왕실의 허가를 받은 소수의 귀족을 중심으로 함대가 조직Fidalgos되어 동방무역에 종사하는 방식으로 그 범위가 넓어졌다. 그럼에도 왕실 직영함대, 소수의 귀족함대로는 향신료 루트를 독점하기 위해 요구되는 재정, 선박 건조, 노동력(선원)을 충당할 수는 없었다.

그 공백을 메우기 위해 포르투갈 왕실이 민간인에 의한 동방무역을 허가해 주면서, 16세기 중후반 포르투갈의 동방무역은 민간 무역업자들에 의해 주로 이루어지게 된다. 다만 이러한 민간무역의 경우 왕실함대나 귀족함대처럼 일정한 무력을 보유하고 있지 않았기 때문에, 최대한 현지의 권력자나 현지인과의 협력을 통해 생존할 수밖에 없었다. 그에 따라 16세기 중후반 동남아시아에는 포르투갈 민간인이 다양한 형태로 지역사회와 연계하며 활동하고 있었다.

그 가운데 까사도스Casados와 메스띠꼬스Mesticos라 불린 이들이 있었는데, 전자는 현지의 여성과 결혼한 포르투갈인 남성을 가리키는 말이고, 후자는 그 사이에서 태어난 혼혈을 의미한다. 포르투갈 왕실은 고질적인 인력의 부족을 메우기 위해 정책적으로 포르투갈 군인 및 민간인을 현지의 여성과 결혼하도록 장려하였고, 그로 인해 발생한 혼혈을 적극적으로 활용하려 하였다. 사실 이것이 바로 포르투갈의 향신료 무역이 가진 근본적 약점이었다. 초기에 무력으로 주요 거점 항구들을 점령한 기세가 무색하게도 동남아의 포르투갈 세력은 본국 자체가 작은 국가인지라 이슬람 세력처럼 전체적으로 향신료 무역을 통제할 수 없었고, 거대한 영향을 끼치지도 못했다. 그 결과 현지인에게 협력하여 그 힘을 빌리는 방식으로 이미 잘 정비된 향신료 무역에 진출할 수밖에 없었다. 여기에 적극적으로 활용된 것이 바로 현지의 여성과 결혼한 포르투갈인 남성과 그 혼혈 그룹이었다.

특히 혼혈인 메스띠꼬스의 경우 검은 포르투갈인Black Portuguese이라 불리며 계속해서 동남아 지역사회에 정착해 살았는데, 이는 포르투갈 왕실이 의도한 바였을 것으로 생각된다. 왜냐하면 혈연으로 연결된 이들 메스띠꼬스는 포르투갈과 동남아 지역사회를 이어 주는 경제적·문화적 연결고리 역할을 했을 것이고, 그들을 통해서 현지에서의 자원이나 사업상의 이권을 쉽게 획득할 수도 있었을 것이기 때문이다.

그러나 혼혈 그룹의 존속과 계속된 결혼으로 그 후예의 외모가 점차 현지인에 가까워지면서 그들은 백인 포르투갈인과 현지인 사이에서 검은 포르투갈인이라 불리는 이질적인 외모를 커버하기 위해 오히려 더욱 자랑스럽게 스스로 포르투갈인임을 강조하는 경향을 보였다. 모자, 복식, 종교, 서구에의 지식 등을 매개로 스스로를 동남아 현지 사회와 구분 지으려는 노력을 기울였다. 특히 그들은 포르투갈인 특유의 유럽식 모자를 쓰고 유럽식 복장을 입고 다녀 "Topass" 혹은 "Hat people"이라 불리기도 했고, 포르투갈어를 쓰면서 가톨릭을 믿는 등 비록 해외에서 태어났지만, 스스로를 포르투갈인이라 믿으며, 그렇게 행동했다고 한다.[7]

그러다가 1580년과 1640년 사이에 스페인에 의해 포르투갈이

포르투갈 혼혈과 그 부인
17세기 포르투갈의 몰락과 네덜란드의 동남아 진출로 수
많은 포르투갈 혼혈들이 네덜란드 동인도회사에 취직하
여 네덜란드의 동남아 진출에 협력하게 된다. 그림 속 포
르투갈 혼혈 남성 역시 네덜란드 동인도회사의 직원으로
소위 네덜란드 스타일Dutch Style의 복장과 포르투갈 혼혈
의 상징인 모자를 쓰고 있다.

병합되는 사건이 유럽에서 벌어진다. 물론 왕만 같고 각 왕국은 법
적으로 분리되어 있던 상황이지만, 아시아에 남은 포르투갈인에게
는 본국의 아무런 지원 없이 각자도생 혹은 현지에서의 네트워크를
통해 생존해야 하는 상황이 닥친 것이다. 이러한 상황에서 포르투갈
의 동방무역에 변화가 발생하는데, 향신료 무역을 통해 본국으로 자
원을 보내는 방식에서 점차 아시아 내부에 네트워크를 형성하여 각
아시아 국가들 사이에서 중개무역을 함으로써 생존하는 방식으로

변화하게 된 것이다.

예를 들어 마카오와 나가사키를 거점으로 삼으면서 중국-일본-동남아를 잇는 삼각무역을 중개하는 방식으로 생존을 모색하기도 했다. 그러나 이러한 상황이 점차 길어지면서 각 포르투갈인은 아시아에서 현지화하면서 생존해 나가야만 했다. 이는 메스띠꼬스와 같은 혼혈 역시 마찬가지였고, 포르투갈 본국의 영향이 점차 줄어드는 와중에 이들은 동남아 현지 사회에 깊숙이 적응하게 된다.

그리고 그 유산은 동남아시아 사회에 여전히 유라시안Eurasian이라는 이름으로 이어지고 있다. 유라시안은 주로 포르투갈인을 비롯한 유럽인(네덜란드, 영국)과 그 혼혈의 후예가 현지화하여 형성한 소수 그룹을 가리킨다. 예를 들어, 현재 싱가포르는 흔히 세 인종(중국, 말레이, 인도)으로 구성되어 있다고 여겨지지만 최근 유라시안을 제4의 종족으로 인정하는 듯한 모습이 보인다. 지난 2018년에는 리센룽 총리가 유라시안 협회의 행사에 직접 참여하기도 했다. 현재 그 인구는 1만 6,900명 정도로 0.4퍼센트에 불과하지만, 다양성의 추구라는 측면에서 인정하는 분위기가 형성되고 있다.

이들 유라시안 그룹은 유럽 국가의 동남아 진출 이후 건너온 직원, 선원, 군인과 현지 여성 사이에 태어난 혼혈의 후예가 그 기원이다. 가장 초기의 유라시안은 포르투갈과 아시아인 사이의 혼혈인 메스띠꼬스이고, 현재 그들의 후예를 따로 끄리스땅Kristang이라 부르기도 한다. 주로 포르투갈인과 말레이인 사이에 태어난 혼혈의 후예를 가리킨다. 말레이시아와 싱가포르 전역에 3만 7,000명 정도 거주하는 것으로 알려져 있다.

현재 믈라카에 거주하는 끄리스땅은 그들 자체적인 춤과 음식문화를 조금이나마 유지하고 있다. 이 혼혈은 주로 포르투갈 계통이 많고, 다음으로 네덜란드 계통이 다수를 차지한다. 이들은 주로 아시아 전역에 흩어져 살다가 19세기 싱가포르가 영국의 식민지로서 다양한 종족이 모여 살고 있을 뿐만 아니라 유럽인에게 살기 편한 인프라를 갖춘 도시로 성장하면서 대거 모여들게 된다. 동남아 각 지역뿐 아니라 인도의 고아를 비롯한 포르투갈이 진출한 아시아 여러 지역의 혼혈이 많이 모여들었다고 한다.

이들의 한 가지 특징은 혼혈로서 동남아 지역사회에 깊이 적응하고 있었지만, 주로 유럽 제국주의 식민정부 아래에서 생존해 온 그룹으로 친서구적 특성을 꾸준히 유지하고 있었다는 점이다. 이는 포르투갈 이후 네덜란드와 영국의 동남아 진출과 지배 과정에서도 여전히 가지고 있던 특징이었는데, 심지어 이들 유라시안은 1945년 제2차 세계대전 이후 인도네시아의 수카르노가 민족주의를 기반으로 독립을 선언하여 네덜란드와 독립전쟁을 벌였을 때에도 네덜란드가 형성한 연합군에 소속되어 인도네시아인과 전쟁을 벌이기도 했다.

시대와 지역에 따라 메스띠꼬스, 끄리스땅, 유라시안으로 불리기도 한 이들 포르투갈의 혼혈 그룹은 동남아 현지 지역사회의 일원으로 존재했지만, 제국주의 식민지 지배 기간 동안 꾸준히 친유럽적인 성향을 가지고 있었고, 현재는 소수지만 그들만의 혼혈 정체성을 가지고 동남아시아 사회의 다양성에 기여하고 있다. 포르투갈 혼혈의 이러한 특징은 비슷한 역사적 경험을 한 중국인 혼혈과는 비슷하지만 또 다른 양상을 보여 준다.

메스티조와 페라나칸

16세기 포르투갈과 스페인 진출 이후 18, 19세기 네덜란드, 영국의 진출까지 동남아시아 지역은 유럽에서 온 상인에 의해 도시가 건설되고, 무역이 행해졌으며, 각종 경제 시스템과 사회적 변혁을 경험하였다. 향신료를 비롯하여 동남아시아의 각종 천연자원 및 경작물은 원래 유럽 및 아시아 각 지역에서 인기가 많았는데, 유럽인이 직접 무역에 참여하게 됨에 따라 기존에 이 지역에서 활동하던 중국인, 인도인, 아랍인 사이에 더욱 극심한 경쟁이 발생하였다. 특히 믈라카, 마닐라, 바타비아와 같이 유럽인에 의해 통제되던 주요 도시에서는 각 종족 간의 결합과 경쟁이 다양한 형태로 나타나는 모습을 관찰할 수 있다.

동남아시아에 거점을 두고 무역을 행하던 유럽인, 중국인, 인도인의 경우 현지의 여성과 결혼함으로써 현지 사회에 쉽게 적응할 수 있었고, 상업적 기회를 다양하게 획득할 수 있었다. 특히 많은 중국인 상인이 현지 여성과의 결혼을 통해 현지 사회의 신뢰를 얻고, 무역 활동에서 다양한 혜택을 누릴 수 있었다. 중국인 남편을 맞이한 현지 여성은 존재 자체가 외국인인 남편의 신분을 보장해 주는 것이었을 뿐만 아니라 스스로 직접 현지 사회와 남편 사이의 상업 협상을 주도하기도 하였다. 이는 당시 동남아시아 사회에서 여성의 지위가 그리 낮지 않았고, 해외 교역과 같은 상업 분야에서는 오히려 여성이 주도하고 있었다는 배경이 작용했을 것으로 추측된다. 이후 그들 사이에 발생한 혼혈 그룹이 이러한 역할을 이어받는 모습을 관찰할 수 있다.

흥미로운 점은 중국인이 현지인 여성을 아내로 맞이하여 현지 사회에 적응하는 과정에는 유럽인의 이해관계 역시 중요하게 작용했다는 사실이다. 당시 상당수의 중국인 이주자는 유럽인이 장악한 도시뿐만 아니라 도시에 공급되는 자원이 생산되는 현지 농촌사회로 직접 진출하기도 하였다. 이는 유럽인의 이해관계에도 잘 들어맞는 것이었다. 예를 들어 스페인인은 카톨릭으로 개종한 중국인에게 마닐라 주변의 현지 농촌 마을에 거주하여 경작물을 획득할 수 있는 권리를 주었고, 중국인은 연간 세금을 내는 조건으로 현지 농촌사회와 마닐라를 자유롭게 오가며 상행위를 할 수 있었다. 이 과정에서 많은 중국인이 현지 농촌의 필리핀 여성과 결혼하였고, 그 결과 메스티조Mestizo라 불리는 혼혈이 발생하였다. 17세기 중반부터 스페인이 다스리는 필리핀 사회에 중국인-필리핀 혼혈의 메스티조 그룹이 최초로 탄생하였다. 메스티조 그룹은 스페인령 필리핀 사회에서 농촌사회의 경작물을 구입하여 주요 도시인 마닐라로 운반하는 역할을 하였고, 19세기에는 미국 및 영국으로부터 온 해외 기업과의 무역 역시 담당했을 정도로 중요한 비중을 차지했다.

스페인령 필리핀의 중국계 메스티조 여성
중국 상인이 필리핀에 진출한 것은 사실 스페인인이 필리핀으로
진출하기 전이었다. 그 시기 중국 상인은 당시 필리핀 현지인들에
게 '상레이Sangley'라고 불렸는데, 그 어원은 '상업business'을 의미
하는 중국어 '생리生理'의 민난식 발음이다. 이 당시 중국인이 대
부분 상업에 종사했기에 그렇게 불린 것으로 보이는데, 이후 혼혈
이 아닌 중국인을 가리키는 용어로 굳어지게 된다. 스페인이 진출
하고 중국 상인이 필리핀 현지 여성과 결혼하면서 탄생한 중국계
혼혈을 '상레이 메스티조Sangley Mestizo' 혹은 '메스티조 데 상레이
Mestizo de Sangley'라고 불렸다.

이와 비슷한 현상이 다른 해양부 동남아시아인인 말레이반도 및

인도네시아 군도에 정착한 중국인 이주민에게서도 발견된다. 인도

네시아를 포함한 말레이반도에 중국인 혼혈이 발생하는 것은 명·청 시기 중국인 상인 및 노동자의 이주가 본격적으로 시작되면서부터 다. 중국인이 동남아시아에서 상행위를 한 것은 당·송 시기로 거슬러 올라가지만, 명나라 말이 되면 네덜란드, 스페인, 포르투갈 등의 유럽 국가가 본격적으로 동남아시아에 진출하고, 명 조정의 중앙 권력이 급격히 약해지면서 수천 단위의 중국인이 상인을 중심으로 믈라카, 바타비아, 마닐라 등에 본격적으로 거주하기 시작한다.

이 당시 중국인 상인은 주로 네덜란드나 스페인 상인에게 필요한 물품을 제공해 주고, 멕시코 은, 유럽 및 서아시아산 물품, 동남아시아의 진귀한 물산(향신료 등)을 가지고 대륙으로 돌아가는 방식의 무역을 했다. 그러다가 18세기 후반 및 19세기에는 산업혁명의 영향으로 네덜란드와 영국 동인도회사의 식민지 운영 방침이 항구도시를 중심으로 진출하는 '무역' 중심에서 내륙 점령을 통해 생산력을 늘리는 '착취'의 방향으로 바뀌면서, 수백 혹은 수천 단위의 노동력으로는 해결되지 않아 수만 혹은 수십만 단위의 중국인이 건너오게 되었다.

대량이민 이전, 기존의 중국 상인은 청 제국 시기를 거치면서 상당수가 동남아시아 땅에서 현지화했다. 네덜란드와 영국, 스페인의 식민정책 변화에 발맞추어 서구 제국이 조성한 플랜테이션 농장 및 광산을 대리 경영하거나 고리대금업을 동족인 중국인 혹은 원주민(말레이인 및 필리핀인)을 대상으로 운영하면서 치부하였는데, 이들을 '징세청부업자Tax-farmer'라고 부른다. 이 과정에서 명대 혹은 청대를 거치면서 많은 푸젠성 및 광둥성의 상인이 동남아시아로 건너와 정착하였다. 푸젠성 상인(취안저우, 장저우, 샤먼 등 민난 출신)의 경우 주로 말레이시아, 인도네시아, 필리핀 등지로 건너와 중개무역, 금융업, 플랜테이션 농장 및 광산의 대리 경영을 하면서 사업을 벌이게 되었고, 필연적으로 유럽의 식민지 본국뿐 아니라 말레이시아, 인도네시아 지역 현지 권력자들과의 관계가 적응과 성공의 필수 요소였다.

사실 여기에는 명대와 청대 중국 대륙의 주요 대외정책 기조가 '해금海禁', 즉 백성이 해외로 나가는 것을 금하고 외부세력이 들어오는 것도 금하는 방향이었기 때문에 어쩔 수 없이 해외에 정착해야만 했던 노동자 및 상인이 상당수였다는 점도 작용하였다. 어쨌든 그 과정에서 많은 중국계 상인과 노동자가 현지 말레이 및 자바 여인과 결혼하면서 지역사회에의 편입을 시도했다. 이와 같이 중국인과 말레이인 및 인도네시아인 사이에 태어난 후손을 소위 페라나칸 peranakan이라고 칭한다. 페라나칸이라는 단어는 말레이어로 "현지에서 태어난 이local-born"이라는 의미를 가진다. 즉 공동체 내부에서 태어난 이들을 가리키는 것이다. 역사적으로 이 당시에는 중국인과 말레이인 사이에 태어난 혼혈을 의미하지만, 현재에는 꼭 혼혈이 아니더라도 2세대, 3세대에 걸쳐 말레이시아 및 인도네시아에 오랫동안 거주한 중국계를 의미하기도 한다.[8]

이들 페라나칸은 중국인 그룹과 말레이 현지 그룹 모두에 속해 있다는 특징 때문에 두 그룹을 동시에 통치하는 서구 식민 세력에게는 매우 필요한 존재들이었다. 영국 식민정부는 싱가포르, 믈라카, 페낭 등의 항구도시를 따로 떼어 내 행정적으로 해협식민지Straits Settlements로 분류하여 말레이시아, 미얀마, 보르네오섬 일부와는 별개로 독자적으로 통치하였는데, 그러한 이유로 싱가포르의 페라나칸을 해협식민지 중국인Straits Chinese이라고 부르기도 한다. 또한 남성 페라나칸은 바바baba, 여성 페라나칸은 논야nonya라고 지칭한다. 특히 이들 해협식민지의 페라나칸은 일찍부터 영국식 교육을 받아 영어에 능통하고 혼혈의 특성상 중국어(정확히는 푸젠 지역 방언)와 말레이어 모두 구사가 가능한 경우가 많아 주로 영국 식민지 본국으로부터 해협식민지 중국계 상인연합 등 지역 커뮤니티의 리더 혹은 식민정부의 관료로 뽑히는 경우가 많았다. 그 대표적인 예가 바로 까삐딴Kapitan 시스템이다.

서구 식민 세력과 중국계 혼혈의 관계

해양부 동남아시아는 유럽인이 진출하기 이전부터 동서교역을 잇는 중요한 지역이었고, 그에 따라 천년이 넘는 매우 긴 시간에 걸쳐 형성된 그들만의 다양한 해상교역의 관행이 있었다. 해상교역의 발전에 따라 여러 지역에 대규모의 교역항이 설립되었고, 각 항구에는 다양한 종류의 상인이 수개월 혹은 수년 동안 머물다가 떠나는 경우가 대부분이었다. 또한 소수이지만 영구 정착하는 경우도 더러 있었다. 이 경우 각각의 공동체는 각 공동체 내부의 논리에 따라 통제되는 것이 원칙이었는데, 예를 들어 이슬람 정치체가 다스리는 항구에서 교역을 하는 중국 상인, 힌두 상인, 불교 상인의 경우 외부 활동에서는 이슬람 율법의 통제를 받지만, 각 공동체 내부에서 벌어지는 일은 각각의 내부적 관행에 따라 처리하도록 한 것이다. 그 일환으로 각 공동체는 내부의 장을 뽑아 통제하도록 하였다. 이러한 해상교역의 전통적 관행을 포르투갈과 네덜란드, 영국이 공식화하여 마치 제국의 식민지 공무원처럼 활용하였으니 바로 '까삐딴' 시스템이다.

각 공동체의 장을 뽑는 과정 역시 공동체 내부의 논리에 의해 정해지는데, 중국인 공동체의 경우 무조건 그 그룹에서 '가장 돈이 많은 이'가 까삐딴으로서 권력을 갖는 것이 일반적이었다. 특히 영국과 네덜란드의 경우 18세기 후반, 19세기에 급증한 신이민자(영국령 말레이 및 해협식민지에서는 싱커Singkeh, 네덜란드령 인도네시아에서는 토톡Totok)를 통제하기 위해 각 지역별로 까삐딴을 두었는데, 이 경우 대부분 일찍부터 정착하여 돈이 많고, 각종 언어에 능해 중개자로서 기능을 잘할 수 있는 페라나칸이 담당하는 경우가 많았다. 페라나칸으로 대표되는 구이민자의 경우 이미 뿌리를 내리고 있었고, 언어에 능숙하며 식민정책에 깊이 관여하여 기득권을 가지고 있었을 뿐만 아니라 대부분 신이민자의 고용주일 가능성이 높았다. 신이민자의 경우 대부분 단순 노동에 종사하는 경우가 많았다.

까삐딴을 중심으로 한 구이민 그룹과 페라나칸은 중국계 공동체 내에서는 영국 및 네덜란드 식민정부의 권위 아래 거의 독보적인 권력을 가지고 있었다. 까삐딴은 공관公館이라 불리던 공식 사무실을

인도네시아의 중국계 페라나칸이자 바타비아 중화공동체의 5번째 마요르 Majoor를 역임한 코우 킴 안

'카삐딴'이라 불리던 지위는 공동체 구성원에 따라 다양하게 표현되었는데, 아랍인 공동체의 경우 '카삐딴 아랍Kapitan Arab', 인도인 공동체의 경우 '카삐딴 끌링Kapitan Keling'으로 불렸다. 중국인 공동체는 '카삐딴 치나Kapitan Cina'라고 한다. 네덜란드령 인도네시아에서는 지역 및 지위에 따라 다르게 표현되는데, '마요르 데 치네젠Majoor der Chinezen', '까삐딴 데 친젠Kapitein der Chinzen' 등이 있다. 바타비아의 코우Khouw가는 매우 유명한 페라나칸 집안으로 대대로 바타비아 식민정부의 관료를 역임하였다. 이 사진의 코우 킴 안Khouw Kim An, 許金安(1875~1945)의 할아버지, 아버지, 삼촌들 역시 모두 바타비아 중화공동체의 리더이자 식민지 관료로 활동하였다.

짓고 강한 우월의식 및 리더십을 지니고 있었다. 기득권을 상징하는 페라나칸·구인민 그룹과 피고용인으로서 주로 중국인 공동체에서 빈곤계층을 이루고 있던 신이민자 사이에 잠재되어 있던 갈등의 골은 20세기 신해혁명과 중일전쟁, 공산주의 열풍 등의 격변을 거치며 마침내 폭발하여 말레이, 인도네시아, 싱가포르 화교공동체의 내부적 상황을 더욱 복잡하게 하는 주요 요인이 된다.

스페인령 필리핀 사회의 중국계 메스티조 그룹과 말레이-인도네시아 지역 중국계 페라나칸 그룹의 탄생과 활동을 통해 알 수 있는 것은 이들이 중국 상인의 동남아 진출과 적응, 현지화의 과정에서 탄생했다는 점이다. 또한 동남아시아에서 큰 비중을 차지하고 있던 화교의 상업 네트워크와 동남아 현지 사회를 링크시켜 주는 역할과 서구 식민 세력의 현지 통치를 용이하게 해 주는 역할 모두 '훌륭하게' 소화했다는 사실이다. 그로 인해 17세기에서 19세기까지 동남아시아 지역사회가 '중국인-동남아 현지 사회-서구 제국'이라는 삼각 구도로 작동하는 과정에서 윤활유 역할을 톡톡히 하였다.

다만 이러한 중국계 혼혈의 적극적 활동은 근본적으로 동남아시아 현지 주민에 대한 서구 세력의 가혹한 착취를 대리함과 동시에 적극적으로 가담하면서 이루어졌다는 점을 명심해야 한다. 20세기 이 지역 동남아시아 국가들이 독립하여 건국하는 과정에서 보이는—심지어 지금까지도 남아 있는—강력한 반反화교화인 정서의 근간에는 이들 중국계 혼혈의 활동이 중요한 비중을 차지하고 있기 때문이다.

하이난 퀴진,
싱가포르 하이브리드 문화의 결정체

    싱가포르 인구의 80퍼센트는 중국계이고, 그 대부분이 푸젠, 광둥, 차오저우, 하이난, 커지아 등의 출신 지역에 따라 크게 구분된다. 싱가포르의 경우 푸젠 그룹이 명백히 주류였고, 지금도 주류다. 커지아는 퍼져 있는 성향이 강하고, 하이난은 그 세(勢)가 다른 출신에 비해 그리 강하지는 않다. 대신 그들의 강점은 그 음식문화에 있다.

    이렇게 나뉜 그룹 간의 차이를 마치 우리의 경상도, 전라도 사이의 차이 정도로 이해하면 곤란하다. 일단 사용하는 언어가 서로 달랐다. 민난어, 광둥어, 차오저우어 등등의 방언은 말만 방언이지 그냥 다른 언어다. 무려 20세기 중후반 무렵 지금의 베이징어 중심의 중국 표준어가 싱가포르에 도입되기 이전까지만 해도 그들은 글로 소통하였고, 심지어 같은 중국인임에도 중간에 통역을 두고 대화하는 경우도 비일비재했다. 음식문화 역시 상당 부분 다른지라 지금도 싱가포르뿐 아니라 동남아시아 대도시의 호커센터Hawker Centre나 푸드코트에 가 보면 각 지역별 코너가 한 자리씩 차지하고 있는 걸 볼 수 있다. 예를 들어 푸젠식 새우탕면, 차오저우식 볶음면(퀘이 떼오우 Kway Teow)라고 하는 식이다.

지역 교회에 가 보면 예배를 세 번씩 드리는 경우를 많이 보는데, 아침에는 영어로, 낮에는 중국 표준어華語, 오후에는 '호키엔'(이 단어는 그 그룹을 지칭하기도 하지만 때로는 그 그룹이 쓰는 언어를 지칭하기도 함), 혹은 광둥어로 예배를 드린다. 여전히 각 지역 방언이 많이 쓰이고 있다는 뜻이다. 그래서 정규 교육을 받은 중국계 싱가포르인은 공식적으로 영어를 사용하고, 친구와 중국 표준어(보통화) 혹은 방언을 사용하며, 부모 및 조부모와는 방언을 사용하는 등 총 세 가지 이상의 언어는 기본으로 하는 모습을 종종 목격할 수 있다. 물론 세 개의 언어를 한 번에 익히는 만큼 성장 과정에서 한 가지 언어만 줄곧 익히는 보통의 국가에 비해 해당 구성원의 어휘력이 부족하다는 지적도 꾸준히 있어 왔다는 점, 그리고 중국어는 할 줄 알아도 정작 한자는 모르는 이가 태반이라는 점 등은 지금도 싱가포르 사회에서 꾸준히 지적되어 오고 있다. 게다가 요즘은 그 특유의 지역색이 젊은 세대를 중심으로 점점 옅어지고 있는 추세라, 여러 뜻있는 학자 및 민간인이 그 지역 정체성의 유지를 위해 힘쓰고 있다고 한다.

사실 푸젠, 광둥, 커지아 출신의 이민자 그룹은 그 이민의 역사가 길고, 인구 역시 많아서 일찍이 싱가포르의 알짜배기 직종들, 즉 금융, 무역, 대농장 경영, 광산 경영, 인력거 사업 등등에 진출하여 그 분야를 일찌감치 장악해 온 것에 비해, 19세기 후반, 20세기 초반부터 본격적으로 진출하기 시작한 하이난의 경우 비교적 돈이 되는 직종을 구하기는 어려웠다고 한다. 그리하여 이 시기까지만 해도 하이난의 존재감은 다른 지역 이민자 그룹에 비해 옅었던 것 역시 사실이다. 다만, 이들 하이난이 독보적으로 부각되기 시작한 영역이 있었으니 바로 싱가포르의 음식문화이다. 하이난을 빼고는 싱가포르의 음식문화를 이야기할 수 없다고 해도 과언이 아니다.

이미 다른 이민자 그룹이 장악해 놓은 영역에 발을 들일 수 없었던 하이난은 19세기 후반에서 20세기 초에 싱가포르의 3D 업종에 종사하기 시작한다. 고무 농장의 고무 수액 채취자rubber-tapper, 선원seamen, 요리사cooks, 점원, 하인domestic servant 등등이 그들의 주요 진출 업종이었다. 그런데 아이러니하게도 이들 하이난은 이 중 요리사와 하인으로서 그 뛰어난 재능을 드러내 명성을 떨치기 시작한다.

특히 20세기 초중반에 걸쳐 부유한 유럽인 및 화교의 저택, 관공서, 군부대 등지에서 "houseboys" 및 "cookboys"로 고용되어 영국의 식민지이자 동남아시아의 무역금융 허브였던 싱가포르 지도층의 생활방식, 음식문화 등을 배우고 익히며 성장하였다.[9] 하이난 중 이 직종에 숙련된 이들은 훌륭한 집사 및 요리사로 활발히 활동했다고 한다. 이렇게 숙련된 하이난은 1920~1930년대가 되면 고관대작의 저택을 벗어나 다양한 직종에서 그들의 재능을 펼치게 되는데, 바로 요리 실력과 서비스 정신을 동시에 발휘할 수 있는 싱가포르의 요식업계였다. 그들이 유럽인에게 고용되어 익혔던 세련된 서비스 및 레스토랑 관리 기술은 점점 서구화되어 가고 있던 싱가포르인의 입맛과 트렌드가 서서히 반영되고 있던 요식업계에 딱 들어맞는 것이었고, 스스로 식당, 빵집, 푸드코트를 창업하거나 혹은 호텔, 서구식 레스토랑, 카페 등에 요리사 및 웨이터로 취직하는 경우가 많았다. 1920년대에서 1950년대 사이에 특히 이들 하이난의 요식업 진출이 급격히 증가하게 된다.

대표적인 경우가 유명한 커피 토스트 체인인 킬리니 꼬삐띠암 Killiney kopitiam과 야쿤 카야Ya Kun 토스트다. 킬리니는 하이난 출신 이민자가 1919년에 킬리니 로드에 세운 가게가 그 출발점이고, 야쿤 토스트 체인을 창업한 하이난 출신 이민자 로이 아 쿤Loi Ah Koon의 경우 1926년 15세에 싱가포르로 건너와 같은 출신의 화교가 운영하는 커피숍에서 보조로 일을 시작한 것이 계기가 되어 이후 야쿤 토스트를 세우게 되었다고 한다. 즉 이 시기는 하이난이 싱가포르의 요식업계에서 그 재능을 꽃피울 수 있도록 해 준 중요한 시기였다고도 할 수 있을 것이다. 이들이 요식업계에서 성공할 수 있었던 요인 중의 하나는 바로 스스로 개발한 메뉴에 있었다. 특히 유럽인의 저택 및 군 부대에서 집사, 하인, 요리사 및 그 보조로 근무하면서 익힌 서구의 음식문화를 그들의 출신인 하이난섬 특유의 해양성이 가미된 음식문화와 적절히 접목시켜 메뉴를 개발하였고, 이것이 점차 서구화되어 가던 싱가포르인의 입맛을 사로잡은 것이다.

킬리니 꼬삐띠암, 야쿤 토스트, 왕Wang카페 등에서 판매하는 대표적인 조식 및 브런치 메뉴가 그 대표적인 경우다. 잘 우려낸 커피 혹은 홍차와 함께 나오는 카야 토스트 및 프렌치 토스트, 그리고 반숙 계란에 곁들인 간장의 조합은 원조 격인 영국식 조식을 하이난의 감각으로 변용한 대표적인 메뉴라고 할 수 있다. 싱가포르를 여행하는 이들이라면 누구나 경험해 봤을 필수 조식 혹은 브런치 메뉴다. 그 외에 싱가포르의 시그니처 메뉴인 치킨라이스, 치킨커리, 비프누들 등등이 모두 하이난의 작품이다. 또 하이난의 커피를 우려내는 솜씨 또한 우수했다는 이야기도 전한다.

한스Han's 레스토랑 카페 체인과 싱가포르 현지인이 즐겨 찾는 중저가 스테이크 하우스인 잭스 플레이스Jack's place 역시 이 시기 하이난인 'cookboys'의 후손들이 창업한 요식업 체인이다(한스 카페의 경우 한 씨 가족이 창업한 것). 무엇보다도 싱가포르의 대표 칵테일인 싱가포르 슬링Singapore Sling이 1910년에서 1915년 사이에 래플스 호텔 롱바Raffle's Hotel Long Bar의 하이난 출신 바텐더 니암 통 분Ngiam Tong Boon에 의해 개발되었고, 1970년대에 그의 조카가 현재의 모습으로 개량했다는 사실은 이 당시 하이난이 얼마나 다양한 요식업 분야에 진출해 있었는지를 보여 준다.

서구의 식민문화와 중국, 말레이, 인도인 들의 아시아 문화가 혼종한 채로 200여 년을 영위해 온 싱가포르는 아시아의 대표적인 하이브리드 도시국가다. 외국인으로서 싱가포르를 여행하고 있거나, 해 봤거나, 혹은 거주하고 있거나 거주해 본 이들은 싱가포르의 다양한 모습에서 그 사실을 느낄 수 있을 것이다. 비록 소수공동체이지만, 하이난 이민자 특유의 하이브리드한 경험과 감각을 통해 형성된 싱가포르의 '하이난 퀴진'이야말로 그 특징을 가장 잘 보여 주는 예가 아닐까.

5

코스모폴리탄의
남중국해

동남아시아 하이브리드 건축,
숍하우스

19세기 동남아시아의 코스모폴리탄 공간

17세기에서 18세기까지 동남아시아는 명백히 네덜란드의 세기였다. VOC로도 잘 알려진 네덜란드 동인도회사Verenigde Oostindische Compagnie, Dutch East India Company는 17세기 초 동남아시아에 진출하여 거의 200여 년에 가까운 기간 동안 현재의 인도네시아를 중심으로 향신료 및 각종 1차 산품의 동서 장거리 교역을 장악하였다. 같은 시기 영국은 네덜란드의 기세에 밀려 동남아시아에는 거의 진출하지 못하였다. 영국 동인도회사British East India Company의 경우 진출 초기 1611년에서 1620년까지 네덜란드 동인도회사와 격렬히 경쟁했으나 1623년 '암본섬 학살Ambonya Massacre'을 계기로 동남아시아를 거의 포기하게 된다. 이때 영국이 눈을 돌린 곳이 거대한 남아시아 대륙이었는데, 영국은 1639년 마드라스Madras 지역의 군주와 협약을 맺고 요새 건설과 무역의 특권을 약속받아 본격적으로 인도에 진출하였다.

네덜란드와의 경쟁에서 패배한 영국 동인도회사(LIC)가 동남아시아에 다시 본격적으로 등장하게 되는 것은 18세기 말 인도에서의 지배를 확립하고, 산업혁명으로 생산력 및 경제 규모에서 네덜란드를 비롯한 다른 유럽 제국주의 국가를 명백히 앞질렀을 즈음이었다. 영국 동인도회사는 믈라카를 제외하고는 다른 제국주의 국가들로부터 그리 큰 관심을 받지 않고 있던 말레이반도를 공략하기 시작했는데, 특히 주요 항구도시들을 중심으로 내륙을 공략하였다. 1786년 영국 동인도회사는 재정 부족과 부기스인Bugis(말레이인의 한 갈래로 해상무역을 장악하고 있던 역내 해상민족) 및 시암왕국Siam(현재의 태국)의 위협에 시달리던 말레이반도 북부 끄다Kedah 지역 술탄에게 무력을 이용한 보호를 미끼로 페낭섬Penang을 구입하였다. 이후 페낭은 영국의 보호 아래 서구와 인도의 상품을 주석, 후추, 고무, 향신료 등으로 교환하는 거대항구로 성장하게 된다.

한편 1819년 영국 동인도회사의 스탬포드 래플스Stamford Raffles가 말레이반도 끝에 붙어 있는 섬을 발견하고 영국의 대아시아 지역 전략의 핵으로 삼을 계획을 세운다. 바로 동남아시아 영국 식민지의 핵심, 싱가포르의 시작이다. 지금도 그렇지만 당시 싱가포르는 말레이반도 끝에 위치하여 믈라가 해협을 건너려면 반드시 들러야 하는 곳인 데다 천혜의 항구가 있어 중국과 인도 사이의 무역과 금융을 중개하기에 아주 좋은 위치에 있었다. 특히 1840년대 영국이 아편전쟁으로 홍콩을 할양받고 상하이上海에 조계지를 설치하면서 상하이-홍콩-싱가포르-봄베이-런던으로 이어지는 영 제국의 무역과 금융 네트워크 형성에 핵심 역할을 하기도 하였다.

말레이반도 전통의 항구도시인 믈라카 역시 1824년 영국-네덜란드 조약Anglo-Dutch Treaty에 따라 네덜란드로부터 영국으로 할양된다. 대신 영국은 네덜란드에 수마트라의 한 도시인 벤쿨렌Bencoolen의 권리를 인정해 주었다. 이후 영국 동인도회사는 1826년 페낭, 싱가포르, 믈라카로 이어지는 말레이반도 서부의 핵심 항구도시를 묶어 해협식민지Straits Settlements를 설립하여 별개의 식민지 행정구역을 설치하였다. 해협식민지를 구성하고 있는 세 항구도시의 특징은 무역 중심의 식민지 거대도시라는 점과 인프라 건설을 위해 영국 동인도회사가 중국인의 이주를 독려하여 대다수의 인구가 중국인이었다는 점이다. 거기에 더해 인도로부터 인도인의 이주 역시 영국의 강제, 혹은 독려로 급증하고, 그 결과 해협식민지는 중국인, 인도인(주로 타밀인), 말레이인, 영국을 비롯한 서양인, 유라시아인(포르투갈, 네덜란드 등 유럽인과 현지 말레이인 사이의 혼혈 및 그 후예) 등이 공존하는 19세기 동남아시아의 대표적 코스모폴리탄 지역으로 성장하였다.

해협식민지에는 영국의 동남아시아 식민지 경영을 용이하게 하기 위한 당시로서는 최첨단의 근대적 도시 인프라가 건설되는데, 그에 따라 해협식민지는 연일 다양한 문화적·기술적 몰이해와 오해, 갈등이 첨예하게 대립하는 역설적인 공간이기도 했다. 즉, 다양한 인종이 모여 사는 공간이면서 식민지 무역 및 금융 도시였던 해협식

싱가포르 차이나타운의 숍하우스 건축과 베란다 공간
각 건물 일층 점포 앞에 형성된 외부 복도, 즉 베란다 공간이 공공도로인가, 사유재산인가 하는
문제는 19세기 화교들의 삶에서 매우 중요했다.

민지는 당시 서구 근대문물의 이식이라는 측면에서 아시아에서 가
장 앞서 있는 지역이기도 했기에 온갖 다양한 문화충돌 현상이 곳곳
에서 발견되었다. 가령 아래와 같은 법령이 그 예이다.

> 폭죽은 보통 '공공도로 인근'에서 터뜨려진다고 한다. ('공공도로 인
> 근'이란) 공공도로 옆의 베란다에서 터뜨리는 경우, 공공도로를 마주
> 보고 있는 문 혹은 창문을 통해 터뜨리는 경우, 공공도로를 바라보
> 고 있는 장소에서 터뜨리는 경우, 공공도로에 인접한 주택의 마당
> 에서 터뜨리는 경우 등이다.[1]

폭죽은 해협식민지에 거주하고 있는 중국인이 명절이나 주요 행사마다 축하를 위해 터뜨리는 대표적인 놀이문화다. 그러나 도시 행정관리의 측면에서 공공도로 인근에서 이루어지는 폭죽이 매우 위험하고 시끄러우며 환경에도 좋지 않은 놀이임에는 분명하다. 해당 법령에서 핵심은 베란다verandah라고 불리는 공간의 성격이다. 다른 공간의 경우 명백히 사유공간이지만, 베란다의 경우 애매하게 정의되어 있어 19세기 내내 논란이 되었고, 급기야 그 성격을 두고 19세기 말에는 중국인들의 폭동으로까지 이어지는 흥미로운 이슈였다. 분명한 것은 해협식민지 법령에서 말하는 베란다는 현재 우리가 흔히 아파트에서 보는 베란다와는 전혀 다른 공간이라는 사실이다. 동남아시아 식민지 도시 공간에 형성되어 있던 베란다란 무엇일까.

숍하우스 베란다 공간의 기원

베란다 공간의 출현은 19세기에서 20세기 동남아시아 주요 도시와 중국 동남부(광둥, 푸젠) 지역 주요 도시에 형성되어 있던 주상복합의 건축양식과 밀접한 관련이 있다. 초국적으로 퍼져 있는 양상만큼이나 이러한 건축양식을 가리키는 용어 역시 매우 다양하다. 숍하우스shophouse, 파이브 풋웨이five foot way, 카키 리마kaki lima, 치로우騎樓, 우쟈오치五脚基, 베란다 하우스verandah house 등등이다. 그에 따라 건축양식의 기원에 관해 일치된 의견 역시 없다. 크게 몇 가지로 나뉘는데, 우선 중국 대륙의 건축문화로부터 그 기원을 찾는 연구들이 있다.[2]

이른바 '상하점주형식上下店住形式'으로서 '점옥店屋'이라고 불리는 주상복합의 건축양식이 이미 중국 동남부 연해 지역에 형성되어 있었다는 것이다. 이러한 건축양식은 주로 선착장에 접하여 창고, 작업장, 상점 등의 역할을 한 것으로 일층은 상점 혹은 작업장, 이층은 주거의 형태를 띠고 있다.

이는 북방 '사합원四合院' 형식의 건축양식이 이민족의 침입으로 인한 한족의 남하와 강남 개발과 함께 푸젠, 광둥 지역의 기후적 특색에 맞게 변형된 것이라는 주장이다. 게다가 푸젠, 광둥 등 연해지역은 송대부터 동남아시아와 활발히 무역 활동을 하고 있었고, 그에 따라 명·청대까지 화상 및 노동자가 동남아시아 주요 항구에 거주하고 있었다. 그 과정에서 중국 동남 연해에 형성된 '점옥' 건축양식이 동남아시아로 이식되고, 이후 포르투갈, 네덜란드, 영국 등 서구 건축문화의 영향을 받아 지금에 이르렀다는 설명이다.

반대로 그 기원을 남아시아의 벵갈Bengal 지역에서 찾는 연구도 있다.[3] 영국이 17세기 동인도회사를 필두로 남아시아에 진출한 지역 가운데에는 벵갈 지역이 있었다. 이후 17~18세기에 걸쳐 벵갈 지역에 거주하게 된 영국인은 벵갈인 특유의 주거 형태인 방글라Bangla(혹은 Bengali)에 유럽식 건축 요소를 가미하여 독특한 건축 형식을 탄생시키게 된다.

방글라는 벵갈 지역을 비롯한 남아시아 특유의 고온다습한 기후에 적응하면서 오랜 기간에 걸쳐 형성된 토착 건축문화인데, 그 특징은 비와 태양빛을 피하면서 통풍을 원활하게 해 주는 외부 공간,

벵갈 지역에 세워진 영국의 식민지 관청. 1883

소위 베란다의 존재라고 할 수 있다. 지붕을 넓혀 현관 전면의 일정
공간까지 덮을 수 있도록 설계하였고, 앞으로 튀어나온 지붕 양옆으
로 기둥을 세움으로써 완전히 개방된 형태의 공간을 가진 건축양식
이 형성된 것이다. 그리고 이러한 외부 복도(외랑外廊)와 그 복도를 덮
는 넓은 지붕, 동시에 복도를 개방함으로써 발생하는 통풍 등등을
특징으로 하는 벵갈 지역 특유의 주거 형식인 방글라는 이후 이 지
역에 진출한 영국인에게 받아들여졌고, 19, 20세기에 걸쳐 다양한
형태의 변형이 이루어지며 벙갈로우Bungalow라고 불리게 된다.

　19세기 초 영국은 싱가포르, 믈라카, 페낭 등을 식민화하고 1842
년 난징조약 이후 홍콩을 할양받음과 동시에 주요 항구의 개항을 통
해 조계지를 확보함으로써 동남아시아와 중국에 본격적으로 진출
하였다. 아울러 영국이 인도에서 탄생시킨 특유의 벙갈로우 역시 영

국 제국의 확대와 함께 비슷한 기후적 특성을 지닌 동남아시아로 전파되어 19세기 초중반 해협식민지의 도시 개발에 이용되었다는 것이다.

또 다른 한편으로 이미 동남아 현지에 비슷한 형태의 건축양식이 존재했다는 주장도 있다. 19세기 영국 식민정부에 의해 숍하우스 건축양식이 계획적으로 동남아시아, 특히 해협식민지에 전파되기 이전에 이미 말레이시아반도 및 자바섬에 비슷한 형태의 주거지가 형성되어 있었다는 것이다. 다만 해당 건축양식이 주로 중국인 이주민이 거주하는 주거 지역 및 시장을 중심으로 형성되었다는 점에서 중국인 이주자들에 의해 건너온 '점옥' 건축양식이 열대지방 특유의 기후와 풍토에 적응하여 변형된 것일지도 모른다.

이처럼 숍하우스의 기원에 관한 다양한 논의에는 나름대로의 근거가 뚜렷하여 그 진위를 밝혀내기가 어려운 것이 사실이다. 다만 근거가 확실한 부분들을 종합하여 재구성해 볼 수는 있다. 송대 이후 명·청 시기까지 중국 동남 연해 지역의 주요 항구도시에는 '점옥' 형태의 주상복합의 건축양식이 존재하였고, 이러한 건축양식은 푸젠과 광둥 출신 중국 상인 및 노동자가 동남아시아로 진출하면서 외부로 전파되었다. 특히 말레이시아와 자바섬의 주요 항구도시에 형성된 중국인 거주지와 시장에는 비슷한 형태의 건축양식이 형성되어 있었다. 이후 영국 식민제국이 말레이반도에 진출하면서 19세기 초기 싱가포르를 중심으로 도시 개발을 진행한다. 그 과정에서 인도의 벵갈 지방에서 가져온 벙갈로우 건축양식을 도입하였고,

동시에 중국의 주상복합 건축양식을 혼합하여 동남아시아 특유의 식민지 도시건축문화, 즉 숍하우스 건축문화를 형성했다는 설명이 가능하다.

이런 다양한 연구에서 공통적으로 지적하고 있는 것은 이러한 숍하우스 형태의 건축이 행정 시스템의 필요에 의해 도시 구획, 혹은 도시 개발의 한 축으로서 계획적으로 건설된 경우는 19세기 초중반 싱가포르를 중심으로 한 해협식민지가 최초였다는 것이다. 이 과정에서 개개의 숍하우스를 연속적으로 규칙성 있게 붙여 놓음으로써 이전의 숍하우스 건축양식에서는 발견되지 않았던 외랑外廊, arcade 식 공간, 즉 베란다가 발생하게 되었다. 바로 이 베란다 공간의 성격을 둘러싸고 중국인 공동체와 영국 식민정부 사이에 갈등이 벌어진 것이다.

숍하우스 건축양식의 기능

중앙 대로 양 측면에 주상복합의 숍하우스를 연속적으로 배열하여 지붕이 있는 외부 복도 공간이 자연스럽게 조성될 수 있도록 한 건축양식은 이미 싱가포르 도시 개발 초기에 스탬포드 래플스에 의해 구상된 것이었다. 일찍이 래플스는 싱가포르의 '도시개발위원회 Town Committee'의 위원장에게 아래와 같이 보낸 바 있다.

각각의 집은 일정한 너비의 베란다를 갖추어야 하는데, 이는 중앙

대로 양 측면에 연속적이면서 지붕으로 덮인 통로로써 항상 개방되어 있어야 한다.

각종 해협식민지 법령Acts and Ordinances of Straits Settlements에서는 이 외부 복도, 즉, 외랑을 주로 '베란다verandah'라고 지칭하고 있다. 베란다라는 용어는 19세기 유럽의 도시에서 쓰이기 시작했고, 자동차와 같은 바퀴 달린 이동수단의 출현으로 중앙도로 측면에 형성된 보행자 통로를 가리킨다. 이 용어가 싱가포르의 도시 개발 과정에서 중앙도로와 숍하우스 건축군 사이에 형성된 지붕 덮인 통로를 의미하게 된 것이다. 래플스의 이러한 정책 이후 영국 식민당국은 숍하우스를 밀집하여 건설하면서 시내 중심가의 주요 도로와 맞닿은 일 층에는 필히 공간을 남기고 지붕을 덮음으로써 보행로로 삼을 것을 요구하였고, 19세기 중후반에 걸쳐 이러한 건축양식이 영국령 말라야와 해협식민지 도심지의 주요 상가 및 주거 양식이 되었다.

사실 이러한 숍하우스 건축양식을 통한 외랑(베란다)의 형성은 기후적 측면과 도시공학적 측면을 고려한 것이기도 했다. 우선 적도에 걸쳐 있는 동남아시아의 고온다습한 열대기후를 고려하여 보행자가 태양빛과 우기의 비를 피하면서 이동할 수 있도록 고려한 것이다. 다른 한편으로는 집중호우로 인한 배수와 방화의 목적도 있었다. 그리고 도시구획에 있어서 미관을 고려한 조치이기도 했는데, 기존의 일정하지 않은 건축물의 병렬을 일정하게 정비하고, 중앙도로와 외랑의 폭을 연속적이고 통일성 있게 함으로써 질서정연하게 구획된 도시의 모습을 구현하려 한 것이다. 그리고 19세기 중후반을 지나 20세기에 들어서면 점차 이러한 숍하우스 건축양식을 고층으로 짓기 시작하였고, 건물의 외관 역시 각종 상징물을 활용하여 장식하기도 했다.

흥미로운 점은 숍하우스 건축양식이 점차 고층화되고 화려해지면서 각종 장식물이 상징하는 바가 각 종족적 특징을 드러내기도 한다는 점이다. 사실 숍하우스 건축양식은 중국인 거주지뿐만 아니라 인도인, 아랍인 거리에도 조성되었는데, 동일한 건축양식에 각 종족적, 문화적 특징을 보여 주는 상징물의 이질성이 두드러져, 해당 지역이 강제된 초경계적 다문화·다종족 공동체인 서구식 근대 '제국empire'의 일원이었음을 상기시켜 준다.

숍하우스 건축양식과 외랑의 조성은 영국령 동남아시아뿐만 아니라 기타 동남아시아 지역의 중국인 거주자에게 특히 적극적으로 받아들여졌다. 우선 동남아시아 특유의 열대기후는 유럽인뿐만 아니라 중국인에게도 적응하기 어려운 것이었기 때문에, 기후적 고려가 가미된 건축양식이 환영받았다. 게다가 외랑을 두고 일 층을 상점으로 활용함으로써 발생한 개방된 공간은 화교 사이에 공적 영역으로 자리매김하기도 했다. 또한 일 층의 외랑들이 연결되어 복도(베란다)가 형성됨으로써 동남아시아 중국인 거주 구역 및 중심가 특유의 상가 거리가 형성될 수도 있었다.

그 너비가 평균적으로 5피트에 달해 숍하우스 외에 파이브 풋 웨이Five foot way, 화교 사이에서는 우쟈오치五脚基 혹은 치로우騎樓, 말레이어로는 카키리마Ka Ki Lima 건축양식으로 불리며 이후 해협식민지 뿐 아니라 동남아시아 화교 거주 지역의 주요 주거 건축양식으로 자리매김하게 된다. 페라나칸(및 메스티조) 역시 이러한 건축양식을 통해 거주 구역을 조성하였기 때문에 한편으로는 페라나칸 건축이라고 불리며 해협식민지 특유의 혼종적 문화의 대표적 사례로 꼽힌다.

숍하우스 건축양식과 외랑 조성의 유행에는 19세기 중후반에서 20세기 중반까지 급격하게 증가한 중국인 이주가 중요한 작용을 하였다. 싱가포르의 경우 도시 개발이 막 시작되던 19세기 초기까지만 해도 숍하우스 건축양식은 기후와 도시 외관을 위한 고려였다. 그러다가 19세기 중후반을 넘어서면 급격히 늘어나는 중국인 이주민 인구를 수용하기 위한 대안으로 떠오르게 된다. 통계에 따르면 1871년 싱가포르의 전체 인구는 약 9만 7,000명인데, 1931년이 되면 55만 7,000명으로 급증한다. 그 가운데 중국인의 비중 역시 56퍼센트에서 75퍼센트로 커진다.[4]

거주 인구의 증가는 도시의 발전에 긍정적인 영향을 미치는 것이었지만, 급격한 인구의 증가는 그들에게 제공해야 할 거주 공간의 부족이라는 도시 행정적 문제점을 동시에 발생시킨 것 역시 사실이다. 1901년 싱가포르 식민정부에서 조사한 해협식민지의 인구밀도 조사에 따르면, 중국인 이주자가 주로 밀집해 있는 지역의 한 가구당 거주인의 숫자는 평균 11명에서 13명에 이르렀다. 즉, 한 집에 10명 이상의 중국인이 거주하고 있었다는 것이다. 중국인 이주자의 급격한 증가는 그들이 점차 제한된 중국인 거주 구역을 넘어 그 영

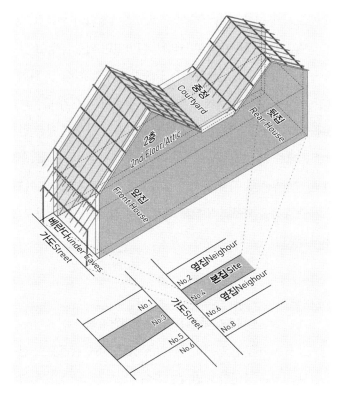

숍하우스의 구조
중국인 인구의 급증으로 인해 싱가포르를 비롯한 해협식민지의 숍하우스는 폭이 좁
아지면서 줄어든 공간을 고층과 뒷부분을 늘리는 방식으로 보완하게 된다.

역을 확장해 갈 위험성을 내포하고 있었고, 영국 식민당국에서는 이
를 조정할 필요를 인지하고 있었다.

급격한 인구 증가로 인한 거주 공간의 부족을 그나마 해결해 줄
수 있는 대안으로 떠오른 것이 바로 숍하우스 건축양식이었다. 래플
스에 의해 강조되었지만, 권고 사항이었던 숍하우스 건축이 1882년

이 되면 도시 중심가 주거 건축의 규범으로 제정되어 본격적으로 건축되기 시작한다. 게다가 주로 '5피트' 너비였던 외랑식 통로 공간을 담보로 하는 숍하우스 건축양식은 급증한 인구로 인해 그 위험성이 높아진 도시 위생상의 문제에 있어서도 통풍과 배수가 용이하다는 측면에서 장려되었을 것이다. 그 과정에서 특히 강조된 것은 한정된 공간에 최대한 많은 거주민을 수용해야 한다는 것이었는데, 그로 인해 개별 숍하우스의 폭을 줄이면서 높이를 3층, 4층으로 높이고, 배후의 거주 공간을 확보하기 위해 뒤로 점차 길어지는 방향으로 건축되기 시작했다.

숍하우스 베란다 공간을 둘러싼 갈등

싱가포르를 비롯한 동남아시아의 주요 도시에 숍하우스 건축문화가 형성된 것은 중국인 이민자 그룹이 각 제국주의 식민 영역에서 차지하고 있던 위상 및 역할과 관련이 있다. 19세기 들어 영국 및 네덜란드가 제국의 운영 형태를 기존의 무역로 중심에서, 대농장 혹은 광산 운영과 같이 1차 산품을 대량생산하는 방식으로 전환하면서 다수의 이민자 수요가 발생했다. 아울러 소수의 무역상이 무역 거래를 하기 위해 거주하는 대시장, 혹은 출입 항구로서의 항구도시가 아닌, 대량의 장기 거주민을 수용할 수 있는 주거 중심의 도시 건설이 요구되었다. 그에 따라 중국인, 인도인, 현지인(해협식민지의 경우 말레이인, 부기스인) 등 대규모의 노동력이 동원되고, 그들의 이동과 이주,

현지 적응 등의 해결이 시급해졌다. 동시에 그에 따른 각종 도시 인프라가 필요하게 된다,

이 과정에서 중국인 상인 그룹은 그들의 생활 잡화, 각종 물품 및 교역품 등을 중국의 교향에서 가져와 각 도시의 중국인 이민자에게 공급해 주는 역할을 하고 있었다. 아울러 각종 금융서비스(송금, 환전, 전장, 대출)도 제공하였다. 중국인 노동자의 경우 각종 노동서비스(인력거, 대농장 및 광산의 인부, 호커, 점원)를 담당하고 있었다. 이러한 상업 및 노동 서비스의 경우 중국인 이주자 그룹뿐 아니라 현지 원주민까지도 공급받거나 이용할 수 있었다는 점이 중요하다. 실제 호커 Hawker(노상에서 음식을 파는 상인들을 가리키는 용어)는 푸젠 및 광둥 음식뿐 아니라 말레이, 인도, 아랍의 음식을 팔기도 하였다.

이러한 측면에서 싱가포르 숍하우스의 5피트 공간이 중국인뿐 아니라 말레이인, 인도인에 의해서도 활용되고 있었음을 관찰할 수 있다. 즉, 각 거주민 그룹은, 심지어 유럽인도 도시 생활에 필수적인 각종 인프라 및 서비스를 중국인을 통해 공급받게 되는데, 숍하우스 건축군은 도시 행정적인 측면에서 그 인프라를 보다 편리하게 이용할 수 있도록 해 주는 건축양식이었다. 숍하우스를 이용해 주상복합의 도심지 거리를 형성함으로써 도시환경에 필수적인 상가 수요를 충족하고, 베란다 공간을 통해 기후적 고려와 함께 쇼핑아케이드를 외부에 형성함으로써 상품의 매매가 쉽도록 고려하였다. 영국 해협 식민지 법령은 이를 '보행자의 순환pedestrians circulation'을 돕는다고 표현하고 있다.

중국인 이주자 제공의 도시 인프라를 기반으로 하여 형성된 싱가포르의 도심지에서 숍하우스 건축양식은 갈수록 열악해지는 공간 활용에 훌륭한 대안이었을 것이다. 19세기 이후 중국인 이주자는 이러한 도시 개발의 과정과 숍하우스 건축문화 및 5피트 공간의 유용성을 충분히 경험하게 된다. 아이러니하게도 오히려 '그렇기 때문에' 19세기 후반 영국 식민정부가 이 5피트의 공간을 공적인 영역으로 상정하고 중국인 이주민의 사적인 사용을 통제하려 시도하였을 때, 싱가포르의 화교 사회가 격렬하게 반응한 것이다. 바로 '베란다 폭동Verandah Riot'의 시작이다.

싱가포르 인구, 특히 중국인 이주자의 숫자가 급증하면서 숍하우스 건축군이 싱가포르 도심지의 도시환경을 장악하게 되는데, 그 가운데 발생한 문제가 5피트 너비의 외랑식 통로, 즉 베란다 공간의 성격에 대한 문제였다. 사실 이 공간에 대한 싱가포르 식민정부의 입장은 명백했다. 공공의 공간public sphere으로서 보행자에게 안전하고 건강한 보행로를 제공해 주고, 질서정연한 도시 미관을 조성하겠다는 것이다. 일찍이 영국령 식민도시로서 싱가포르를 계획한 스탬포드 래플스는 1822년 인도인 거주 구역Chuliah Kampong을 조성하면서 베란다 공간에서 노숙하며 취식하는 인도인의 행태를 금지시킬 것을 요구한 바 있다. 영국 식민정부의 베란다 공간에 대한 인식은 그들이 제정한 해협식민지 법령에서도 잘 드러난다.

공공도로에 인접한 거주구의 개방된 베란다는 보행자를 위한 공공

도로이고, 각 가구주의 재산권의 대상이 된다.[5]

　사실 영국 식민정부의 입장에서는 베란다 공간의 공공적 성격을 강조한 것이지만, 거주민의 입장에서 보면 베란다 공간의 사적 소유에 대한 권리를 보장해 준 것이기도 한 애매한 정의였다. 실제 중국인 이주민의 경우 숍하우스 건축군의 조성으로 발생한 베란다 공간을 그들의 사적인 공간으로 활용하는 경우가 많았는데, 이는 영국 식민정부가 애초에 의도한 보행자를 위한 공간이라는 베란다의 공공적 성격을 침해하는 현상이었다. 앞서 언급한 폭죽의 사용과 관련한 법령 역시 이러한 '애매함'을 잘 보여 주는 예라고 할 수 있다.

　공적 공간인 베란다 공간을 각 숍하우스의 소유주뿐 아니라 다른 소매상 및 호커hawker가 확장하여 활용하였고, 노숙 및 취식하는 경우도 많아 영국 식민정부의 골치를 썩이고 있었다. 이미 1843년 싱가포르의 언론에서도 숍하우스 주인들에 의한 베란다의 사적 사용과 떠돌이 봇짐 장사꾼(호커)의 무단점유로 베란다의 원래 기능을 잃어 가고 있다고 지적하는 것을 보면 이는 매우 오래된 사회적 문제였음을 확인할 수 있다.

　영국 식민정부에서는 싱가포르의 도시 개발 초기부터 횡행하던 베란다의 사적 점유를 막기 위해 1853년 도시 최초의 '자원보호법 Conservancy Act'을 시행하여 베란다 공간의 자유로운 사용에 대해 공공권을 강조하고, 싱가포르 식민정부 총독으로 하여금 베란다의 불법 점거를 단속함과 동시에 보행을 방해하는 각종 물품들을 치울 것을 명령하게 된다.[6] 그럼에도 불구하고 이러한 상황은 나아지지 않았는데, 그 근본 이유는 이미 밝힌 대로 베란다 공간에 대한 영국 식민정부의 애매한 정의 때문이었다.

자원보호법을 통해 베란다의 사적 점유를 금지한 이후인 1872년에도 여전히 영국 식민정부는 베란다 공간을 보행자를 위한 공공도로이면서 각 숍하우스 소유주의 사적 공간이라는 모순된 정의를 내리고 있었다. 이로 인해 영국 식민정부의 방침과는 상관없이 중국인 이주자가 주로 거주하고 있던 말라카 스트리트Malacca Street, 뗄록 아이엘 스트리트Telok Ayer Street, 캐널 로드Canal Road 등지에서는 중국인 상점주들이 직원들을 시켜 베란다 공간과 중앙도로에까지 상품을 진열해 놓고 있는 상황이 목격되고는 했다.

베란다 폭동과 그 후

영국 식민정부와 숍하우스 소유주의 대다수를 차지하고 있던 중국인 이주자 사이의 베란다 공간의 활용을 둘러싼 긴장 관계는 1880년대에 이르면 최고조에 다다른다. 특히 1887년 싱가포르 도시 개발과 행정을 담당하던 '싱가포르 시정위원회'의 성격이 시정을 논의하는 자문기관Singapore Municipal Committee에서 식민정부로부터 권한을 위임받은 행정기구Singapore Municipal Commission로 변화한 것이 중대한 분수령이었다. 초대 위원장으로 임명된 로웰 박사Dr. T. I. Rowell는 개인의 재산권 침해라는 이유를 들어 반대하는 이들이 있었음에도 불구하고 유명무실하던 자원보호법의 실행을 강제하였다. 결국 1888년 2월 21일 로웰 위원장은 시간을 두고 천천히 시행하라는 위원회의 권고를 무시하고, 즉각적으로 베란다 공간에서 매매를 행하는 상점 주들을 강제로 몰아내기 시작했다.

중국인 상점주 및 숍하우스 소유주의 경우 이미 2월 20일부터 문을 닫고 장사를 접음으로써 항의를 표시하고, 몇몇 중국인은 유럽인 및 공관을 향해 돌을 던지는 등의 과격한 행동을 벌여 소수의 유럽인이 부상을 입기도 했다. '베란다 폭동'의 발발이다. 몇몇 중국인 공동체에서는 그들이 영향력을 발휘할 수 있는 인력거꾼(릭쇼 쿨리)을 동원하여 거리에서 폭동을 일으키도록 사주하기도 하였다. 폭동이 심화될 기미가 보이자 시정위원회의 자문위원이자 중국인 이주자 그룹에 강력한 영향력을 가진 영국인인 토마스 스콧Thomas Scott이 중재하여 2월 22일에 극적으로 합의가 이루어지게 된다.[7]

베란다 공간을 이용하여 생존을 도모하던 많은 중국인 이주자의 권리와 공공의 공간으로서 베란다 공간을 보행로로 확보하고자 하는 싱가포르 식민정부 사이에 이루어진 타협은 숍하우스 상점주가 물건을 진열하되, 최소 2인 이상의 보행자가 다닐 수 있는 통로는 확보해 놓도록 규정함으로써 이루어졌다. 그러나 그 불씨는 여전히 남아 있어, 공간의 활용을 보장받은 숍하우스 상점주의 경우 다시 장사를 재개했지만, 보장받지 못한 노동자coolies, 호커, 인력거꾼의 경우 타결 뒤에도 무리를 지어 다니며 유럽인을 공격하는 등의 불만을 표시하였다. 비록 일시적으로 타협을 이루었지만, 이 베란다 공간을 둘러싼 식민정부와 중국인 거주민 사이의 갈등은 영국 식민정부로부터 싱가포르가 독립하는 시기까지 계속해서 이어지게 된다.

1965년 독립한 싱가포르 정부 역시 1960년대에서 1970년대까지 이어진 호커를 비롯한 행상인의 베란다 공간 점거를 심각하게 여겼고, 싱가포르인의 일상에 깊이 스며든 이러한 식민 시기 전통을 통제하기 위해 다양한 방법을 강구하였다. 일반 행상인의 경우 1980년대, 1990년대에 걸쳐 싱가포르 전역에 지어지는 쇼핑몰을 통해 어느 정도 해소되었고, 호커의 경우 1980년대부터 본격적으로 지어지기 시작한 'HDB'를 통해 점차 베란다에서 사라지게 된다. HDB는 'Housing and Development Board'의 약자로 싱가포르 정부 산하 주택개발공사를 가리킨다. 이 HDB에 의해 지어진 일반 서민용 주택공사 아파트를 같은 명칭으로 부르는데, 이때 싱가포르 정부가 행한 정책이 바로 베란다와 거리의 호커를 한곳에 모아 HDB 단지 내에 푸드코트 형식의 식당가를 조성함으로써 호커의 행상 활동으로 인해 발생하는 도시의 비위생, 경관 문제 등을 해결하는 것이었다.

그 유산은 21세기인 지금까지도 그대로 남아 싱가포르인의 의식衣食은 각 구역마다 형성된 쇼핑몰과 쇼핑몰 내의 푸드코트, HDB 단지 내의 호커센터를 중심으로 이루어지고 있다. 과거 대량의 중국인 이민자를 수용한 숍하우스 건축양식이 현대의 싱가포르에 와서는 HDB로 대체되었다고 한다면, 식민지 시기 상업 지구와 거주 구역, 음식문화를 형성한 숍하우스 건축양식은 각각 쇼핑몰, HDB, 호커센터로 그 기능이 나뉘어졌다고 봐도 무방하지 않을까.

남중국해를 건너는
화교 건축문화

역수출되는 숍하우스 건축양식

고온다습한 열대우림의 기후, 도시 개발과 도심지 형성을 위한 정연한 거리의 조성, 급증하는 인구를 수용하기 위한 공간의 활용 등등을 고려하면서 중국, 유럽, 동남아시아의 열대 문화가 혼합하여 탄생한 숍하우스 건축양식과 5피트 너비의 베란다 공간의 발견이 흥미로운 이유는 그 초국적 이동 양상이 꾸준히 발견되기 때문이다. 실제 1870년 태국의 라마 5세는 페낭과 싱가포르를 방문하여 숍하우스와 베란다 공간을 활용한 도시경관을 관찰한 이후 방콕에도 이와 같은 형태의 주택을 건설하도록 하였다.[8] 숍하우스 건축양식은 동남아시아 주요 도시들뿐만 아니라 중국 동남부 지역의 주요 교향 및 개항도시들의 도심지 형성에 결정적인 공간 활용의 예를 보여주었다. 동남아시아에서 형성된 이 혼종적 건축문화는 이후 20세기

숍하우스 건축양식의 초국적 분포 양상

차례로 싱가포르, 페낭, 믈라카, 캄보디아 캄봇, 홍콩, 타이완 타이중, 취안저우, 마닐라, 차오
저우, 하이커우, 메이저우 등이다.

를 전후한 시기에 광저우, 샨터우, 차오저우, 타이완, 취안저우, 장저
우, 진먼金門, 샤먼, 홍콩 등의 도시에 이식되어 근대 중국 동남부 지
역 도시 개발과 도심지 형성의 주요 축이 된다.

특히 숍하우스 건축양식이 남중국해를 건너 중국 대륙의 교향
도시로 전파되는 양상이 흥미로운데, 타이완, 광저우, 진먼, 샤먼 등
이 대표적이다. 타이완의 경우 타이완성의 초대 순무巡撫로 파견된
리우밍촨劉銘傳이 19세기 말 이미 도로건축 사업을 계획하면서 도로
양옆에 외랑 공간을 두는 거리의 조성을 구상한 바 있고, 이 계획이
일본 식민정부에 의해 받아들여져 타이완 곳곳의 시가지에 숍하우
스 건축양식이 전파되었다.[9] 그리고 1910년대 중화민국 시기 광저

우의 도시 개발 과정에서도 이미 숍하우스 건축양식과 베란다 공간의 창출을 법령으로 규정하고 있다.[10] 1912년 국민정부는 근거지인 광저우의 근대화 사업을 진행하면서 「건축관리 장정 및 시행제칙取締建築章程及施行純唄」을 발표하였는데, 여기에 연속된 외랑 공간, 즉 베란다 공간의 활용이 명시되어 있다.[11] 진먼 역시 현재는 타이완의 행정구역이지만, 민난의 대표적 교향으로 19세기 말, 20세기 초중반 다양한 형태의 서구식 건축문화가 이식되는 과정에서 숍하우스 건축양식이 전파되는 모습을 보여 준다.[12] 푸젠성의 대표적 관문 항구 도시인 샤먼의 경우 1920~1930년대 도시 개발의 붐을 타고 수많은 민난 출신 동남아시아 화상이 부동산 기업을 설립하여 숍하우스 건축양식을 이식하였다. 그리고 이 시기 숍하우스 건축양식이 중국 동남부 지역으로 역전파된 현상은 각 지역 근대 건축문화 유산으로 여전히 남아 있다.

사실 이 외랑, 연속된 베란다 공간의 조성을 통한 도심지 거리의 형성은 영국 식민제국의 도시 개발로 인해 동남아시아에서 발견된 '공간'이다. 이 '공간'이 싱가포르뿐만 아니라 중국 동남부 지역 주요 교향에 공통으로 보이는 특성이라는 점이 흥미롭다. 싱가포르 식민정부와 중국인 이주자 그룹 사이의 갈등으로 발생한 '베란다 폭동'의 예에서 보듯, 이 5피트 너비의 외랑 공간은 도심지 쇼핑아케이드를 제공해 준다는 점에서 중국인 이주민에 의해 적극적으로 활용되었고, 식민정부와의 충돌을 감수해 가면서까지 포기하지 않았을 정도로 중요하게 인식하고 있었음에는 분명하다. 그러한 측면에서 그 활용성을 경험한 동남아시아의 화교 교향 투자자들에 의해 '의도적으로' 이식된 것으로 보인다. 다만 그 과정에서 이 베란다 공간이 각 건축물 소유자가 유지 및 관리하는 것으로 규정되었다는 점이 다르다.[13] 동남아시아 식민정부 아래 숍하우스 베란다 공간을 둘러싼 갈등과 같은 양상이 중국 동남부 교향에서는 나타나지 않았을 것으로 짐작할 수 있다. 여기에는 아마 베란다 폭동과 같은 갈등을 미리 경험한 화상들의 의도가 담겨 있었던 것은 아닐까.

19세기 내내 동남아시아의 화교들은 각 지역 도시 개발의 과정과 숍하우스 건축양식의 유용성을 충분히 경험하였다. 특히 도시 공간에서 제공되는 대부분의 서비스 업무를 담당한 이주민 그룹에게 이 5피트의 공간은 피식민자로서 그들의 지위에 절대적 영향을 가지고 있던 영국 식민정부에 반기를 들 정도로 중요하게 여겨지던 공간이었다. 이러한 경험을 내재한 싱가포르 및 동남아시아 화교들이 20세기 전후한 시기 중국 동남부 지역 도시 재개발의 붐을 타고 부동산에 집중적으로 투자했을 때 5피트 공간을 그대로 이식한 것은 어쩌면 당연한 현상이었을 것이다. 그들이 서구 제국 식민도시에서 경험한 근대적 도시경관이라는 것은 혼종적 문화인 숍하우스 건축양식과 5피트의 연속된 베란다 공간(외랑)으로 형성된 쇼핑아케이드였기 때문에 그들이 경험한 근대적 요소를 그대로 고향에 이식한 것은 자연스러운 현상이었다.

장푸허의 연구에 따르면 중국 근대건축의 5가지 유형 가운데 이러한 외랑식 숍하우스 건축양식의 전래는 '영향형影響型'으로 분류되는데, 이는 문화의 계승보다는 이식에 가깝다고 할 수 있다.[14] 즉, 외랑 혹은 베란다라고 하는 공간을 통해 도심지의 아케이드를 조성한다는 도시구획 정책은 확실히 중국의 전통적 도시 공간 개념에서는 존재하지 않았던 것으로 동남아의 혼종적 식민지 건축문화가 이식된 것이라고 봐도 무방할 것이다. 이는 또한 동남아 화교에 의한 도시 개발 투자가 활발했던 중국 동남부 연해 지역의 주요 교향들로부터 발견되는 건축문화로서 대륙 내 다른 지역과는 구별되는 특징이라는 점에서 남중국해를 중심으로 초국적으로 형성된 화교 문화 네트워크의 일면을 보여 준다.

공산화된 고향에 세운 화교 마을

중국 광둥성의 대표적 경제특구이자 개혁개방의 상징도시인 선전深圳에는 화교신촌華僑新村이라는 곳이 있다. 2000년에 조성된 선전의 화교신촌은 1,500여 가구가 거주 중인 아파트 단지다. 그리고 선전 외에 푸젠성과 광둥성에도 같은 지명을 가진 마을이 여러 곳 있는데, 각각 광저우, 취안저우, 장저우에 있다. 사실 이 도시들은 동남아·미주 화교의 대표적인 교향으로 중화인민공화국 성립 직후인 1950년대 후반 '화교신촌'이라는 명칭의 귀국 화교를 위한 마을이 건설된 곳이다. 고층의 현대적인 아파트가 지어진 선전의 화교신촌과는 달리 이 '교향'들의 화교신촌에는 단층, 2층, 혹은 3층의 정원이 딸린 단독주택이 주로 마을을 형성하고 있다. 게다가 각 주택은 건

푸젠성 취안저우 화교신촌 단지 내 주택
화교화인 특유의 동서융합적인 건축양식을 잘 보여 준다. 2010년을 전후하여 취안저우 화교신촌의 가옥들은 이국적인 풍경과 분위기로 인해 10~20대의 취향에 맞는 레스토랑, 바, 카페 등으로 리모델링 되는 경우가 많아 '핫'플레이스로 여겨지고 있다.

축양식이나 색감이 대륙의 일반적인 건축양식이 아닌, 유럽과 동남아적 요소가 혼합된, 소위 난양南洋 양식이라고 부르는 독특한 형태를 보인다. 흥미로운 점은 그 가운데에서도 개별 주택들끼리는 서로 닮은 구석이 없이 각각의 개성을 드러내고 있다는 사실이다. 말 그대로 중국 속 작은 화교만의 마을을 형성한 듯한 느낌을 주는 매우 이국적인 풍경이다. 1955년 공산화된 고향에서 화교들은 어떻게 마을을 이루었을까.

1945년 제2차 세계대전의 종식 이후 발발한 공산당과 국민당 사이의 계속된 내전은 공산당의 승리로 막을 내렸고, 1949년 중국에는 중화인민공화국이 성립하였다. 그리고 중화인민공화국의 성립 이전과 이후 특히 바빠진 곳이 있는데, 그곳은 바로 엉뚱하게도 미국의 중앙정보국, 흔히 CIA로 알려진 대외 첩보기관이었다. 현재까지 공개된 당시 CIA의 아시아 관련 보고문서들을 검색해 보면 CIA가 중국을 중심으로 한 공산주의 세력의 동향 정보를 매우 다양하게 수집하고 있었음을 알 수 있는데, 그 주요 창구는 당시 홍콩, 마카오, 동남아 등지에 퍼져 있던 화교 커뮤니티였다. 화교 사이에 정기적으로 간행되던 신문과 잡지, 그들 사이에 퍼져 있던 소문, 혹은 현지 정보원을 활용한 휴민트HUMINT, human intelligence 등등이 주요 소스였다.

특히 CIA는 1950년대 동남아시아의 공산주의의 열풍에 휩쓸려 중국공산당을 지지하던 화교 그룹(물론 탄카키의 예처럼 장제스 국민당 정부의 부정부패에 실망하고, 그 반작용으로 공산당을 지지한 화교 역시 상당수였다)과 미국의 자유주의 세력을 지지하던 화교 그룹 사이의 갈등에 주목하면서 경제 재건에 애를 먹고 있던 중국 공산당 정부에게는 가뭄의 단비와도 같은 도움이 될 것이 분명한 동남아 화교의 '애국원조'를 크게 경계하는 모습을 보인다. 한국전쟁 이후 미국과 영국의 경제제재로 인해 동남아에서 중국으로 향하는 각종 자원 및 자본의 흐름이 끊어진 상황에서 중국 정부는 자본력이 있는 화교의 본국 투자, 더 나아가 영구 귀국을 유도하기 위해 다양한 방안을 마련하게 된다.

그러던 와중에 1955년 CIA는 한 장의 편지를 입수하게 되는데, 광저우에 거주 중인 한 여성이 해외에 체류 중인 화교(어느 지역 화교인지는 불분명) 아버지에게 부친 것이었다. 이 편지는 매우 흥미로운 내

용을 담고 있었다.[15]

얼마 전 광저우의 화교사무국에서 귀국화교가족대표자 모임을 열
었어요. 저 역시 영광스럽게도 초대받았구요. 모임의 목적은 광저우
근교에 화교신촌을 건설하려는 계획을 소개하기 위함이었어요. 편
지에 마을 건설 계획의 개요를 함께 동봉했으니 한번 읽어봐 주세
요. 지금 마을을 건설할 사람들을 모집하기 시작했어요. 화교들이
광저우 화교신촌 준비위원회廣州華僑新村籌建委員會에 관해 사무국에
편지를 엄청 보내고 있대요. (중략) 이 사업에 이득이 많을 것 같아
요. 우선, 아버지의 애국심과 조국 건설에 대한 의지를 보여 줄 기회
예요. 둘째, 우리 가족의 주거 문제를 해결할 수 있어요. 집을 빌려
야 된다는 걱정을 덜 수 있고, 비용도 줄일 수 있을 테니까요. 아버
지께서 나중에 중국에서 가장 큰 도시 가운데 하나인 광저우로 오
셨을 때 살 집이 생기는 것이라고요. 우리 가족에게 얼마나 행복하
고 행운인 일이겠어요.

아버지가 직접 설계해서 지어도 되고, 준비위원회에 이야기해서 지
어달라고 할 수도 있대요. 정부에서 화교들에게 집을 팔기 위해 대
규모로 땅을 확보해 놓을 계획이라고도 하고요. 전체 집을 사거나
한 층만 구매할 수도 있다나 봐요. 단지 내에 학교, 주민회관, 편리
한 교통수단을 마련해 놓을 것이라고도 하고요. 1955년부터 짓는다
고 했어요.

이만 줄일게요. 화교신촌 건설에 참여할 건지 꼭 답해 주세요.

편지를 보낸 딸이 동봉한 화교신촌의 건설 개요를 보면 중국 정부가 화교를 해당 사업에 참여시키기 위해 다양한 방안들을 마련해 놓았음을 알 수 있다. 당장 눈에 띄는 것만 해도 장기 임대 가능, 정원 공간 제공, 3년간 재산세 면제, 친구나 친척을 부르기 좋은 위치, 자녀를 위한 학교 시설, 대금 지급의 간소화와 빠른 건설, 화교에 대한 정부의 특별 관리(특히 재산권 보호 및 임대비 수급 보장), 화교신촌에의 참여는 조국에 대한 사랑을 보여 줄 기회 등등이다. 맥락을 모르고 보면 2020년 경기도 인근 신도시의 아파트 분양 광고 문구라 해도 무방할 정도로 매우 자본주의적인 요소가 다분하다. 특히 재산세 면제나 재산권을 보호해 준다는 등의 항목은 당시 중국 정부가 화교를 귀국시키기 위해, 혹은 화교의 가족[僑眷]들을 위한 투자를 유도하기 위해 얼마나 고심했는지를 잘 보여 주는 듯하다.

게다가 동남아시아나 홍콩, 마카오, 미국 등에서 서구식 생활방식에 익숙해 있을 귀국 화교를 위한 다양한 부대시설 및 혜택도 마련되어 있었다. 화교신촌은 광저우 중심부에서 2킬로미터밖에 떨어지지 않은 곳에 건설될 예정이라 교통이 편리하다는 점, 마을 내에 마트, 문화센터, 운동장, 배드민턴 코트, 테니스 코트, 분수대, 공공 광장, 의료시설, 극장, 그리고 다양한 복지시설 등이 설치될 예정이라는 점 등을 '광고'하고 있다. 그 외에도 투자자가 주택을 소유함으로써 이익을 볼 수 있도록 다양한 금융적 장치도 마련되어 있다는 것을 자세히 설명한다.

게다가 편지에서도 언급되었지만, 공장에서 찍어내듯 똑같은 형

1959년 광저우에 위치한 화교신촌

광저우 화교신촌은 1958년 1차 완공되었고, 1966년에 2차 완공되었다. 사진은 1차 완공 직후 1959년의 모습이다. 특별한 건축양식을 원하지 않은 화교의 경우 사진과 같이 정부에서 일괄적으로 건축한 서구식 빌라 형태의 주택을 분양받기도 했다.

태의 주택들이 병렬되어 있는 단지가 아니라 원하면 정부는 부지만 제공해 주고 화교가 직접 설계해서 건축할 수도 있었다. 직접 짓기 어려운 화교는 설계도만 마련해 주면 정부에서 지정한 시공사에서 그대로 건설해 주는 서비스도 있었다. 그것이 바로 현재 광저우, 취안저우, 장저우에 위치한 화교신촌의 주택이 중국 대륙의 전통적 건축양식이 아닌, 광둥(혹은 푸젠), 유럽, 열대 지역의 요소들이 혼합된 독특한 양식의 건축군을 자랑하고 있는 이유다. 화교신촌의 건설은 이념 대립이 막 시작된 냉전 초기 미국의 대중국 제재가 강화되면서 고립된 중국이 화교의 애향심, 애국심에 기대어 추진한 투자 유치 사업이었다. 물론 부유한 화상을 대상으로 하는 사업인 만큼 그 이면에는 어떻게든 유무형의 경제적 혜택을 반대급부로 제공하기 위해 고심한 중국 정부의 '자본주의적' 노력이 있었다. 그 과정에서 동남아시아의 다양한 계층의 화교가 그들이 서구 제국의 식민지에서 경험한 건축양식을 그대로 이식하는 모습을 관찰할 수 있다.

샤먼의 도시 개발과 화교,
그리고 숍하우스 건축의 이식

샤먼은 푸젠성의 대표적 관문 항구로 푸젠 출신 화교들이 동남아시아로부터 보내오는 대부분의 자본이 모이는 집산지의 역할을 하는 핵심 도시였다. 푸젠 출신 화교들이 보내는 송금 총액에서 도시에 대한 투자가 차지하는 비율은 2~3퍼센트 정도에 머물렀고, 나머지는 모두 교향의 가족을 부양하기 위한 생활송금이었다. 수백만의 화교 노동자가 보내는 송금액에 비하면 상인이 투자의 목적으로 행한 송금액은 매우 적은 액수라는 것을 알 수 있지만, 그렇다고 해서 후자가 아무런 의미가 없다고 할 수는 없다. 비록 상대적으로 적은 액수지만, 그 투자 행위를 통한 교향의 '개발'이라는 측면에서 푸젠성 남부, 민난 지역사회의 근대화에 큰 공헌을 했기 때문이다.

푸젠 출신 동남아 화교의 샤먼 도시 투자에는 몇 가지 특징이 있다. 우선 푸젠성 전체로 향하는 송금 가운데 60퍼센트가 넘는 투자 송금이 샤먼으로만 향한다는 것이다.[16] 이는 아편전쟁 이후 개항된 통상通商 항구 중의 하나로서 일찍부터 서구 제국주의 국가들의 투자가 이루어졌기 때문에 근대적 인프라가 잘 갖추어져 있었다는 점과 샤먼을 제외한 지역은 토비土匪로 불리는 도적들이 횡행해 치안이 불안정하여 치안이 상대적으로 안정된 샤먼으로 자본이 모여들었다. 게다가 1927년 장제스의 국민당이 성립한 난징 국민정부 시기 샤먼에서 대규모의 도시 재개발이 정책적으로 실시되었다는 사실 역시 화교 상인에게는 투자할 만한 절호의 기회로 여겨졌을 것이다.

그리고 샤먼으로 향하는 화교 투자의 45퍼센트가 부동산에의 투자라는 점 역시 중요한 특징이다.[17] 부동산으로 투자가 집중되는 원인은 우선 부동산 투자에는 위험성이 적다는 인식이 푸젠 출신의 동남아시아 화상에게 퍼져 있었다. 게다가 1929년 미국발 세계 대공황 이후 국외에 기업을 설립하고 있던 화상들이 재정적 타격을 받은 것을 계기로 비교적 안전한 국내 교향의 부동산에 적극 투자하기 시작한 것 역시 하나의 원인이었다.

> 향리鄕里를 자랑스럽게 할 수 있는 가장 직접적이고 간단 명료한 방법은 주거의 건축이다. 가옥은 누구나 볼 수 있는 것이기 때문에 친인척이나 이웃들 모두 부러워하는 마음이 생기고, 가옥의 주인은 이를 통해 동남아시아에서 부를 축적했다는 과시를 부릴 수 있다. 가옥은 움직이지 않는 재산을 소유하는 것이기 때문이다.[18]

1908년부터 1938년까지 샤먼의 경우 2,145호戶가 화교가 건설한 부동산 기업이었다. 자금 총액만 8,000만 은원銀元이었다고 한다.[19] 이와 같은 푸젠 출신 화교 상인의 인식이 1927년 샤먼의 도시 개발과 맞물리면서 샤먼으로의 부동산 투자 붐으로 이어진다. 이러한 이유로 1927년부터 1937년 사이에 벌어진 부동산 투자가 1871년 이후 전체 부동산 투자의 70퍼센트 이상을 차지하고 있다.[20] 샤먼의 도시 개발은 1927년 난징 국민정부의 성립으로 인한 정치적, 사회적, 경제적 안정에 힘입은 바가 컸는데, 난징 국민정부는 화상들의 국내 투자를 적극적으로 유치하는 정책을 취함으로써 투자 붐을 독려하기도 했다.[21]

샤먼의 도시 개발은 새로운 도로의 건축과 함께 시작되었다. 1927년에서 1932년까지 도로의 신축이 급증하였는데, 1934년에 이르면 완성된 중심가의 신식 도로가 8,897.75장(1장이 3.33미터, 그러므로 대략 총 30km)에 달했다. 동시에 새로이 건설되는 도로에 맞닿은 거주 구역 역시 빠르게 조성되었는데, 샤먼시 당국은 당시 도로를 건설하면서 기존의 주거 구역을 법령에 의거하여 폐기하고 다시 짓기로 결정하였다.[22] 여기에 수많은 푸젠 출신 화교 거부들이 부동산 기업을 설립하면서 투자 개발하기 시작하였고, 그 결과 샤먼에는 많은 근대적 상업 건물 및 주택 구역이 조성되었다. 새롭게 개척된 구역만 32블럭에 이르렀는데, 대부분이 주택 공급 및 임대용으로 건설된 주거 구역이었다.

1927년에서 1931년 사이에 화교가 샤먼에 세운 부동산 관련 기업은 초기 자본금이 20만 은원이 넘는 것으로만 36개였고, 자금 총액이 3,000만 은원에 달하였다. 당시 샤먼 중심지의 사유 건물이 7,000여 호였는데, 그중 화교 소유가 50퍼센트에 달했다. 거의 140

만 평방미터에 해당하는 넓이의 부동산이었다. 현재 샤먼의 중산루中山路, 쓰밍루思明路 등 중심가와 조계지이자 화려한 서구식 별장이 있는 구랑위鼓浪嶼 및 9개의 시장 등이 대부분 화교가 투자하여 개발한 지역이라고 할 수 있다.[23] 실제로 중화인민공화국 성립 이후 샤먼시 인민정부에서 1961년 조사해 본 결과 샤먼시 전체에서 화교가 소유한 가옥만 7,536채, 총 건축면적 140만 평방미터로 전체 도시 사유 건물의 73퍼센트에 달했다고 한다.[24]

부동산 기업을 설립하여 샤먼의 도시 개발에 집중투자하기 시작한 화교는 대부분 상업 건물, 별장, 주거 지역의 토지를 소유하면서 서구 식민지에서 경험한 근대적 건축물을 본격적으로 건설하기 시작하였다. 현재는 유명한 관광지이지만 근대 시기에는 샤먼시의 조계지로 기능했던 작은 섬인 구랑위의 경우 영국, 미국, 프랑스, 독일 등 서구 열강이 진출하면서 건축한 공사公使 및 기업 건물 외에 화교 거상이 건립한 수많은 별장이 근대적 건축양식으로 함께 건립되었다.

무엇보다도 푸젠 출신 화교 상인이 샤먼에 집중적으로 투자하여 건설한 것은 바로 거주 구역이었다. 다만 샤먼 도심지에 주거지로서 대량으로 짓기 시작한 건축양식은 그들이 일찍이 동남아시아에서 경험한 혼종적 건축문화의 특징을 잘 보여 주는 숍하우스, 혹은 우쟈오치五脚基라고 지칭되던 건축물이었다. 샤먼의 도시 재개발에서 우쟈오치 건축양식을 건설하라는 구체적 법령이 존재하는 것은 아니지만, 1912년 광저우에서, 1920~1930년대 같은 시기 진먼에서

샤먼시 중산루에 여전히 남아 있는 숍하우스 건축양식

이미 우쟈오치 건축양식을 통한 도심 거리가 형성되기 시작했다는
점에서 샤먼으로 진출한 푸젠 출신 동남아 화교들 역시 도심지 조성
에서 우쟈오치 건축양식을 활용했음을 충분히 예상할 수 있다.

사실 샤먼시에 부동산 투자를 한 대부분의 화교가 이 시기 동안
샤먼시 도시 중심가를 우쟈오치 건축양식으로 조성했다는 데에는
기존 연구자들 사이에서도 이견이 없다. 그 유산은 여전히 남아 있
는데, 현재 중산루를 비롯한 샤먼시 중심 거리는 여전히 우쟈오치
건축양식이 집중적으로 형성되어 관광자원으로 활용되고 있다. 현
재까지 밝혀진 바로 중국 동남부 지역 우쟈오치 건축양식의 도입에
대해 법령으로 규정한 경우는 1912년 광저우 도심지의 재개발이 유

일하다. 다만 그 이후 1920년대 중국 동남부 지역 주요 교향 도시의 도심지 형성에서―관련 법령의 유무와 관계없이―일괄적으로 베란다 공간을 포함한 우쟈오치 건축양식을 도입한 것은 분명해 보인다.

이러한 주상복합의 우쟈오치 건축양식은 고밀도의 거주 밀집 지역에 매우 유용한 주거 건축양식이었는데, 도시 개발과 함께 이동해 온 대량의 거주민을 수용하는 동시에 근대적 상업지구를 형성하는 데에 효과적인 건축양식이었다.[25] 즉, 기본적으로 해협식민지의 숍하우스 건축과 샤먼을 비롯한 교향에서의 우쟈오치 건축은 그 목적이 같음을 알 수 있다. 거주 구역임과 동시에 상업 중심지를 형성함으로써 근대적 도시 개발의 한 축을 담당하는 것이었다.

힌두와 중화의 교류,
발리와 화교

착취의 두 얼굴, 동남아시아 식민주의

중국 푸젠성 취안저우시의 한 마을, 이른 아침부터 한 무리의 노인이 둘러앉아 마작을 하고 있다. 옹기종기 모여 농담하는 와중에 담배를 피며 돈을 거는 풍경이 여느 중국인 마을과 다를 바 없다. 중국인인 노인들이 서로 발리어Balinese로 대화한다는 점만 제외하면 말이다. 『사우스차이나 모닝포스트South Chna Morning Post』(2019년 11월 16일자)에 보도된 푸젠성 발리촌의 일상 풍경이다. 정식 행정 명칭은 '난샨스구南山社區 인니발리촌印尼峇厘村', 주민들은 '깜풍 발리 난산Kampung Bali Nansan'으로 부르는 이 마을은 1959년 수만 명의 인도네시아 거주 화교가 공산화된 중국으로 도망치듯 돌아왔을 때 섞여 들어온 발리 거주 화교를 위해 마련된 구역으로, 현재는 1세대 귀환 화교와 그들의 2세대, 3세대 자손이 모여 살고 있다. '깜풍Kampung'은 말레이·인도네시아어로 마을을 가리킨다. 즉, 2019년 현재 푸젠성 취안저우 난샨구에는 발리 출신 화교가 모여 살고 있는 것이다. 이 발리 마을의 형성 배경은 수백 년의 네덜란드 식민과 잠깐의 일본 식민을 거쳐 독립한 신생 독립국 인도네시아의 원주민과 그들을 '대리' 착취해 온 화교공동체 사이의 불편한 관계가 핵심이다.

어느 지역이나 마찬가지겠지만, 식민의 핵심은 착취와 기회의 박탈이다. 식민, 혹은 반식민을 겪었던 동북아시아의 여러 국가들처럼 동남아시아 역시 태국을 제외하고는 모든 국가가 완전한 식민을 경험했다. 차이점은 19세기 중후반, 혹은 20세기 초에 시작되는 동북아시아의 식민과는 달리 동남아시아의 식민은 빠르면 16세기, 늦어도 19세기 초에 시작되었다는 사실이다. 동남아시아의 식민은 족히 수백 년의 긴 역사적 과정으로 제2차 세계대전 이후 동남아시아 각 국가들이 독립한 이후에도 그 유산은 여전히 남아 있다. 이는 21세기인 현재에도 마찬가지이다. 서구 제국의 동남아시아 식민지 건설의 가장 중요한 효과는 동남아시아 지역을 서구 주도의 유럽 시장과 연결시켰다는 것과 유럽의 선진적 사상과 기술 문명을 식민 지역에 전파시켰다는 것 등이지만, 이러한 서구 중심주의적 인식은 그동안 꾸준히 비판받아 왔다. 각각 런던, 파리, 암스테르담, 마드리드 등에서 결정된 식민지 건설과 그 정책이라는 것이 사실은 현지인을 위한 것이 아니라 유럽인의 합리적이고 효율적인 통치와 착취를 위한 것이었기 때문이다. 말할 것도 없이 "식민지라는 것은 식민주의자들을 위해 식민주의자들에 의해 만들어진 것"이다.

대표적으로 서구 식민에 의해 동남아시아의 시장이 세계시장에 링크되었다는 점을 강조하는 인식의 경우, 사실 동남아시아 문명은 그동안 세계시장에 링크되지 않았던 적이 없었다는 점을 간과하고 있다. 이미 기원전·후부터 당시 세계에서 가장 거대한 시장이었던 인도와 중국의 문명을 중개하면서 인도양과 남중국해를 연결하고 있었고, 8~9세기 이후에는 이슬람 상인의 활동을 통해 동남아시아의 상품이 유럽을 포함한 전 세계로 퍼지고 있었다. 족히 1천수백년에 달하는 기간 동안 세계시장에 링크되어 상업이 발달해 가고 있던 동남아시아 지역이 마치 유럽인을 통해 처음으로 세계시장으로 등장했다고 인식하는 것은 부적절하다.

다만 이렇게 평가할 수는 있다. 양적인 측면에서 봤을 때 이전 시기와는 다른 규모의 동남아시아 산품이 세계시장으로 수출된 계기가 바로 서구 식민 시기라는 점이다. 여기에는 당시 유럽이 산업혁명의 영향으로 대량의 원재료를 필요로 하고 있었기 때문에 이전의 주요 귀중품이나 희귀 천연물품을 위주로 무역이 이루어지던 시기와는 양적으로 비교할 수 없을 만큼의 대량의 물품이 세계시장으로 진출한 것이라는 점에서 그렇게 말할 수 있다.

예를 들면, 1950년까지 전 세계 쌀과 주석의 50퍼센트, 고무의 75퍼센트, 팜오일의 25퍼센트, 코코넛 오일의 75퍼센트가 동남아에서 수출된 것이었다.[26] 20세기에 동남아시아는 세계에서 가장 많은 자원을 생산해 내고 수출하던 지역이었다. 즉 양적인 측면에서는 세계시장에서의 비중이 매우 커졌다는 것은 분명해 보이지만, 이것이 현지의 문명적 역량이나 자체적인 물질문명의 발전에 의한 것은 아니라는 점이 중요하다.

19세기에서 20세기까지의 기간 동안 동남아시아인은 본인들도 모르는 사이 세계 경제에 주요 교역상품의 생산자로서 참여하고 있었지만, 이를 제대로 인식하고 그 과실을 제대로 축적하여 대자본을 형성한 경우는 없었다. 그 이유는 그 과실을 각 지역의 식민정부가 획득하고 있었고, 무역품은 대부분 매우 싼 가격으로 유럽의 본국으로 옮겨지고 있었기 때문이다. 대표적인 예로 네덜란드령 인도네시아 지역, 특히 자바섬 지역에서 행해진 '강제경작제도Cultivation System'가 있다.

네덜란드 식민정책과 화교

'강제경작제도'는 1830년 네덜란드 동인도 식민지의 총독인 요하네스Johannes van den Bosch에 의해 실시되었다. 이는 자바의 현지인들로 하여금 커피, 사탕수수, 인디고, 후추 등의 상품작물을 강제로 재배하여 판매하도록 한 제도다.[27] 사실 자바는 전통적으로 쌀 재배지역이고, 쌀은 현지인의 주요 식량이자 교역품 가운데 하나였다. 그리고 1600년대 이후 네덜란드 동인도회사의 진출을 계기로 외래종인 커피와 사탕수수가 소개되어 일부 재배되었지만, 강제된 것은 아니었다. 그러다가 1830년 이후 식민정부가 원하는 농작물을 재배하도록 강제하는 제도가 마련된 것이다.

문제는 이렇게 자바인에 의해 재배된 상품작물이 적절한 시장가격에 의해, 혹은 재배한 자바인의 수익을 보장해 주는 가격으로 판매된 것이 아니었다는 점이다. 세계의 시장가격에 한참 못 미치는 수준으로 판매할 것 역시 동시에 강제되었다. 이 생산과 판매의 강제가 바로 강제경작제도의 핵심이다. 이 제도를 통해 생산된 상품작물은 그대로 식민지 본국인 네덜란드로 수출되는데, 네덜란드의 입장에서는 예상을 훨씬 웃도는 성과가 발생한다. 자바 지역의 수출액이 1830년 1,100만 길더gulider에서 1840년 6,600만 길더로 급증하였고, 같은 시기 수출량 역시 3,600만 킬로그램에서 1억 6,000만 킬로그램으로 증가했다. 자바 지역의 수출품이 네덜란드 본국으로 향하는 비율 역시 60~80퍼센트였다가 1860년대 이후 90퍼센트를 넘게 된다. 자바 지역이 네덜란드의 1차 산품 생산기지로 종속된 것이라고 할 수 있다.[28]

강제경작제도는 자바인을 네덜란드 식민정부에 종속되도록 만들었고, 그들의 생산품을 식민정부가 터무니없는 가격으로 사들임으로써 그들의 경제 상황을 더욱 어렵게 만들었다. 네덜란드 식민정부를 지주로 둔 대량의 농노가 발생한 것으로 이해할 수 있을 것이다. 대량의 숲과 밀림이 해당 상품작물을 생산하기 위해 벌목되었고, 낮은 금액으로 작물을 팔 수밖에 없던 자바의 '농노'들은 그 수익을 보전하기 위해 더욱 많은 시간을 노동에 투입해야만 했다. 1870년대를 기준으로 네덜란드 식민정부는 이 제도를 외국의 투자자 및 다른 유럽 국가 소유의 대농장에도 개방하여 토지와 노동력, 상품작물의 착취가 더욱 가속화되었다.

1870년 강제경작제도는 끝나지만, 그 이후 19세기 말에서 20세기에 걸쳐 네덜란드 식민정부는 자바섬과 수마트라섬 등 네덜란드령 동인도Dutch East Indies라 불리던 식민지 영역 내의 땅과 인력을 열대의 천연작물과 상품작물 등의 자원을 공급해 주는 공급자 및 유럽의 대량 과잉생산을 받아 주는 공급기지 정도로 여기고 있었다. 이러한 이유로 인해 소수의 친네덜란드 협력자를 제외한 대부분의 자바 농노들은 매우 힘든 시기를 보내고 있었고, 그 반동으로 네덜란드 점령 이전 자바인이 헤게모니를 장악하고 있던 과거에 대한 향수를 가지는 경향을 보이기도 하였다. 한 시인은 이 시기를 "암흑 시기Time of Darkness"라고 칭하기도 하였다. 1900년 네덜란드의 관료는 보고서를 통해 식민정책이 다수의 자바인을 곤궁에 빠뜨렸다는 점을 시인하기도 했다.

이는 자바섬만의 상황은 아니었고, 영국령 말라야, 미얀마, 프랑스령 인도차이나 등 동남아시아 전체에 걸쳐 공통으로 진행된 현상이기도 하다. 그리고 당시 동남아시아 지역은 유럽과 미국, 일본에서 대량으로 생산된 각종 생활가공품(의복, 주방용품 등)의 주요 시장이었다. 사실 이러한 가공품은 당시 동남아시아 현지인이 수공업으로 생산하여 마을끼리 교환하여 파는 주요 수입원 가운데 하나였다. 또한 그들이 경제적으로 자립할 수 있는 주요 수단 가운데 하나이자 자체적 시장 형성의 주요 동력이었다. 그런데 유럽에서 대량으로 생산된 가공품의 투입으로 자연스러운 현지의 경제적 동력마저 끊기게 된 것이다. 또한 몇몇 상품은 높은 세금과 함께 각 현지 마을에 강제로 판매되기도 했다. 아편과 술이 대표적이다. 프랑스령 베트남에서는 모든 현지의 마을이 원하든, 원하지 않든 일정량의 아편과 술을 구입하도록 강제하였다. 이렇게 강제 판매된 상품의 수익은 모두 식민정부에게로 향했다.

그렇다고 해서 이들이 서구 근대적 문명의 혜택을 입거나 경험해 볼 수 있는 것도 아니었다. 물론 근대적 기술을 습득하는 것도 아니었다. 대부분의 식민지 경제는 주로 하나 혹은 두 종류의 상품작물의 수출기지로만 작동하였는데, 자바섬 외에 말라야의 고무와 주석, 미얀마의 쌀, 베트남의 고무와 쌀 등의 생산에만 집중하였다.[29] 서구의 근대적 기술 문명을 통해 다수 동남아시아인의 생활 수준이 높아지는 등의 효과는 거의 없었다. 일부 엘리트 및 도시 중산계층을 중심으로 서구식 교육, 교통, 통신, 위생 등의 혜택을 입은 것이 전부였다. 그마저도 바타비아, 싱가포르, 사이공Saigon(현재 호치민시) 등 거대 도시의 존재는 배후지 생산물의 수출입 혹은 유럽인, 중국인을 위한 거주 공간으로 기능했을 뿐이다. 동남아시아의 근대화는 제2차 세계대전이 끝나고 각 지역이 독립을 하고 난 이후, 그것도 20세기 후반, 21세기에 와서야 제한적으로 이루어지게 된다.

무엇보다 네덜란드의 식민지 정책이 자바인에게 끼친 중요한 영향은 자바인이 자체적으로 농업과 상업, 산업에서의 발전을 경험할 기회를 잃어버린 것이다. 동남아시아 해양문명의 대표적 상업집단으로 꼽히던 자바인은 네덜란드의 식민정책을 계기로 대부분 농노로 전락하게 되고, 그 빈자리를 식민지 정부와 결탁한 화교가 차지하였다. 자바섬 각지에 설치된 대농장을 모두 직접 관리하기 어려웠던 네덜란드 식민정부는 그 대리 경영을 화교에게 맡겼고, 이들은 각 지역에서 지주 및 지배계층으로 활동하며 현지인의 노동환경을 관리하였다. 주로 현지에 일찍부터 뿌리를 내린 조상을 가진, 현지에서 태어난 이들을 '페라나칸'이라 지칭하였고, 자바에 거주하는 현지인의 경우 인도네시아의 독립 이후 '프리부미Pribumi'라는 명칭으로 불렸다. 그리고 19세기 이후 강제경작제도로 각지에 형성된 대농장의 노동자로 대량으로 이주하기 시작한 중국 본토 출생 신이민자의 경우 '토톡Totok'이라 불렸다.

지배계층으로 군림하던 페라나칸과는 달리 토톡은 현지인과 다름없는 일용직 노동자였고, 때로는 농업 지역에서 작은 소매업을 운영하는 경우도 있었다. 페라나칸과 토톡의 존재는 자바를 비롯한 인도네시아 지역의 상업 활동이 대자본가의 영역에서부터 중소상인의 영역까지 모두 중국계 이주민에 의해 장악되어 있었음을 상징한다. 또한 그 아래에서 프리부미라 불리는 자바와 주변 섬의 현지인은 네덜란드 식민정부와 중국인에 의해 정치적, 경제적, 사회적으로 농노에 불과한 지위를 유지하며 이중으로 억압을 당해 왔다. 이것이 식민 시기 네덜란드령 동인도 지역의 사회경제적 구조이자 식민 지배의 민낯이다. 그 구조 속에서 자바의 프리부미, 즉 현지인은 자체적 역량을 키우고 증진시킬 기회도 갖지 못한 채 유럽인과 화교에 의해 수백 년간 착취당해 왔다.

방카섬 주석광산의 중국계 노동자
수마트라섬 동편에 위치한 방카섬Bangka Island은 네덜란드령 동인도 지역 주석의 대부분을 생산하는 지역이다. 사진에 나오는 것처럼 이 당시 자바섬과 수마트라섬의 주요 노동력은 현지인이기도 했지만, 중국계 토톡도 상당수였다.

이러한 상황에서 1942~1945년 사이 일본의 침략은 네덜란드 세력이 없는 정치적 공백과 더불어 현지인에 의한 지역 통치라고 하는 새로운 경험을 프리부미에게 제공해 주었다. 그 이후 1945년 일본의 항복과 함께 자바를 포함한 네덜란드령 동인도 지역은 독립을 선언하였고, 인도네시아 공화국의 성립을 선포하였다. 네덜란드의 식민지 정책 아래 구조화되어 있던 프리부미, 페라나칸, 토톡 사이의 관계는 인도네시아라고 하는 신생 국민국가, 특히 프리부미의 경제적 자립과 자생을 추구하는 국가공동체의 설립을 맞아 새로운 국면으로 접어든다.

그러나 독립 직후 신생 인도네시아 공화국의 경제는 페라나칸 자본가-토톡 자영업자-토톡 노동자로 이어지는 중국계의 네트워크가 경제의 주요한 부분을 차지하고 있었다. 이 상황에서 자바인과 말레이인 등으로 구성된 현지인, 즉 프리부미 중심으로 경제를 재편하기 위한 노력이 진행되는데, 수백 년 동안 네덜란드의 식민통치 아래 농노로 삶을 영위해 온 현지인이 중국인의 경제적 역량과 네트워크를 대체하기는 쉽지 않았다. 프리부미의 강력한 반화교 정서에는 이러한 현실적 이유도 주요하게 작용했다.

인도네시아의 독립과 식민의 유산

식민의 본질은 착취와 기회의 박탈이다. 식민제국은 이 착취를 위한 구체적 방법으로 차별과 배제를 즐겨 사용하였다. 소수의 백인 통치자는 행정적 용이함을 위해 종족 집단 간, 혹은 종교 집단 간 '디바이드 앤 룰' 전략을 매우 효과적으로 활용해 왔다. 기독교의 동남아시아 전파 역시 순수한 종교적 목적도 있었겠지만, 종교—와 그에 수반한 근대문명—를 매개로 믿을 수 있는, 즉 내 편인 현지 통치 세력을 확보하기 위한 측면도 있다. 이러한 식민지 통치의 유산은 그대로 이어져 20세기 중후반 국가 형성 과정에서 유독 동남아시아에 종족·종교 간 소요가 두드러진 이유가 된다. 식민통치자들은 현지의 특정 집단을 행정 및 군사, 경제적 기반으로 활용했는데, 그들은 식민 정권의 권위를 바탕으로 준지배계층으로 군림하며 현지인을 대리 착취하고, 또한 그에 걸맞은 권한과 권위, 명예가 주어졌다.

한편 때로는 현지의 집단이 아닌 외부의 이민자를 동원하여 같은 역할을 부여하는 경우도 있었는데, 대표적인 예로 동남아시아의 영국령 식민지에서 주로 활동하던 남아시아인이 있다. 싱가포르, 홍콩, 상하이 조계지 등에서 경찰 병력으로 동원되던 인도 시크교도, 말레이시아에서 주로 대부업으로 부를 축적하던 남부 타밀인, 영국령 미얀마 지역의 미얀마인을 탄압하고 농노로 만들기 위해 주로 지주 및 행정 고위직으로 동원되던 인도인이 잘 알려진 사례이다. 21세기 현재 불교 국가인 미얀마에서 갈등을 빚고 있는 남아시아계 이슬람인인 로힝야 역시 그러한 식민의 유산으로 발생한 종족·종교 간 소요라고 할 수 있다. 이렇듯 제국이 한껏 착취하고 떠나가 버린 자리에는 반목과 갈등만이 경제발전과 국가 통합이라는 절대 명제 아래 제대로 봉합되지 못한 채 이어지고 있다.

동남아시아 화교의 존재 역시 마찬가지다. 그들은 식민지 본국을 대리하여 현지인을 경제적으로, 그리고 행정적으로 통치하였다. 그 결과 자연스럽게 동남아시아인 사이에는 화교에 대한 원한이 생겼다. 이것이 그대로 지금까지 은연중에, 때로는 노골적으로 드러나는 반화교 정서로 이어지고 있다. 다만 태국만이 예외인데, 그들은 화교의 존재를 다른 유럽 식민제국을 견제하기 위한 방패막이로 활용함과 동시에 20세기 초 전통 제국인 시암Siam에서 타이족 중심의 근대국가로 거듭나면서 화교를 완전히 현지화하려 노력한 때문이다.

그 와중에 1945년 8월 15일 일본이 항복선언을 하자 기다렸다

252

는 듯 인도네시아가 17일 독립을 선언한다. 그리고 수카르노Sukarno
를 대통령으로 하는 인도네시아공화국을 성립하려 하는데, 네덜란
드는 식민지의 독립을 인정하지 않았고 오히려 재지배하기를 원했
다. 그러나 제2차 세계대전을 거치면서 네덜란드 본국은 더 이상 전
쟁을 수행할 만한 여력이 없었고, 결국 네덜란드령 인도네시아에 관
심이 있는 다양한 세력이 연합하여 재지배를 시도하게 된다. 여기에
는 말레이로 돌아온 영국군, 잔존한 일본군, 네덜란드의 죄수 및 일
부 현지인으로 구성된 식민지 군대, 포르투갈이나 네덜란드의 혼혈
후예로 구성된 유라시안 군대가 포함되어 있었다. 바로 인도네시아
독립전쟁의 시작이다. 이 전쟁은 1949년까지 4년을 끌었고, 결국 국
제사회의 여론이 악화되면서 압박을 받은 네덜란드가 항복했다. 그
리고 마침내 1949년 8월에서 11월까지의 회담을 통해 인도네시아
의 독립이 승인되었다.

　인도네시아뿐 아니라 (동티모르를 제외한) 대부분의 동남아시아 국
가가 1950~1960년대에 독립하는데, 비록 독립을 쟁취했음에도 그
들이 직면하게 된 현실은 호락호락하지 않았다. 경제적 저개발 극
복, 인종적으로 다양하게 분산된 공동체의 통합, 내부 정치적 혼란
정리, 제2차 세계대전의 종식과 함께 시작된 냉전기 속에서 미국, 중
국, 소련의 동남아시아 개입에 대한 대응 등등 어느 하나 쉬운 문제
가 없었다. 유독 동남아시아 지역에 독립전쟁, 내전, 혁명, 반란, 독
재 등등의 소요가 빈번했던 이유일 것이다. 동남아시아는 전후 탈식
민 시기 아시아의 피식민 국가들이 보여 주는 다양한 정치, 사회, 경

제, 문화적 현상들의 축소판이다.

같은 도전에 직면한 인도네시아의 가장 중요한 문제는 너무나 다양한 섬이 흩어져 있고, 개별 섬마다 다른 언어와 관습, 종교, 인종, 문화를 가지고 있다는 점이었다. 따라서 인도네시아만의 공통된 정체성을 동일하게 적용함으로써 통합을 이루어 내기 쉽지 않았다.[30] 1950년대 초기 수카르노의 통치 아래 인도네시아 지도부는 다양한 공동체를 하나로 묶을 수 있을 만한 좀 더 거대한 우산과도 같은 공동체를 형성하려는 목표를 가지고 있었다. 그러나 1950년대 중후반에서 1960년대 중후반에 이르는 기간 동안 가장 큰 문제로 제기된 것이 바로 각 종족마다 경제적 인프라가 매우 불균형하게 퍼져 있었다는 점이다. 결론적으로 말하자면, 사실 이 10년 동안 경제적 불균형을 바로잡는 정책의 실패가 수카르노 정권이 결국 저항에 부딪히고 실패하게 되는 원인 가운데 하나였다.

푸젠의 발리마을

종족 간 경제적 불균형을 해결하기 위해 수카르노 정부는 '프리부미'로 불리던 현지인 중심의 경제성장 정책을 제시하면서 화교에게 과도하게 집중된 경제적 부를 재분배하는 정책을 실시했다. 그 일환으로 1955년 인도네시아에서 반둥회의가 열렸을 때, 비슷한 고민을 하고 있던 다른 동남아시아 국가들과 함께 중국의 저우언라이를 압박하여 결국 화교의 이중국적을 허용하지 않는 협정에 사인하도록 만들기도 했다. 이는 동남아시아 현지에 거주하고 있는 화교에게 현지에 남을 것인지, 타이완으로 갈 것인지, 홍콩으로 갈 것인지, 아니면 공산화된 중국 대륙으로 건너갈 것인지의 선택을 강요한 것으로 현대 화교사의 중대한 분수령 가운데 하나다.

또 한 가지 인도네시아에 거주하는 화교에 대해서도 개별적으로 또 다른 조치가 행해지는데, 바로 수카르노가 1959년 발표한 대통령령 10호Presidential Decree No.10다.[31] 해당 조치의 내용은 '외국인'이 더 이상 농촌 지역에서 소매업을 경영할 수 없도록 하는 것이었다. '외국인'으로 특정되어 있지만, 실질적으로는 중국계 인도네시아 거주민을 대상으로 한 정책이었다. 네덜란드 식민지를 거치며 자바섬과 수마트라섬 등 인도네시아의 주요 경제 영역은 매우 작은 소상공업부터 거대한 부를 축적한 대기업에 이르기까지 화교가 장악하고 있었다. 심지어 농촌 지역의 상업마저 화교가 장악하다시피 한 상황을 개선하기 위한 조치로 보인다. 이는 궁극적으로 강력한 내셔널리즘을 바탕으로 통합된 인도네시아를 형성하기 위해 반화교 정서가 팽배해 있던 국내 경제를 화교 중심에서 현지인 중심으로 전환하기 위한 것이었다.

1961년 1월 1일부터 시행될 해당 조치에 대해 중국공산당 정부는 1959년 12월 10일에 인도네시아에 거주하는 화교에게 라디오로 고국의 품으로 돌아오라는 방송을 하기도 하였다. 그 이후 6년 동안 중국 정부는 배편으로 대략 10만 명의 화교, 정확히는 농촌 지역에 거주 중인 화교들을 중국 대륙의 고향에 정착할 수 있도록 조치해 주었다.[32] 대부분 푸젠과 광둥 지역으로 옮겨진 이들 가운데 300여 명의 남녀로 구성된 발리 출신의 화교도 포함되어 있었다. 이들이 바로 현재 푸젠성 발리마을 주민의 시작이다. 현재 푸젠성 발리마을에 거주 중인 발리 출신의 화교는 그들이 발리에서 했던 소매업을 그대로 유지하면서 삶을 영위하고 있는 모습을 보인다. 이들은 심지어 문화대혁명의 격변을 거치면서도 이 영업을 그대로 유지하고 있었다고 한다. 마을의 입구 역시 발리식 문양으로 도배되어 있고, 중국 정부에 의해 지어진 내부의 거주용 빌라 건물들 역시 매우 싼값에 주민에게 제공되었다. 단지의 배후에 조성된 광장에서는 인도네시아의 전통 공연이 여전히 이루어지고 있다고 한다.

흥미로운 사실은 인도네시아 정부가 화교의 경제적 영향력을 제한하기 위해 반포한 법령이 농촌 지역의 소상공인을 대상으로 하고 있을 뿐, 도시 단위의 화교 자본가에게는 해당되지 않는다는 점이다. 즉, 인도네시아의 경우 농업 지역에서 화교의 활동을 금지하는 법안을 제출한 것이지, 도시 지역에서의 활동을 (현지 인도네시아 민간인에 의한 '비공식적' 차별이나 학살 및 폭력을 제외하면) 공식적으로 금지한 것은 아니었다. 농촌 지역에서 화교 노동력이나 소매상은 현지인을 통해 충분히 대체 가능한 것임에 반해, 도시 지역의 대부분의 인프라를 제공하고 있던 화교 대기업 및 중소기업의 경우 국민국가 인도네시아의 경제적 근대화를 위해 반드시 필요한 요소였기 때문이다. 무엇보다 경제 정책의 실패로 대중의 비판을 받고 있던 수카르노 정권에게는 더욱 그러했을 것이다.

인도네시아 현지인은 엘리트 계층과 대중을 막론하고 서구식 근대화와 경제적 발전에 대한 경험이 거의 없었다. 실제 (아마 대부분 농업 종사자이거나 영세한 소매상이었을 것으로 추측되는) 10만 명 이상의 화교가 귀향했음에도 불구하고, 1960년대 중후반이 되면 도시 지역의 화교 기업가들은 쿠데타로 수카르노를 몰아내고 정권을 잡은 수하르토 Suharto를 중심으로 현지 권력과 유착관계를 맺고 인도네시아 경제에 더욱 깊숙이 개입하는 모습을 보인다. 특히 이들 유력 화교 기업가들은 이미 수카르노 정권 시기부터 현지 군부 엘리트들과 후원client 계약을 맺고 생존하는 모습을 보여 주는데, 이로 인해 생존한 화교 기업가들의 영향력은 지금까지도 강력하다.[33]

사실 농촌 지역의 단순 노동력이나 소상공인의 경우 충분히 대체 가능한 인프라였다. 이는 중국 역시 마찬가지였던 것으로 보인다. 실제 1950년대 후반, 1960년대 초중반 중국 정부의 대對화교 정책은 미묘하게 변화하는 모습을 보인다. 그 이전 화교가 직접 건너오는 것을 유도했던 중국 정부는 (정부가 실질적으로 투자와 귀향을 바랐던) 대자본을 소유한 기업가들이 현지에 어떻게든 적응하려는 성격이 강하다는 것을 알게 된 이후에는 현지에 적응하면서 본국에 다양한 형태로 기여(식민 상태로부터의 독립이나 공산화)할 것을 유도하는 식으로 변화한다. 실제 중국 정부의 도움이 필요한 소상공인이나 노동자의 경우 더 이상 공식적으로 귀향 조치를 취하거나 하지는 않았다. 매정하게 들리겠지만, 그런 인력은 중국 대륙에도 넘쳤던 것이다. 화교와 현지인을 두고 벌이는 인도네시아와 중국 정부의 이러한 동상

이몽은 제2차 세계대전 이후 냉전이 시작되면서 아시아에 불게 되는 탈식민, 내셔널리즘, 이데올로기 열풍이 가져온 새로운 현상이었다. 푸젠의 발리마을은 그 과정에서 발생한 것으로 이해할 수 있을 것이다. 그렇다면 발리에 남은 화교의 삶은 어떠했을까.

발리의 화교공동체

영국인 선장이 지휘하고 자바인 승무원을 실은 중국 상인 소유의 스쿠너schooner선인 '일본의 장미Kemhanrj Djepoon, Rose of Japan'를 타고 싱가포르로부터 20여 일간의 항해 끝에 우리가 발리섬 북부에 위치한 빌레링Bileling의 위험한 정박지에 닻을 내린 것은 1856년 6월 13일이었다. 선장, 그리고 중국인 화물감독관과 함께 상륙하면서 나는 바로 희한하면서도 흥미로운 장면을 마주하였다. 처음 우리는 중국인 반다르Bandar(대표 상인)의 집으로 향했는데, 그곳에서 우리는 잘 차려입고, 모두 보란 듯이 크리스krisses(인도네시아산 단검)로 무장했으며 상아, 금 혹은 아름답게 조각된 나무를 과시하는 수많은 현지인을 발견하였다.

이곳의 중국인은 그들 고향의 의상을 모두 버리고 말레이 의복을 했는데, 그 때문인지 발리섬의 현지인과 거의 구분이 불가능할 정도였다(말레이 계통임과 동시에 몽골 계통에 가까운 모습). 집 바로 옆 망고나무의 짙은 그늘 아래에는 몇몇 여성 상인이 면 제품을 팔고 있었다. 이곳에서 여성이 장사하고, 남편의 이익을 위해 일하는 것은 당연한데, 사실 이는 마호메트를 믿는 말레이인(무슬림 말레이인)은 절대 취하지 않을 관습이다. 우리에게 대접하기 위해 과일, 차, 납작한 빵, 사탕과자 등이 차려진 자리에서 싱가포르에서의 우리의 사업과 무역 상황에 대한 질문이 쏟아졌고, 그 이후 우리는 마을을 둘러보기 위해 좀 걸었다. 이곳은 높은 진흙 벽으로 둘러싸인 좁은 길들과 대나무로 둘러싸인 집들 등, 매우 지루하고 적막한 곳이었는데, 우리가 방문한 몇몇 집은 매우 친절히 맞아 주었다.

− 알프레드 러셀 월리스, 『말레이 제도』 중 발췌

19세기 영국의 유명한 자연과학자인 알프레드 러셀 월리스Alfred Russel Wallace는 동남아시아와 오세아니아를 생태학적으로 구분하는 가상의 '월리스 선Wallace Line'으로 유명한 학자이자 탐험가이다. 그는 1854년에서 1862년까지 8년 동안 말레이시아, 보르네오, 인도네시아 지역을 현지 조사하는 와중에 동남아시아의 동식물과 오세아니아의 동식물이 정확히 나뉘는 지점을 발견하였고, 하나의 선을 그음으로써 두 지역을 구분하였다. 최초 이 선은 보르네오섬과 술라웨시섬의 사이, 발리섬과 롬복섬의 사이를 지나고 필리핀 지역은 포함되지 않았다. 즉, 생태학적으로 동남아시아는 보르네오, 자바, 발리까지고, 그 이외에 술라웨시, 롬복, 티무르, 뉴기니 지역은 오세아니아에 속한다는 의미였던 것이다. 이후 월리스 선은 헉슬리라는 학자에 의해 필리핀까지 오세아니아로 분류되는 방향으로 수정되기도 한다.

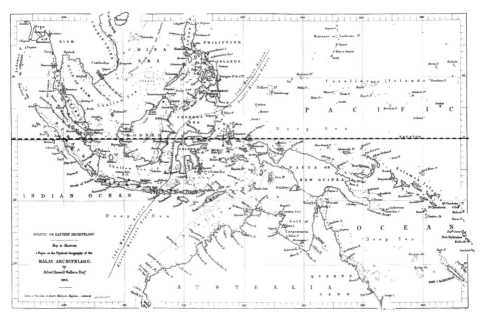

윌리스 선
자연생태학적인 측면에서 동남아시아와 오세아니아를 구분하여 윌리스가 그은 가상의 선이다.

  사실 8년 동안 말레이시아, 싱가포르, 보르네오, 인도네시아 군도
의 자연을 직접 탐사한다는 것은 상상하기 힘들 정도로 어려운 작업
이었을 것이다. 이 당시 식민지의 오지를 현지 조사하는 '제국'의 학
자들을 단순히 자연과학자 정도로만 규정할 수 없는 이유이기도 하
다. 그들은 탐험가이자 지리학자였고, 인류학자이자 생물학자였다.
1823년생인 윌리스는 30대 중반에서 40대 초반까지 동남아시아 해
양 지역을 탐험하였고, 그 8년에 걸친 탐험의 결과물이 바로 찰스 다
윈도 감탄한 자연과학사의 대작 『말레이 제도*The Malay Archipelago*』다. 이

기간 동안 월리스는 12만 5,660종의 동물과 곤충을 수집하였고, 이를 유럽의 학계에 소개 혹은 판매하기도 하였다고 한다.

알프레드 월리스의 『말레이 제도』는 그 부제처럼 인간과 자연을 연구하면서 작성한 여행기이기에 19세기 중반 동남아시아를 살아가는 현지의 화교에 대한 기록 역시 상당하다. 앞서 발췌하여 인용한 내용은 월리스가 주요 거점으로 삼는 싱가포르를 출발하여 발리와 롬복을 탐험한 기록의 가장 첫 부분이다. 월리스가 인상 깊게 여겼던 것은 발리의 현지에 완벽히 동화한 중국계 이주민의 모습이었는데, 이는 중국계로서의 정체성을 거의 그대로 유지하거나 혼혈 그룹으로 현지화했다 하더라도 문화, 삶의 방식 등은 중화적 요소가 다분했던 싱가포르와 말레이반도의 화교와는 완전히 다른 모습이었을 것이기 때문이다.

발리섬은 수 세기 동안 이슬람화한 인도네시아 지역에서 거의 유일하게 힌두 신앙을 신봉하는 지역이었다. 월리스의 기록처럼 발리에 정착한 중국인의 경우 자바에서 이슬람인에 의해 배척당했던 중국인과는 달리 매우 잘 적응하였고, 상당히 힌두화한 모습마저 관찰된다. 이는 제국주의 시기 자바 지역에서는 중국계 이주민이 네덜란드를 비롯한 유럽인에 의해 현지 토착민을 착취하는 데 활용되었던 반면, 20세기 초까지도 네덜란드의 지배에 끝까지 저항한 발리의 중국계 이주민의 경우 생존을 위해 현지에 적응했기 때문일 것이다. 실제 자바 지역의 중국계 이주민이 유럽 식민 세력이 본격적으로 영향력을 확장하기 이전인 15, 16세기에는 상당수 이슬람화하면서 현

보르네오섬의 토착민 가운데 하나인 다약크족의 오랑우탄 사냥 모습
『말레이 제도』의 부제는 "오랑우탄의 땅이자 새들의 천국, 인간
과 자연을 연구하며 작성한 여행기"이다. 그림은 1890년 판본의
삽화이다.

지 토착 세력에 동화되는 모습을 보여 주기도 하였다는 점을 보면
이는 발리만의 특징은 아닌 것으로 보인다. 중국계 이주민이 적응해
야 할 대상이 달랐을 뿐이었다고 할 수 있다.

이는 20세기 이후에도 계속해서 이어지는 현상으로 푸젠성 발리
마을의 풍경을 보면 귀향한 발리 출신 화교의 경우 여전히 발리어를

쓰고, 가게 간판에 발리어를 병기하는 모습을 관찰할 수 있다. 이는 월리스가 관찰한 19세기 중반뿐 아니라 20세기 중후반까지도 발리의 중국계 이주민과 그 후예가 충분히 현지화했음을 알려주는 증거일 것이다. 또한 1960년대 초중반 수하르토에 의한 공산당 숙청과 함께 학살의 피해를 당한 자바 및 수마트라의 화교들, 1997년 수하르토 실각 후에 군부에 부역한 부유한 화교 기업가를 타도하자는 명목으로 역시나 공격을 당한 자카르타의 화교를 생각하면 매우 다른 양상이기도 하다.

발리는 네덜란드의 제국화에 끝까지 저항한 소수 지역이었고, 심지어 20세기 초반까지도 발리 내의 여러 힌두 왕국은 합심하여 네덜란드의 제국주의적 팽창에 저항하고 있었다. 사실 월리스가 방문한 19세기 중반까지도 남아 있던 여성이 상업을 담당하면서 남편을 먹여 살리는 등의 관습은 전형적인 고대 동남아시아 해상민족의 관습으로 (역시나 월리스가 지적한 것처럼) 가부장적인 무슬림 사회에서는 상상할 수 없는 일이었다. 이와 더불어 중국계들은 자신들의 가내에 힌두 사원을 따로 둘 정도로 현지인과 구분되지 않는 적응성을 보인다.

이는 21세기인 현재까지 이어지며 여전히 발리의 중국계 이주민의 후예들과 자바를 비롯한 그 외 지역 중국계 이주민 후예들의 상반된 처지를 가늠하게 해 준다. 2018년 1월 21일자『사우스 차이나 모닝 포스트』기사에 따르면, 당시 32세의 인도네시아 화예인 이브 떼자Eve Tedja는 싱가포르를 방문했을 때 그녀가 인도네시아의 화교라고 밝힐 경우 소수 이주민 종족으로서 받는 설움을 이해한다는 식의

수 세기에 걸친 발리섬의 중국계 이주민들의 존재로 인해 발리인들 역시 중국의 문화에 일부나마 영향을 받았는데, 왼쪽 사진은 12세기 발리의 왕 자야판구스Jayapangus가 중국인 공주와 결혼한 전설을 공연하는 모습이다. 오른쪽 사진은 중국 문화 특유의 사자춤을 접목한 것처럼 보이는 발리 전통 사자춤인 바롱 발리Barong Bali의 모습이다.

동정의 시선을 종종 받는다고 한다. 그녀는 인도네시아 전역의 '화인'이나 '화예'가 받는 설움을 충분히 잘 '알고' 있어 크게 놀랍지는 않았지만, 사실 인도네시아에서 '화인'으로 살면서 단 한 번도 차별받는다거나 멸시의 시선을 받는 등의 취급을 '느껴본 적'은 없다. 왜냐하면 이브 떼자는 발리에서 태어나고 자란 중국계 발리인 여성이기 때문이다.

　이브 떼자의 경험으로 시작하는 해당 기사는 수 세기 동안 발리섬에 정착하여 적응해 온 발리섬 중국계 이주민 후예의 삶을 보여준다. 4세대 중국계 발리인인 이브 떼자의 경험에 따르면 발리섬의 중국계 후예들은 단순히 발리의 힌두문화에 일방적으로 동화한 것은 아니고, 그 내부에는 유교적 요소, 불교적 요소가 함께 공존하고 있다고 한다. 사실 발리 곳곳에는 중국계 이주민이 건축한 도교 사원, 유교 사원이 종종 발견된다. 그런 이유로 대략 1만 4,000명에 달하는 발리섬 내 중국계 발리인의 경우 스스로 발리인이기도 하지만, 중국계라는 점도 분명히 인식하고 있는, 이주민 특유의 정체성 인식을 보인다.

발리에서 푸젠으로 건너간 귀환 화교의 발리 문화적 요소와 발리에 남아 있는 중국계가 발리의 힌두문화에 적응한 양상은 고대 동남아시아의 인도화와 이슬람화, 제국주의적 팽창, 제2차 세계대전, 냉전을 거치는 과정에서 형성된 남중국해를 무대로 한 화교공동체 형성의 역사를 잘 보여 주는 일례라고 할 수 있지 않을까.

동남아시아 원주민의
상업 역량과 화교

18세기 후반 이후 20세기까지 대부분 피식민 지역으로 존재하게 된 동남아시아지만, 기본적으로 현지에서 생산된 물품을 유럽에 수출하고, 유럽의 가공품이 현지에 수입되어 흘러들어 오는 무역 구조가 형성되어 있었다. 그런 이유로 많은 학자들은 왜 현지 원주민 사이에는 상업적 역량이 쌓이지 않았는지, 왜 원주민 기업과 기업가는 발생하지 않았는지를 궁금해했다. 아무리 불공정한 무역 구조였고, 착취의 구조였다고 하더라도 서구식 근대 경제 제도와 무역·금융 시스템, 교통, 통신 인프라를 경험했을 동남아시아 현지인은 왜 자체적인 상업적 역량을 배양하지 못했을까. 이 역시 화교의 활동과 깊은 연관이 있다.

현지에서 상업적 역량이 자체적으로 성장하기 위해 필요한 조건은 자유로운 거래가 가능한 내수시장과 거대 자본을 동원할 수 있을 만한 신용시장의 존재다. 이는 곧 거대한 현지 자본이 형성되어 융통되어야 한다는 것을 의미하고, 이 모든 것은 곧 충분한 상업화가 현지인을 중심으로 진행되어야 한다는 것을 전제하기도 한다. 그러

266

나 영국과 네덜란드, 프랑스가 동남아시아에 이식한 시스템은 그런 것이 아니었다. 현지인 중심의 내수시장을 발생시키는 것이 아닌, 점령과 착취를 기반으로 한 식민지 경제High Imperialism였다. 현지인을 농노로 식민 본국의 소비시장에 종속시키고, 유럽인, 중국인, 인도인 등의 이주민이 소수의 상업 엘리트를 형성하여 대리로 착취하면서 그 이득을 식민지 본국과 이주민 중심의 중간 상인 계층이 향유하는 시스템이었다. 이것이 바로 현지인 근대 기업가가 탄생하기 어려운 이유였다.

그렇다고 해서 식민지 관료들이 아무런 고민도 하지 않은 것은 아니었다. 미얀마의 식민지 관료이자 역사가였던 퍼니발Furnivall J.S. 같은 이들은 현지 기업의 발전이 식민지 경제정책의 목표가 되어야 한다고 주장하기도 했고, 영국과 네덜란드의 식민지 행정관료들은 그들이 통치하는 식민지의 경제를 현지인 중심의 현금경제와 상업화를 실현하는 방향으로 전환하는 것에 대해 논의하기도 했다. 이에 대한 찬반 논의가 백 년을 넘어가는 경우도 있었다. 그러나 19세기 내내 유럽의 제국들은 식민 지역의 상업화와 대자본의 형성, 시장을 현지인의 손에 맡겨 두는 것에 의구심을 가지고 있었고, 결국에는 화교 기업가들의 경제적 역량에 의존할 수밖에는 답이 없다고 여겼다.

다만 네덜란드령 동인도의 경우 20세기에 들어서면서 조금씩 변화가 발생하는데, 수백 년 동안 이어진 화교 중심의 식민지 경제에 대한 위기의식 및 불안감이 현지의 엘리트, 대중뿐 아니라 식민지 관료들에게까지 퍼지게 된 것이다. 기존의 대도시 중심의 화교 상인의 활동 영역이 내부 배후지 농촌 지역의 소매상으로까지 넓어지면서 그 독점적 지위가 더욱 공고해졌다. 거기에 1911년 신해혁명 이후 공화정을 수립한 중국 대륙과의 관계 역시 민족주의적 의식을 기반으로 긴밀해져 가는 것처럼 보임에 따라 어쩌면 네덜란드령 동인도의 경제가 중국에 종속될 수도 있겠다는 위기감도 예상해 볼 수 있다.

그에 따라 현지인 중심의 상업적 역량을 배양하기 위해 주목한 분야가 바로 대부업이었다. 19세기 인도네시아 지역민이 화교 경제에 종속될 수밖에 없었던 가장 중요한 이유는 바로 농민 중 상당수가 그들에게 토지를 담보로 돈을 빌린 상태였기 때문이다. 이 당시 중국계 화교 상인의 주수입원 가운데 하나가 대부업이었고, 심지어 맨몸으로 갓 도착한 민난의 화교들이 그들이 속한 씨족 협회로부터 돈을 빌려 고리대금업을 하는 경우도 빈번했다. 6개월에 원금의 두 배를 이자로 갚아야 할 정도의 고리대는 현지인의 토지를 비롯한 경제적 역량을 박탈했을 뿐만 아니라 자체적인 자금 순환 및 소비시장의 형성을 저해하는 요소였다.

이에 식민정부는 현지인을 위한 각종 은행 기구를 설립하였는데, 현지 도시와 농촌의 관료와 상인, 부농을 대상으로 한 은행people's banks과 주로 여성이었던 중소상인을 대상으로 한 마을 단위 은행village banks, 그리고 추수 전 농번기에 식량이 없는 농민을 대상으로 하는 농업은행Rice banks 등이 있었고, 더 나아가 20세기 전반 식민정부에 의해 운영되던 국가 소유의 대부기관state-owned pawnshop 네트워크도 있었다.[34] 특히 이 국가 소유 대부기관 네트워크는 상당 부분 중국계 중심의 현지인 대상 대부업을 대체하기도 했다는 평가를 받는다.

그럼에도 불구하고 이미 도시와 농촌 깊숙이 침투한 화교의 경제적 영향력을 완전히 대체하지는 못하였다. 그리고 이는 독립 이후 인도네시아가 국가 경제를 현지인을 중심으로 재정비하고자 했을 때, 두고두고 걸림돌이 된다. 현재 어느 정도 나아졌다고는 할 수 있지만, 주요 거대 기업들의 소유주를 거슬러 올라가면 대부분 중국계 아니면 국영이라는 점이 이를 잘 보여 준다.

영국령 말라야British Malaya라고 불린 말레이반도 역시 크게 다르지 않았다. 말레이반도의 식민지 경제 구조도 네덜란드와 근본적으로 비슷했다. 1차 산품 수출 중심의 경제로 식민지의 대량 산품을 싸게 사서 본국으로 수출하고, 본국에서 과잉생산된 가공품을 강제 수입시키는 것, 그리고 그에 따라 식민지 내부의 경제는 본국에 종속되는 구조였다. 19세기와 20세기 영국의 말레이반도 지배 시기에 진행되던 무역은 크게 세 가지 차원의 구조가 존재했다. 바로 본국과 식민지 간 거대 규모의 수출입, 지역 내 중간 규모의 시장 무역업 Bazzaar, 소규모 행상Peddling trader이 그것이다.[35]

첫 번째의 경우 주로 공업화가 발전된 선진국인 유럽 및 미국의 기업들이 담당하였는데, 대부분 영국인이 독점하였다. 두 번째, 세 번째의 경우 19세기 초중반까지만 해도 말레이인과 화교가 경쟁하는 구조였지만, 19세기 중반 이후 급증한 중국계 이민자와 싱가포르, 페낭, 쿠알라룸푸르 등 핵심 도시의 경제를 장악한 화교 기업가들의 역량에 밀려 모두 화교가 네트워크를 형성하는 방향으로 이어지게 되었다. 심지어 화교가 유럽의 기업들과 경쟁하며 식민지 내부 유통망과 물류를 장악하는 모습까지 보이는데, 그 사이에서 영국 식민정부는 이들 화교의 경제적 역량과 식민지에의 기여를 인정하면서도 끊임없이 견제하는 모습을 보인다.

다만 화교 기업가의 경우 네트워크 중심의 폐쇄적 기업 운영 때문에 그 경제적 역량이 유한주식회사joint-stock limited liability 모델을 통해 거대 자본을 가진 기업으로 거듭난 영국 기업에 결국 밀리는 모습을 보이고, 이후 20세기 초반 동남아시아 시장에 등장한 일본 기업들에도 밀리면서 쇠퇴의 길을 걷게 된다. 그럼에도 불구하고 식민지 역내에서의 생산지, 중간 물류지, 최종 물류 도시(싱가포르, 페낭 등)로 이어지는 유통망의 장악은 여전히 유효하여 현지인이 자체적인 상업적 역량을 제고하는 데에 중요한 걸림돌로 작용하였고, 이는 말레이시아 연방 독립 이후 1965년 중국계가 다수인 싱가포르가 축출되는 배경 가운데 하나가 되었다.

6
....

국가를 세우다,
다인종·다문화
싱가포르

싱가포르의 탄생

제국의 식민도시, 싱가포르

싱가포르는 2019년 기준으로 1인당 GDP 6만 5천 달러로 아시아에서 가장 잘 사는 국가로 꼽힌다. 뿐만 아니라 전 세계에서 천연가스 및 석유 물동량이 가장 많은 지역 가운데 하나인 믈라카 해협_{Melaka Straits}의 길목에 위치하여 아시아 무역과 금융의 허브 역할을 담당하는 도시국가다. 그리고 2018년 기준 560만 인구가 76퍼센트의 중국인, 15퍼센트의 말레이인, 7퍼센트의 인도인으로 구성된 다문화·다인종 공동체이기도 하다.[1] 특히 1819년 영국에 의해 싱가포르가 무역 항구도시로 개발되기 시작하면서부터 꾸준히 인구의 60~80퍼센트가 중국인이었다는 점에서 대표적인 이민족국가이다. 다만 비슷한 케이스라고 할 수 있는 미국, 캐나다, 호주 등과 다른 점은 싱가포르라고 하는 신생국가의 다수를 차지하고 있는 중국계 이

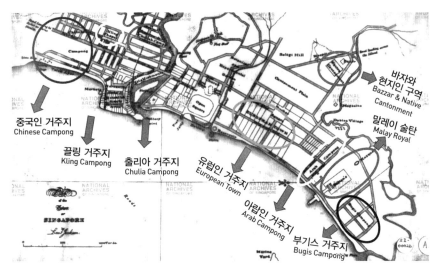

필립 잭슨Philip Jackson이 스탬포드 래플스가 구획한 싱가포르 도시구조를 바탕으로 1828년에 작성한 초기 싱가포르 도시구획.

민자의 본국인 인구 13억의 중국이 현재 G2로 떠오르는 글로벌 파워를 자랑하고 있다는 사실이다. 비슷한 처지의 홍콩이 독립과 자치, 흡수의 길목에서 진통을 겪고 있다는 사실과 비교해 보면 이민족국가로서 싱가포르 사례는 주목할 가치가 있다.

일반적으로 제국주의 국가가 건설한 식민도시들은 제국적 의도에 따라 도시가 일정하게 구획되고, 각각의 구역에 인종적으로, 혹은 문화적으로 거주민이 분산·배치된다.[2) 1819년 영국 동인도회사의 스탬포드 래플스Stamford Raffles가 말레이시아 반도 끝의 싱가포르라는 섬에 도달하여 그 지리적 중요성을 인식하고 아시아 무역 허브 도시로 만들기 위한 도시구획을 계획했을 당시가 바로 이러한 특징을 잘 보여 준다. 그는 해변을 따라 각각 영국 제국민을 비롯한 유럽인 거주지, 말레이인 거주지, 중국인 거주지, 인도인 거주지 등으로 설정하고 해당 인종들을 배치하는 도시구획을 실시하였다.

지도에서 깜퐁Campong은 말레이어로 마을(거주지)을 의미하고, 끌링Kling과 출리아Chulia 모두 남아시아에서 건너온 인도인을 가리키지만, 전자의 경우 이전부터 거주한 인도인의 말레이 거주 후예를 가리키고, 후자는 영국인에 의해 자의 혹은 타의로 건너와 마을을 이루게 된 이들이다. 부기스Bugis는 대표적 말레이계 해상민족을 말한다. 래플스가 건너올 당시 싱가포르를 통치하던 술탄이 거주하는 모스크 구역에는 술탄과 말레이계 귀족들이 영국의 감시 및 통제하에 거주하고 있었다. 배후에는 말레이인 토착민 구역Native Cantonment과 그들의 시장Bazzar이 보인다. 초기 도식구획을 통해서도 싱가포르는 처음부터 다인종이 영국의 통치 편의성을 위해 차례로 배치되어 있음을 잘 알 수 있다.

이 당시 싱가포르로 건너온 중국인은 대부분 말레이시아 믈라카와 페낭으로부터 자의 혹은 타의로 건너오게 된 이들이었다.[3] 사실 이는 영국만의 특징은 아니고, 네덜란드 동인도회사가 이미 훨씬 전에 바타비아를 건설할 때 만들어 놓은 방식이었다.

싱가포르에 도착한 래플스와 영국의 식민 관료들은 이후 믈라카, 페낭 등에 거주하던 중국인과 말레이인을 동원하여 싱가포르로 이주시켰고, 각종 도시 인프라가 갖춰지기 시작했다. 그에 따라 주변 보르네오섬 및 인도네시아의 중국인이 새로운 기회를 찾아 이주하면서 이후 홍콩에 비견되는 무역 허브 도시 싱가포르로 발전하게 된다. 영국의 싱가포르 식민정책은 각 인종별로 거주지를 분산하는 것이었고, 중국인 이주민의 경우 그 특유의 교역 네트워크를 활용하여 도시 인프라를 구성하는 역할을 맡았다. 그러한 과정에서 영국의 서구문화와 현지의 열대문화를 수용하여 독특한 혼종 문화를 형성하게 되는데, 이는 싱가포르의 화교가 본국인 중화문명과는 다른 그들만의 정체성과 문화를 형성해 가는 과정이기도 했다.[4] 또한 이렇게 형성된 혼종문화는 숍하우스의 예처럼 그들의 고향으로 역수출되기도 했다.

싱가포르가 발전하게 되는 계기는 19세기 후반에서 20세기 초 중국인 이주가 기하급수적으로 증가하면서부터다. 18세기 후반에서 19세기 초반이 되면 서구 제국주의 국가들이 동남아시아 대부분 지역을 식민화하고, 자원 착취라는 목표를 위해 건설한 아편, 고무농장 및 주석광산에 필요한 대규모의 노동력을 상당 부분 노동과 농경에 능숙한 중국인으로 충당하였다. 거기에 더해 중국 대륙의 내부적 요인으로 지리적으로 농경에 적합하지 않은 자연환경과 청말의 혼란한 정국을 피해 수많은 푸젠, 광둥 지역의 성인 남성이 자진하여 동남아시아로 향하는 정크선에 몸을 실었다. 그리고 그들은 먼저 대부분 싱가포르로 향했다.

싱가포르에 모인 이들은 인력거꾼, 노점상, 점원 등 도시노동자가 되거나 말레이시아, 인도네시아, 보르네오섬 등으로 각자의 일자리를 구해 흩어졌다. 즉, 당시 싱가포르에는 많은 중국인 이주자가 모여들어 도시 하층민 및 노동자를 형성하고 있었던 것이다. 또한, 다른 지역으로 퍼지는 거점도시의 역할을 하기도 했다. 너무나 당연하게도 싱가포르를 거점으로 대농장 경영, 무역, 송금, 금융업에 종사하는 화교 기업가들이 모여들었다. 설사 주요 상업 활동 무대는 다른 지역일지라도 사업의 거점만은 싱가포르에 두는 이도 증가하였다. 이러한 인기에는 무엇보다 싱가포르를 자유무역항으로 개방한 영국의 의도가 주효했다.

자연스럽게 싱가포르는 홍콩 못지않게 사람과 자본, 정보와 물자가 몰려드는 허브 도시가 되었고, 영국 식민정부 역시 싱가포르를 무역 및 금융 중심 도시로 건설하기 시작하면서 각종 도시 인프라가 갖춰져 20세기 중반이 되면 당시 아시아에서 상하이, 홍콩과 함께 가장 근대화된 항구도시 가운데 하나로 성장한다. 1924년 기준 싱가포르항은 전 세계 368개의 항구에서 선박이 들어오는 세계에서 6번째로 큰 항구였다.[5] 자주 교류하는 항구만 해도 홍콩, 하이커우海口, 샤먼, 샨터우, 다롄大連, 방콕, 바타비아, 페낭, 수라바야, 반데르마신, 마카사, 사라왁, 스마랑, 뗄룩 앤슨Teluk Anson(지금의 페락), 사이공, 캘커타, 봄베이, 마드라스, 나가파티남(인도 타밀지역), 제다, 페림Perim(예멘), 프리맨틀Freemantle(호주) 등 세계 전역에 걸쳐 있었다. 이 시기 싱가포르의 화교들은 '대영제국'의 식민도시에서 백수십 년 동안 삶을 영위하였다. 이러한 싱가포르가 제국의 식민도시에서 독립된 정체성을 추구하는 공동체로 전환하게 되는 계기는 바로 전쟁과 일본의 식민이었다.

일본 식민 경험, 쇼난토

1937년 중일전쟁을 일으킨 일본은 초기에는 중국 대륙의 화북, 화중, 화남 전역을 휩쓰는 듯이 보였으나, 점차 별다른 성과를 내지 못한 데다가 수도를 아예 충칭으로 옮겨 버린 장제스 국민정부의 회피 전략에 고전하기 시작한다. 또한 계속되는 전쟁으로 전비 조달이 감당하기 어려운 지경에 처하게 되었고, 일본 만주국뿐 아니라 본국까지도 생산의 한계에 다다르기에 이른다. 이러한 상황에서 독일의 유럽에서의 군사행동으로 촉발된 제2차 세계대전은 일본에게는 또 다른 기회였고, 그 기회를 틈타 일본 제국은 군사적 남진을 통해 1942년에 이르면 동남아시아의 점령을 완료하였다.

동남아시아 지배를 완료한 일본은 이 지역을 '갑甲'과 '을乙'이라고 명명한 두 권역으로 분할하고, 영국령 말라야, 해협식민지, 네덜란드령 동인도, 필리핀 등의 해양 지역이 '갑'에 해당했다. 영국에 의해 건설되어 개항한 동남아시아 금융 및 물류 허브 도시 싱가포르 역시 일본의 식민 지배 아래 '갑'에 해당되어 직접 지배 아래 군정이 설치되었다.[6] 군정을 두면서 '쇼난토昭南島'로 개칭된 싱가포르에 대한 일본의 지배는 1945년 8월 일본의 항복으로 3년에 그쳤다.

1819년 래플스가 싱가포르의 중요성을 인식하고 항구도시로 개발한 이래 100년이 넘는 식민지 통치 기간 동안 영국 식민 통치하의 싱가포르인, 특히 엘리트 계층의 경우 '제국' 영국에 강하게 동화되어 스스로 '제국민'으로 여기게 된 이가 많았다. 여기에는 중국인, 말레이인, 인도인의 구분이 무의미했다. 특히 중국인 거상 및 관료의

「쇼난 타임스」
일본은 싱가포르를 점령한 직후인 1942년 2월 20일에 『쇼난 타임스Syonan Times』를 배포하는 치밀함을 보였다.

경우 중국 대륙과의 강한 결속을 강조하는 이가 많았지만, 그 상인들 역시 부의 축적이 영국 제국주의의 제도권 내에서 가능했다는 점에서 '제국'이라는 프레임에서 자유로울 수는 없었다. 오히려 더욱 적극적으로 '제국민'으로서의 지위를 활용했다고도 할 수 있을 것이다.[7]

그러나 제국 영국의 패배와 3년간의 일본 식민 통치의 경험은 싱가포르인으로 하여금 스스로 제국민이 아닌, 자신들만의 정체성을 형성할 수 있도록 하는 계기를 마련해 주었다.[8] 다만 중국인, 말레이인, 인도인으로 구성된 싱가포르의 인구 구성상 다인종, 다문화 공동체의 형성은 필수적이었는데, 반제국주의 운동을 벌이는 과정에서 중국 대륙의 국민당 세력, 말레이 정치 세력, 공산당 조직 등 다양한 정치적 이데올로기를 대변하는 조직들의 영향 때문에 내부적으로 매우 복잡한 상황이었다. 특히 제2차 세계대전 직후, 중국 대륙의 국공내전國共內戰을 계기로 싱가포르 인구의 80퍼센트를 차지하는 중국계 공동체를 둘러싼 국민당과 공산당의 갈등이 극에 달하게 된다.[9]

다인종 공동체를 향한 여정

1949년 국공내전이 중국공산당의 승리로 막을 내리고, 10월 중화인민공화국中華人民共和國이 성립되면서 싱가포르의 화교공동체와 대륙 사이의 관계는 새로운 국면을 맞는다. 한편, 1945년 제2차 세계대전이 연합군의 승리로 끝이 나고, 영국은 말레이반도 및 싱가포르의 재지배를 감행하였다. 그러나 이미 '제국민'이라는 지위가 주는 정치·경제적 이점이 사라진 시점에서 영국은 '구'식민지 피지배인의 극렬한 저항에 부딪힌다. 일본의 식민 지배 이후 말레이시아 혹은 싱가포르인으로서의 정체성에 이미 눈을 뜨기 시작했던 것이다. 결국 1955년 말레이시아와 싱가포르는 부분적 자치권을 획득하여 그들만의 정부를 구성하였다. 싱가포르 역시 말레이시아의 일부지만, 정치적 자립권을 획득하여 의회를 구성하기 위한 선거를 치르기도 하였다.

1955년은 또 다른 의미에서 중요한 해였는데, 인도네시아 반둥에서 개최된 제3세계 국가 간의 회의(반둥회의)에서 중국의 저우언라이가 해외 거주 화교들의 이중국적을 허용하지 않는다고 선언하였기 때문이다. 그에 따라 동남아시아에 거주하는 수백만 명의 화교—통계에 따라서는 1천만 명이라고도 일컬어지는—가 동남아시아 현지에 남을 것인가, 중국 현지로 돌아갈 것인가를 두고 갈등해야 하는 상황에 놓였다. 싱가포르의 화교공동체 역시 영국의 '제국민'이라는 식민지적 지위도, 중국 대륙의 시민이라는 정치적 지위 모두를 잃어버릴 수도 있는 상황 속에서 그들만의 공동체를 형성하여 생존해야 하는 선택의 순간에 놓이게 되었다.

한편, 1959년 영국으로부터 정식 독립한 말레이시아 연방으로부터 자치권을 획득하여 자치정부를 성립한 싱가포르는 의회를 구성하기 위한 보통선거를 실시하였다. 이 선거에서 리콴유Lee Kwan Yew가 이끄는 인민행동당PAP, People's Action Party이 승리를 거두어 의회 정부를 수립한다. 1954년 설립된 인민행동당은 영국으로부터의 식민 상태를 끝내고 말레이 연방과 싱가포르 자치정부로 구성된 국민국가 말레이시아 연합의 탄생을 목표로 설립된 정당이다. 대부분 무역업자, 교육자, 변호사, 언론인 등의 엘리트로 구성되었고, 창당 멤버 대부분이 영국 유학파 출신들로 이루어져 있다. 리콴유 역시 싱가포르 중산계층의 화교 가정에서 태어나 영국 캠브리지대학에서 공부한 변호사 출신이다.

그러나 선거에서 승리한 리콴유가 이끄는 인민행동당 내의 세력이 중국인이라는 정체성보다는 동남아시아 로컬 커뮤니티의 일원으로서 국민국가를 형성하려 했던 것과는 달리 싱가포르 인구의 80퍼센트를 차지하는 중국인 대다수는 싱가포르를 중국인만의 공동체로 형성하려는 경향이 강했다. 특히 여기에는 두 가지 차원에서의 갈등이 있었는데, 중국공산당과의 연계를 바탕으로 싱가포르와 말레이시아 전역에서 공산주의 활동을 벌이던 일반 중국계 학생, 도시노동자 등 대중에 의한 공산주의 운동과 자치정부 싱가포르의 통치를 두고 벌인 인민행동당 내부의 권력다툼이 그것이었다.

무장투쟁적 성격이 강했던 말레이시아의 공산주의 운동과는 달리 싱가포르의 공산주의 활동은 주로 학생과 노동자가 중심인 경우가 많았다. 1956년 10월 25일 일어난 학생운동은 친공산당 노동단체의 지원을 받은 중국계 학생들과 경찰 병력 사이에 충돌을 일으켰는데, 이 학생조직은 공개적으로 인민행동당 내부의 친공산당 인사들에게 도움을 청하기도 했다. 당시 싱가포르 자치정부는 이러한 공산주의 운동에 매우 단호했고, 경찰 병력뿐 아니라 영국군에게도 지원을 요청했다.[10]

이러한 학생 및 노동자에 의한 공산주의 운동은 이후 수년 동안 싱가포르 전역에서 산발적으로 벌어지고 있었는데, 싱가포르 자치정부 입장에서 더욱 복잡한 양상으로 여겨졌던 것은 여기에 몇몇 중국계 비밀결사조직secret society과 범죄 및 반정부 단체가 끼어들었기 때문이다. 무엇보다 이러한 공산주의 운동이 중요한 이유는 이들이 주로 반제국주의 및 유럽인에 대한 반감에서 시작되었지만, 궁극적으로는 자치정부가 중국인의 문화를 파괴할지도 모른다는 불안, 중화의 문화를 보호해야 한다는 단일민족적 사명감이 정치적 활동으로 표출된 것이기 때문이다.[11] 결국 핵심은 1955년 영국 식민지하 자치정부의 수립과 1959년 말레이 연방의 독립과 함께 성립된 자치정부 아래에서 싱가포르라고 하는 공동체가 과연 중국계 거주민 중심의 공동체를 형성할 것인지, 서구 세력과 협력하여 동남아시아 지역 내에서 소수의 다른 민족과 함께 공존하는 공동체를 성립할 것인지의 방향성을 두고 벌이던 갈등이었다.

이는 당시 싱가포르 자치정부의 통치 정당이었던 인민행동당 내부의 권력다툼과 리더의 성향에도 그대로 드러난다. 결국 그 결정은 정치의 영역에서 이루어질 가능성이 높았던 것이다. 실제 당시 인민행동당 내부에서도 친공산당 파벌과 친서구 다인종 공동체 형성을 추구하는 파벌 사이에 치열한 권력다툼이 벌어지고 있었다. 1959년 자치정부 싱가포르에서 치러진 보통선거에서 인민행동당이 승리하면서 총리가 된 리콴유의 경우 대표적인 친서구의 중도를 표방하는 정치인이었고, 동남아시아라고 하는 거대한 지역의 한복판에서 싱가포르가 살아남기 위해서는 중국계만의 공동체가 아닌, 다른 인종과 공존하는 공동체를 꾸려야 한다는 정치적 신념을 가지고 있었다. 다만 그의 결정적인 약점은 친중적인 중국계 대중의 지지를 받지 못하고 있다는 것, 또한 그에게 반하는 급진주의적 정치인들을 정치적으로 제거한 것 등이 있다.

일례로 1959년 10월 29일 싱가포르의 난양대학南洋大學에서 한 연설에서 리콴유는 싱가포르의 중국화는 "다른 동남아인들 사이에 불안을 조성"할 것이며, 싱가포르가 "절대 중국계 이주민 위주의 지역이 되어서는 안 된다"는 점을 분명히 하였다.[12] 연설의 내용은 평소 그가 가지고 있던 정치적 견해를 분명히 한 것에 불과하지만, 문제는 그가 영어는 완벽하게 구사하는 데 반해, 중국어 구사가 거의 되지 않아 중국계 대중에게 제대로 어필하지 못했다는 점이다. 게다가 그가 연설한 곳이었던 난양대학은 싱가포르에서도 중국계 후손들을 중심으로 중화 문화를 중국어로 교육하기 위한 목적으로 세워진 교육기관이었다. 소위 싱가포르에서의 중화 문화의 부활을 꿈꾸는 난양대학운동, 소위 '난따南大운동'의 산실이었던 것이다.

싱가포르의 화교공동체 내부에서는 일찍부터 중국어와 중국의 문화 및 가치를 교육할 수 있는 고등 교육기관의 설립이 논의되고 있었는데, 중국 대륙이 공산화하면서 이러한 논의는 더욱 구체화되기 시작했다. 그 일환으로 1958년 설립된 것이 난양대학이었다. 중국 중심적인 관점을 함의하고 있는 '난양'이라는 단어에서 보듯이 이 대학은 중국인 커뮤니티 내부의 고등 교육을 위한 기관으로서 모든 수업을 중국어로, 교육과정은 중국의 역사와 문화를 가르치는 것을 목표로 한 대학이었다. 이러한 상징적인 장소에서 중국계 정치인이 어색한 중국어로 동남아시아인과 함께 공존해야 한다는 의견을 피력한 것은 그가 가진 정치적 약점을 극명히 드러내는 것이었다.

리콴유와 대척점에 서 있던 정치인이자 정치적으로 제거된 인물이 바로 림친시옹Lim Chin Siong이었다. 그는 인민행동당 내에서도 친공산주의 분파의 리더로 28세의 매우 젊은 정치인이었다. 1956년 체포되어 1959년 리콴유가 총리가 된 뒤에 풀려난 그는 싱가포르의

1945년 종전을 기념하여 전쟁에서 승리한 중화민국의 국기를 들고 나와 축하하는 중국계 이주민들
거대한 국기에는 '조국만세'라고 쓰여 있다. 이러한 광경을 다른 인종의 거주민은 어떠한 심정으로 지켜보았을지를 생각해 보면, 이는 인종 갈등의 시작을 예고하는 장면인 것처럼도 보인다.

중국계 학생들, 블루칼라 노동자들의 절대적 지지를 받는 영웅이었고, 중국어 구사에 매우 뛰어났다.[13] 그는 이러한 중국계 대중의 지원을 바탕으로 리콴유 중심의 중도 세력에 대해 끊임없이 압력을 가하고, 반대를 표방하게 된다.[14]

당시 미국 중앙정보국CIA은 두 인물에 대해 다음과 같이 평가하고 있었다.[15]

36살의 총리 리콴유는 지적 수준이 매우 높은 노련한 변호사이자 정치인이다. 케임브리지에서 교육을 받았고, 1954년 인민행동당으로 정치에 입문했다. 1957년 리와 그의 중도층 지지자들은 친공산주의 세력에게 당내의 주도권을 빼앗기게 되는데, 현재(1959년) 당을 다시 장악했지만, 당내에 뿌리깊게 박혀 있는 친공 세력의 위협은 여전하다. 그의 정치철학은 잘 드러나지는 않지만, 몇몇 매우 급진적인 발언들로 대중의 지지를 받는 듯하고, (그로 인해) 극단주의 분파와도 협력관계를 유지하고 있다. 영어에 능통하지만, 상대적으로 중국어가 빈약해 중국계 대중들과 관계 맺기에 어려움을 겪는다. 림친시옹은 28살의 인민행동당 좌익 세력의 최고 지도자다. 매우 영리하며 실질적인 정치적 지도자다. 1956년 전복 세력으로 몰려 체포당했고, 1959년 인민행동당(역주: 정확히는 리콴유 세력)이 정권을 잡을 때까지 석방되지 않았다. 노동조합이 가장 주요한 활동 영역이고, 그와 그의 동료들은 싱가포르에서 가장 과격한 노동조직인 블루칼라 노동자들의 조직된 힘을 장악하고 있다고 여겨지고 있다. 과격한 대중선동가라기보다는 조곤조곤하게 말하는 능숙한 수완가에 가깝다. 젊고, 넓은 지지층을 가지고 있다는 것, 그리고 영국으로부터 불온 세력으로 몰려 수감된 경력이 중요한 정치적 자산이다. 림은 중국계 젊은 세대의 영웅이고, 능숙한 중국어로 대중과도 친숙한 것으로 알려져 있다.

이와 같은 평가는 당시 싱가포르 지역 내에서 각 분파 세력들이 공동체의 성격을 두고 치열하게 경쟁하고 있었음을 잘 보여 준다. 그리고 이 경쟁은 리콴유가 독립한 이후 그대로 정치적 부담으로 작용하는 요소였다.

그리고 영국을 비롯한 서구 세력의 경우 리콴유를 중심으로 한 싱가포르 자치정부를 강력히 지지하고 있었는데, 영국은 싱가포르의 독립 이후에도 군대를 주둔시키고 싶어 했고, 동시에 정치적, 경제적 영향력 역시 계속해서 발휘하고자 했다. 그러한 측면에서 중도의 친서구적인 리콴유 정부를 가장 선호한 것은 당연했을 것이다. 심지어 영국은 싱가포르에 친공정권이 들어설 경우 해군과 공군을 통한 무력 개입까지도 불사할 계획이었다.[16)]

또한 이러한 화교 대중의 움직임을 다른 거주민들이었던 말레이인이나 인도인이 찬성할 리가 없었다. 특히 1955년에서 1959년까지 계속된 선거에서 대부분의 자치의회 의석을 중국계 위주의 인민행동당이 차지한 반면, 말레이계의 후보자나 다른 유라시안 인종의 정치인인 데이빗 마셜David Mashall이 세운 노동당Worker's Party의 후보자가 모두 참패하면서 싱가포르가 결국에는 중국인 이주민 위주의 공동체, 혹은 제2의 타이완이 될 것을 극도로 경계하게 된다.[17)] 이러한 위기감으로 인해 1959년 이후 1964년 폭동의 위기까지 인종적 갈등은 극에 달하였는데, 리콴유를 비롯한 인민행동당은 끝까지 중국인, 말레이인, 인도인 등의 다양한 인종이 함께 공동체를 구성하는 자치정부의 설립을 고수하였다.

다인종 국민국가, 싱가포르 공화국

결국 1965년 싱가포르가 말레이 연방으로부터 독립하면서 싱가포르 공화국이 탄생하였다.[18] 사실 형식은 상호 협정에 의해 싱가포르가 독립된 주권을 선포하고 건국한 것으로 되었지만, 그 이면에는 축출이나 다름없는 형태의 독립이라는 것이 정설이다. 실제 리콴유가 이끄는 인민행동당은 싱가포르에서의 지지를 바탕으로 말레이 연방 중앙정계에까지 영향을 행사할 의도가 있었는데, 이에 대해 말레이 중앙정부가 경계했다는 것이다. 실제 기록에 따르면, 말레이 주요 정당들은 1964년 싱가포르의 인민행동당이 말레이 연방의 보통선거에 뛰어들 것을 결정한 것에 위기감을 느끼고 있었다. 무엇보다 싱가포르의 인민행동당이 추구하는 사회의 구조가 다인종들 사이의 공존을 유지하는 방향으로 흘러가면서 말레이 무슬림 위주의 중앙집권적 국가의 수립을 계획하고 있던 말레이시아 중앙정계의 반감을 사게 되었던 것이다.[19]

1965년 독립의 순간까지 싱가포르는 리콴유를 중심으로 중국 본토로부터 벗어난 다인종·다문화 공동체의 형성을 정치, 사회 구조의 근간으로 삼는 신념을 끝까지 고수하였다. 그 상징으로 리콴유가 취한 정치적 액션이 바로 로컬 말레이인이자 언론인인 위소프 빈

1969년의 리콴유

이샥Yusof Bin Ishak이라는 인물을 영입하여 대통령President으로 추대하고,

스스로 총리가 된 것이다.[20]

　위소프 빈 이샥은 말레이시아 근대사에서 입지전적인 언론인으

로 『우투산 멜라위Utusan Melayu』(현재 『우투산 말레이시아Utusan Malaysia』의 전신.

현재까지도 말레이시아에서 가장 영향력 높은 신문)라는 신문을 제작·배포하면

서 말레이시아의 독립투쟁, 민중 계몽, 말레이 연방 성립 등에 '펜'으

로 지대한 공헌을 한 인물이었다. 그는 영국에 의한 식민통치, 말레

이시아 독립을 위한 투쟁, 말레이 연방의 결성이라는 '아수라장'을

거치면서 말레이인이라면 누구나 존경할 만한 삶의 궤적을 보여 준

대표적 지식인이었다. 하지만 그 특유의 민주적 사고방식 때문에 당

시 술탄에 의한 영향력이 여전히 강하게 남아 있던 말레이 연방 내

부의 정치권력 다툼에서 희생양이 되어 신문에 대한 지분을 모두 내놓고 축출되는 아픔을 겪었다. 그렇게 야인으로 돌아간 그를 영입한 이가 리콴유였다. 이때가 바로 인종 갈등이 한창이던 1959년이다.

리콴유가 이끄는 인민행동당이 정권을 잡은 싱가포르가 독립 직후 무슬림으로서 말레이 인종인 위소프 빈 이샥을 대통령으로 영입한 것은 그가 거쳐 온 정치 행보와 더불어 '싱가포르가 추구하는 체제는 인종적, 문화적 다양성을 인정하는 가운데 조화롭게 사는 데에 있는 것'이라는 국가 비전을 천명하기 위함이었음은 분명하다. 또한 국어를 말레이어, 공용어를 영어, 중국어, 타밀어(인도의 방언 중 하나)로 제정한 것, 1980년 난양대학을 싱가포르대학과 합병하여 싱가포르 국립대학으로 재탄생시키고 영어식 교육을 강조한 것 역시 인구 구성상 다수를 점하는 중국인에 의한 독주를 경계한 움직임 중의 하나이다.[21]

이러한 일련의 정책은 다인종·다문화 도시국가로서 사회 공동체 내부의 조화로운 결속을 꾀한 것임과 동시에 중국 대륙과의 연계가 끊어진 상황에서 동남아시아라는 공동체에서 생존하기 위함이기도 하다. 아세안ASEAN의 주요 제창자 가운데 하나가 싱가포르라는 점은 이를 잘 뒷받침해 준다. 또한 정치, 경제, 교육 분야에서의 공식 언어를 영어로 채택한 것 역시 공동체 내부의 의사소통을 위한 것이기도 하고, 무역과 금융 허브로서의 국제적 지위를 유지하기 위한 것이기도 하다.

리콴유를 비롯한 인민행동당이 구성한 다인종·다문화 국민국가의 형성은 세계지도에 '싱가포르 공화국'이라고 하는 새로운 국가를 탄생시켰다. 그 50년 가까운 역사를 이어 오는 동안 싱가포르 정부는 그 내부 구성원들에게 인종과 종교, 언어적 다름을 막론하고 '싱가포리안'이라고 하는 그들만의 독립된 내셔널리즘을 심어 주기 위해 혼신의 노력을 기울여 왔다. 그리고 싱가포르인으로서의 소속감은 중국인이라는 민족적 연계나 영국 식민지인이라는 역사적 연계 모두를 부정한, 자체적으로 개발하고 그들끼리 '상상'한 내셔널리즘이라고 할 수 있다.

동남아시아의 서구식 계획도시,
바타비아와 화교

현재 인도네시아의 수도인 자카르타Jakarta는 말레이반도의 믈라카, 필리핀의 마닐라 등과 함께 동남아시아에서 가장 오래된 식민도시다. 원래 자바섬의 술탄국인 마타람Mataram의 자야카르타Jayakarta로 불리던 이 도시는 1619년 네덜란드 동인도회사의 총독 얀 코엔Jan Pietersz Coen에 의해 무력 정복되었고, 네덜란드인들은 그들이 조상으로 여기는 바타비Batavi 부족의 이름을 따 바타비아Batavia로 명명하였다. 자바섬 북서부에 위치하고, 천혜의 항구를 갖추고 있는 데다 주변에는 자바섬 특유의 비옥한 경작지가 있어 이후 400년이 넘는 기간 동안 네덜란드령 동인도 식민지 경영의 헤드쿼터로 기능하였다.[22] 무엇보다 인도, 동남아시아, 일본(나가사키), 중국을 잇는 무역로의 교차점이라는 역할이 중요했다.

바타비아는 동남아시아에서 가장 오래된 서구식 계획도시 가운데 하나임에도, 도시계획 및 건설 당시 중국인 이주민의 영향이 매우 컸다는 특징을 가지고 있다. 실제 바타비아는 당시 수학자이자 과학자인 사이먼 스테빈Simon Stevin의 도시계획에 따라 구획되었지만, 실제 건설은 대부분 중국계 건설업자, 석공, 목수 등이 담당하였다. 네덜란드 동인도회사의 총독이던 얀 코엔은 자바섬의 대도시인 반튼Banten으로부터 중국인을 강제 동원하였고, 마닐라에서 오는 중국인의 경우에는 귀향을 막고는 바타비아에 거주하도록 강제하기도 하였다.

이는 도시의 건설과 시장의 형성 등과 같은 활동에 익숙치 않은 현지인을 대신하여 중국인을 통해 빠르게 도시를 건설하려는 의도에 의한 것이었다. 그리하여 1625년의 기록에는, '여기에는 엄청난 수의 중국인이 거주하고 있는데, 매우 근면한 이들이고, (막 건설된) 바타비아의 번영이 그들에게 달렸다. 왜냐하면 그들이 없다면, 시장이 열리지 않을 것이고, 거주 구역이나 방어시설이 지어지지 않을 것이기 때문이다'라고 되어 있어 당시 바타비아의 건설 및 도시의 유지에 중국인의 역할이 결정적이었음을 짐작할 수 있다.[23]

이후 바타비아의 중국인 이주민은 17, 18세기를 거치며 바타비아의 핵심 상업 영역을 장악하는 집단으로 성장한다. 중국인 이주민의 유용성을 깨달은 네덜란드 동인도회사는 그들을 법적, 제도적으로 보호하기 위해 현지 자바 및 말레이 주민이 그들에게 위해를 끼치면 가중처벌하기도 하였다. 그 덕분으로 바타비아의 중국인은 세금 징수원, 기술 장인, 상업 점주, 여객업, 지주, 자본가 등 중간 계층을 대부분 차지하였다. 바타비아가 건설된 뒤, 수백 년 동안 주로 민난 지역의 샤먼과 바타비아 사이에는 정크선을 통한 무역로가 꾸준히 형성되어 있었고, 중국의 도자기, 차, 비단, 철, 종이 등이 수입되었는데, 무엇보다 많이 수입된 것은 '사람'이었다.

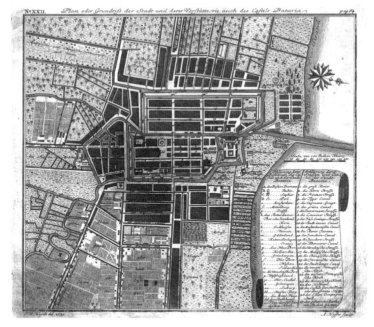

네덜란드 식민 시기 바타비아 도시 구조
바타비아는 항구와 잘 구획된 도시 구조, 도시민들과 오고 가는 선박들의 식량 보급을 책임질
주변의 광대한 경작지까지 잘 완비되어 있는 모습이 인상적이다.

    1644년에서 1911년까지 지속된 청 제국의 치세 동안 간간이
선포되는 해금 정책, 광저우 하나의 항구만을 개항한 광둥 무역체
제 등은 네덜란드 동인도회사의 선박이 중국으로 진출하는 것을 제
한하였고, 네덜란드가 점령하여 타이완에 건설한 질란디아 요새Fort
Zeelandia와 주변 점령지마저 쩡청공鄭成功에게 빼앗기게 되면서 네덜
란드가 독자적으로 중국 동남부 지역과 무역을 진행할 루트는 마카
오를 제외하고는 거의 끊어지게 되었다. 이에 네덜란드는 민난인이

청 제국의 감시망을 피해 몰래 행하는 정크선 밀무역 네트워크에 더욱 의존할 수밖에 없었고, 이는 그대로 민난 지역과 바타비아 사이의 긴밀한 이민, 무역, 송금 네트워크의 형성으로 이어졌다.

그리고 바타비아의 내부 사회 구조에서도 자바섬 인구의 대부분을 차지하는 자바인의 경우 의식적으로 바타비아가 아닌 외부의 경작지에 머물게 하여 사탕수수, 커피, 아편, 쌀 등의 상품작물을 재배하게 하였고, 중국계 중간계층에게 그들을 관리할 권리를 주었다. 중국인은 그들 고향의 유휴 노동력을 대량 동원하여 상품작물 재배에 활용함으로써 자바인의 자리를 대체하기도 했다. 결국 바타비아 항구를 포함한 도심 지역은 중국인을 비롯하여 유럽인, 유럽계의 후예인 유라시안, 기독교로 개종한 아시아인, 인도인, 그리고 노예로 동원된 주변 부속 섬(발리, 술라웨시, 수마트라)의 거주민이 혼거하는, 다인종, 다문화의 복합사회를 형성하였다.

그러나 이러한 중국계의 독주는 19~20세기에 들어서면서 변화하게 되는데, 급증하는 이민자 수와 그에 따라 견고해지는 중국계의 경제적 독점에 위협을 느낀 네덜란드 식민당국이 몇몇 조치를 통해 그들을 통제하기 시작한 것이다. 대표적으로 자바섬 및 주변 부속섬을 자유롭게 다니던 중국계 이주민의 지역 내 이동을 통제Pass system하고 도시 내 중국인의 숫자를 제한Quarter system함으로써 유럽인의 사업에 경쟁자로 부상하고, 원주민을 지나치게 착취해 온 중국계 이주민의 상업적 역량을 제한하려 하였다. 아울러 정치적 권한 및 진출을 막은 것 역시 그 일환이라고 할 수 있다.

싱가포르 700년사의
'발견'

싱가포르 역사 서술의 딜레마

싱가포르의 경우 전통적으로 1819년 영국 동인도회사에 의해 '발견'되어 식민지 항구도시로 발전한 것을 그 역사의 시작으로 삼는 경향이 강했다. 2019년을 기준으로 200년의 역사를 가졌다는 것이다. 그 이후 1965년 말레이 연방으로부터 독립하고 싱가포르 공화국을 건국한 이후의 역사는 '국가건설Nation Building'이라는 이름으로 싱가포르만의 다인종 국민국가를 건설하는 과정에서 내셔널리즘의 확보를 위한 매개체로 활용되고 있다. 지난 2015년 8월 싱가포르 건국 50주년 기념일을 정부 차원에서 성대하게 치른 이유이기도 하다.

이 항구는 아무도 주목하지 않던 어촌에서 지금은 확장된 여러 구역들로 둘러 싸여 있고, 인구는 1만 명 혹은 1만 2,000명에서 더 이

상 떨어지지 않고 있다. 그 대부분은 주로 중국인이다.[24]

래플스의 이 같은 기억과 기록은 싱가포르 역사가 바로 영국에
의해 1819년부터 시작되었다는 기본적 인식의 시작이었고, 향후 싱
가포르 역사 서술의 가이드라인이 된다. 대표적인 예로 1923년 싱
가포르의 중국계 학자 송옹시앙Song Ong Siang의 『싱가포르 화인백년
사One Hundred Years' History of the Chinese in Singapore』가 있다.[25] 해당 저서는 사
실 애초에 영국학자 월터 메이크피스Walter Makepeace, 길버트 브룩Gilbert
E Brook, 롤랜드 브래들Roland John Braddell이 편찬한 『싱가포르 백년사One
Hundred Years of Singapore』의 한 챕터로 계획된 것이었다. 메이크피스는 처
음에 싱가포르 페라나칸 출신의 대표적 문호 림분컹에게 해당 챕터
를 마무리해 줄 것을 부탁했으나, 그는 업무가 너무나 과중하여 송
옹시앙을 추천하면서 저작이 완성되었다. 그 제목에서 보듯, 이 시
기 지식인들은 1920년대 싱가포르의 역사를 1819년부터의 100년
으로 인식하고 있음을 알 수 있다. 이러한 인식은 영국 식민 시기에
나온 다른 저작들에서도 보이는 시각이다.[26]

싱가포르의 중국계 이주민 100년의 역사를 다룬 송옹시앙의 저
서는 이후 싱가포르의 역사를 연구하는 학자들에게 많은 영향을 끼
쳤고, 실제 많은 학자들이 그의 연구를 인용하여 왔다. 이러한 과정
에서 최근까지도 싱가포르 역사와 관련된 다수의 연구가 그 시작점
을 1819년으로 잡고 서술하고 있는 모습을 관찰할 수 있다.[27] 이러
한 인식 아래 영국 식민 시기 싱가포르 역사, 특히 화교사의 서술은

식민지 사회에서 이주민으로서 그들이 현지사회에 어떻게 적응해가는지, 본국과의 관계에서 어떠한 정체성을 유지해 왔는지, 그 가운데 그들의 상업적 역량은 어떠한 형태로 발전해 왔는지를 위주로 서술하고 있다. 그리고 역사적 사실을 기반으로 봤을 때 현재 싱가포르의 형태를 만든 시작이 1819년 영국 동인도회사의 '재발견'과 중국인의 대량 이주였다는 것은 양적인 측면에서나 질적인 측면에서나 명확하여 부정할 수 없는 것이 사실이다.

그러나 역사적 사실 여부와 관계없이 이러한 인식은 싱가포르의 역사를 이주민의 역사, 식민사로 한정지어 버리는 결과를 낳았는데, 이에 대한 염려는 사실 일찍부터 제기되고 있었다. 싱가포르 대표 정당인 인민행동당(PAP)의 발기인 중 한 명이자 오랫동안 외교부 장관을 역임한 바 있는 저명한 정치인 라자나트남S.Rajaratnam은 1987년 일찍이 "싱가포르의 과거는 기억할 것이 없어 대부분의 싱가포르인이 그 역사에 대해 무관심"함을 한탄하고, 그 원인으로 싱가포르의 역사가 그동안 스탬포드 래플스에 의해 '발견'된 이후로 시작되기 때문임을 지적한 바 있다.[28]

그 후 21세기 싱가포르 역사학계는 200년의 식민사, 50년의 건국사를 넘어 700년 전 테마섹Temasek(싱가포르의 옛 지명)으로부터 시작하는 역사에 주목하고 있다. 즉, 식민지에서 출발한 이민국가라는 역사적 타이틀을 극복하는 방법으로서 식민지 이전 싱가포르의 자체적인 역사를 다양한 문헌자료와 발굴자료를 바탕으로 재구성하는 것이다.

싱가포르 700년사의 탐색

아침에 배가 상륙한 것을 기억한다. 2명의 백인과 한 명의 세포이 Sepoy(역자 주: 영국 동인도회사에 고용된 인도인 용병)가 타고 있었다. 그들은 상륙하자마자 떼멩공Temenggong의 관저로 바로 갔다. 키가 작은 래플스 경과 키가 크고 헬멧을 쓴 파쿼 경Farquar(싱가포르 제2대 총독)이 거기에 있었다. 동행한 세포이는 머스킷 총을 장착하고 있었다. 그들은 떼멩공으로 인해 즐거워했고, 떼멩공은 그들에게 람부탄과 여러 종류의 과일을 대접했다. 래플스 경은 집의 중앙으로 향했다. 대략 오후 4시경이었고, 그들은 그대로 나와서 다시 배를 탔다.[29]

싱가포르 초대 총독인 래플스와 2대 총독인 파쿼가 싱가포르에 상륙하여 만난 떼멩공은 떼멩공 압둘 라흐만Temenggong Abdul Rahman으로 싱가포르 지역 무슬림 통치자였다. 당시 영국은 이미 인도를 식민화하고, 1786년 페낭을 할양하면서 본격적으로 말레이반도에 영향력을 행사하고 있던 상황이었다. 이러한 상황에서 래플스와 동인도회사가 싱가포르의 존재를 알게 되었고, 당시 싱가포르를 다스리던 말레이 지도자 떼멩공과 싱가포르를 포함한 조호르Johor, 리아우Riau 등을 다스리던 술탄의 첫째 아들인 뗑구 롱Tenggu Long을 불러 싱가포르를 영국에 할양하는 조약에 사인하도록 하였다. 해당 조약서에는 떼멩공과 뗑구 롱, 래플스의 사인이 있다.[30] 이때가 1819년 2월 6일이다. 뗑구 롱은 이후 영국에 의해 싱가포르 지역 술탄으로 임명되어 후세인 모하메드 샤Hussein Mohamed Shah로 불리게 된다.

이러한 조약의 존재는 역설적이게도 이전에 이미 싱가포르는 자체적인 공동체를 꾸미고 있었고, 래플스가 상륙하던 때를 기억하던 15세 소년 와 하킴과 같은 현지인이 거주하고 있었기 때문에 영국 동인도회사는 이 지역을 침범하여 식민화한 것이라는 증거로 작용하기도 한다. 즉, 아무것도 없는 곳을 차지한 것은 아니라는 의미이다. 래플스가 싱가포르에 상륙했을 때 그들은 떼멩공이라는 자체적인 지도자를 가지고 있었고, 중국인, 말레이인, 말레이계 해상민족 등 약 1,000여 명이 거주하고 있었다. 식민사 이전 싱가포르의 자체적인 역사를 재구성하는 일은 바로 이들 중국인을 포함한 현지인이 비록 소수이지만, 어떠한 과정을 거쳐 공동체를 구성하였는지, 그리고 그들의 '역사'를 식민사, 건국사로 이어지는 싱가포르 전체 역사의 일부로 포함할 수 있는지의 여부를 탐색해 보는 것이다.

이러한 움직임은 사실 이미 학계에서 다양한 측면에서 이루어지고 있었는데, 저명한 싱가포르 사학자인 콰총관Kwa Chong Guan, 데렉 헝Derek Heng, 탄타이용Tan Tai Yong 등은 2009년에 낸 저서를 통해 1200년대 이후 1900년대까지 싱가포르의 700년 역사를 다루고 있다.[31] 이들의 문제의식은 싱가포르의 과거사를 식민사를 포함한 해상 교역 도시의 역사로 다루어야 한다는 것이다. 사실 싱가포르가 위치한 믈라카 해협은 고대 1세기부터 인도와 중국을 잇는 교역의 창구였고, 8세기 이후에는 동북아시아와 서아시아 및 유럽을 잇는 무슬림 상인 교역 네트워크의 주요 통로였다. 이 지역은 고대에는 스리비자야

Srivijaya라는 동남아시아 최초의 해양제국이 통제했고, 15세기에는 믈라카라는 천혜의 항구 도시국가를 중심으로 통제되었다. 싱가포르섬은 테마섹Temasek, 싱가푸라Singapura 등의 이름으로 이 지역에서 믈라카 해상 교역 네트워크의 일원이자 주요 항구도시로 존재하고 있었다는 것이다. 심지어 더 나아가 식민 이전 싱가포르의 역사를 기원후 100년에서 1819년까지로 상정하고 하나의 장으로 서술한 연구도 있다.[32] 또한 세계사적 맥락에서 싱가포르의 역사를 파악하려는 연구에서도 데렉 헝은 전근대 시기 싱가포르의 옛 지명인 '테마섹'을 역사적으로 해상 실크로드라는 더 넓은 범위 속에서 파악하기 위해 노력한 바 있다.[33]

무엇보다 이러한 싱가포르 역사 연구의 경향에서 가장 중요한 학자는 싱가포르 국립대학의 유일한 고고학자인 존 믹식Jonh Miksic이다. 그는 셜리 안Cherly-Ann Low Mei Gek과 함께한 연구에서 지도와 기록, 고고자료 등 보다 실증적인 자료를 바탕으로 1300년대 이후, 1819년 이전 싱가포르섬의 실제적 교역 상황과 지위 등을 분석한 바 있다.[34] 기존의 싱가포르 관련 역사를 다루는 연구서들이 식민지 이전의 역사, 식민사, 건국사, 현대사라는 싱가포르 역사의 전체적 흐름 속에서 식민 이전의 역사를 개설적인 정도로만 다루었다면, 고고학자로서 존 믹식의 연구는 오직 식민 이전 싱가포르의 거주민들이 어떠한 삶의 방식을 가졌는지, 그들이 주로 교역하던 상품은 무엇이었는지, 실제로 어떠한 상인들이 모여서 교역을 행했는지 등을 밝히는 데에 집중하고 있다.

그의 25년 연구가 집대성된 『싱가포르와 해상 실크로드, 1300~1800*Singapore and the Silk Road of the Sea, 1300-1800*』는 해상 실크로드와 싱가포르의 역사를 고고학 자료를 통해 실증적으로 밝힌 역작이다.[35] 싱가포르 최고의 종합대학인 싱가포르 국립대학에조차 고고학을 연구하는 학과가 없는 상황에서 유일한 고고학 전공 교수인 그의 연구는 21세기 싱가포르 식민 이전의 역사에 관심을 가지기 시작한 싱가포르 학계와 대중의 지대한 관심을 받았다.[36] 아울러 그의 이러한 인식을 공유하는 연구서가 싱가포르 국립대학의 학자들을 통해 최근 또다시 출판되어 큰 관심을 받고 있다.[37]

존 믹식의 연구와 업적이 알려주는 것은 싱가포르의 역사를 700년으로 재구성하기 위해서는 고고학 연구가 중심이 되어야 한다는 사실이다. 이 시기 싱가포르는 문명적 특징도 그렇고, 기후적으로도 그렇고 구체적 기록에 바탕을 둔 사료가 거의 전무하기 때문에, 싱가포르의 지하에서 고고발굴로 발견되는 자료들을 통해 재구성하는 작업이 필수적이라는 것을 존 믹식의 연구가 알려주고 있다. 최근에는 이러한 사실을 깨달은 싱가포르 정부 차원에서의 적극적 지원이 이루어지고 있다.

싱가포르 정부 산하 동남아연구소ISEAS, Institute of Southeast Asia Studies는 1968년 국회의 발의로 설립된 연구기관으로, 2015년 8월 싱가포르 초대 대통령의 이름을 따서 "ISEAS-Yusof Ishak Institute"로 명칭이 바뀌었다. 설립 목적은 동남아시아의 정치사회, 안보, 경제, 개발 등에 대해 다루면서 동남아시아 지역이 현재 직면한 다양한 문제들의 해결책을 찾는 것이다. 이사회는 학자, 관료, 기업가로 구성되어 있는데, 이사회 의장이 왕궁우Wang Gungwu라는 동남아 역사 연구의 세계적 석학인 반면, 소장은 최싱퀵Choi Shing Kwok이라는 환경수자원부 장관 출신의 관료라는 점이 흥미롭다. 세 개의 연구 프로그램과 두 개의 센터로 구성되어 있으며, 각각 '지역 경제 연구Regional Economic Studies', '지역 사회와 문화 연구Regional Social & Cultural Studies', '지역 전략과 정치 연구Regional Strategic & Political Studies', '아세안 연구 센터ASEAN Studies Centre', '날란다 스리비자야 센터Nalanda-Sriwijaya Centre'이다. 앞의 네 개의 프로그램과 센터의 경우 동남아시아와 싱가포르의 사회과학적 현안 중심의 연구가 이루어지고 있는 것에 반해 마지막 '날란다 스리비자야 센터'의 경우 그 성격이 쉽게 짐작이 가지 않는 이질적인 특성을 보인다.

고대 8세기 남아시아 대승불교의 중심으로 불교대학이 위치하고 있었고, 수천 명의 승려가 거주하고 있어 그 영향력을 동남아시아와 동북아시아에까지 미쳤던 인도 동북부의 고대도시 날란다Nalanda와 고대 동남아시아 해양제국으로 남아시아와 동북아시아 사이 물질문명 교류의 핵심이었던 스리비자야Sriwijaya 제국의 이름을 명칭으로 사용하는 날란다 스리비자야 센터는 다른 연구팀과는 달리 고중세 시기 동남아시아를 중심으로 고고학을 연구하는 기관이다. 비교적 최근인 2009년에 설립되어 현재 ISEAS 내에서 가장 활발한 연구활동을 벌이고 있으며, 네 가지 종류의 정기간행물(『Nalanda-Sriwijaya Series』, 『NSC Working Papers』, 『NSC AU Archaeology Report Series』, 『NSC Highlights』)을 발간하면서 싱가포르 내부 학계와 대중을 상대로 고고학 발견의 중요성과 최신 경향을 알려주는 역할을 하고 있다. 대부분의 참가 연구원이 외부(싱가포르 국립대학 포함) 학자로 구성되어 있고, 직속 연구원은 대부분 학사 및 석사급 연구보조원 혹은 발굴 관련 인력들이다. 해당 센터는 직접 발굴을 진행하기도 하는데, 이 경우 주로 싱가포르 내의 발굴을 주도한다. 그리고 싱가포르의 학생과 중고교 교사를 대상으로 발굴된 결과를 교육하는 프로그램도 운영하여 싱가포르 고대사 발견 프로젝트의 결과를 대중화하는 데에 앞장서고 있다.

흥미로운 사실은 이 센터가 2019년 8월 2일 그 명칭을 '테마섹 역사 연구 센터Temasek History Research Center'로 변경했다는 것이다. 싱가포르의 과거 명칭인 테마섹에도 드러나듯, 해당 연구소는 "전근대 싱가포르의 역사, 주변 지역과의 경제적, 사회문화적 연계, 교역 중심지로서의 역사적 역할" 등의 연구에 중점을 두고 설립되었다.[38] 특히 14세기부터 19세기까지 '테마섹'의 존재와 활동이 인도네시아의 고대국가 마자파힛왕국과의 연계 속에서 어떠한 역사적 의미를 가지는지 고고발굴을 통해 모색해 보는 것이 설립의 주요 목적이다.[39] 아울러 이렇게 이루어진 연구들을 통해 싱가포르의 역사에 무관심한 젊은 세대의 흥미를 유발한다는 목적 역시 추구하고 있다. 관련하여 크게 세 개의 프로그램을 운영하고 있는데, 싱가포르 지역 연구 프로그램The Singapore and the Region Programme, 동남아 유산 연구 프로그램The Southeast Asian Heritage Programme, 학생들을 위한 고고학 연구 프로그램The Archaeology Programme for Students 등이다.

학생들을 대상으로 연구적 결과물을 확산하겠다는 주요 목적과 그 목적을 실현하기 위해 연구 프로그램을 독립적으로 만들었다는 점을 통해 단순히 연구만을 목적으로 세워진 연구센터는 아님을 잘 알 수 있다. 무엇보다 테마섹 역사 연구 센터가 국책연구기관인 ISEAS의 산하에 세워졌다는 것, 그리고 ISEAS는 원래 사회과학적 목적을 가지고 국회 차원에서 세워진 매우 실용적인 연구소라는 점을 보면, 테마섹 역사 연구 센터는 단순히 역사학 연구를 증진시키기 위해 설립된 연구소만은 아니다. 이는 현재 싱가포르 정부와 사회, 학계가 가장 관심을 기울이고 있는 이슈 가운데 하나가 1819년 영국의 식민지로 시작하는 싱가포르의 역사를 700여 년 전 시기까지 끌어올리는 것이라는 점과 연결된다. 싱가포르만의 역사적 정통성과 정체성을 찾아 과거로 거슬러 올라가려는 의지의 발현인데, 날란다 스리비자야 센터와 테마섹 역사 연구 센터의 활동과 역할 역시 그러한 측면에서 이해할 수 있을 것이다.

싱가포르는 현재 학계와 정부가 합심하여 기존 200년 식민사 중심의 역사관을 극복하려 하고 있다. 영국 동인도회사에 의해 식민화하기 이전 중국인, 말레이인 등 다양한 인종들이 혼거하던 시기의 항구도시 '테마섹Temasek'을 기억하고 연구함으로써 그 역사를 기존 200년에서 700년으로 늘리는 작업을 진행하고 있는 것이다. 그리고 그 성과를 젊은 세대들에게 확산함으로써 싱가포르 역사의 다양함과 다이내믹함을 각인시켜주려 한다. 그리고 이는 1965년 다인종·다문화 국민국가를 성립한 싱가포르가 국가 구성원들에게 '싱가포리안'이라는 내셔널리즘을 심어 주기 위해 인문학을 활용하는 주요한 사례라고 할 수 있을 것이다. 다수의 인구가 중국인과 인도인 등의 이주민으로 이루어진 인구 구성과 중국과 영국, 말레이시아를 벗어나 독립된 국가를 성립한 역사를 보면, '디아스포라' 국가라고도 할 수 있는 싱가포르는 역사 만들기, 혹은 새로운 역사의 '발견'을 통해 싱가포르섬을 그들의 '본국home country'으로 만들려는 것으로도 보인다. 이는 기존 디아스포라 연구 영역에서는 찾아보기 힘든 매우 드문 케이스라는 점에서, 싱가포르의 화교들이 이주민으로서의 정체성을 명확히 유지할 것인지, 아니면 싱가포르를 본국으로 하는 싱가포리안 정체성을 강화할 것인지 흥미롭지 않을 수 없다. 앞으로 그 추이를 계속해서 지켜볼 필요가 있다.

싱가포르가
일본 식민을 기억하는 법

비교적 짧아 보이는 일본의 싱가포르 식민 지배는 싱가포르의 독립과 국가 형성에 큰 분수령이 되었다. 이 기간 동안 싱가포르인은 소위 숙청肅淸이라고 불리는 일본 군대의 대규모 학살사건과 각종 자원 및 인력의 수탈을 경험하는 등, 지금까지도 부정적으로 인식되는 식민 지배를 경험하게 된다.[40] 그런 만큼 1945년의 종전과 해방은 그들에게 특별한 순간이었을 것인데, 몇 년 전 이 종전의 경험을 기념하는 방식을 둘러싸고 논쟁이 벌어져 눈길을 끈 바 있다.

싱가포르 정부는 종전을 기념하기 위해 과거 포드 자동차 공장 건물을 개조해 '구舊포드 공장 박물관Old Ford Factory Museum'이라는 명칭으로 개장하여 시민들의 역사의식을 고취시키려 하였다. 게다가 이 구 포드 공장 건물에서 일본 군정과의 종전 협상이 체결되었기 때문에 더욱 의미가 있었다. 그러다 이 박물관을 다시 개조했는데, 그 과정에서 여러 사학자들과 연구자들의 자문을 구하였고, 2017년 1월 재개장하면서 '쇼난 갤러리Syonan Gallery'로 개칭하기로 결정하였다. 식민 지배의 역사를 객관적으로 인식하여 올바르게 기억하자는 취지였지만, 마치 일본의 식민 지배를 정당화하는 듯한 뉘앙스 때문에 일반 대중 및 학자들의 반발을 불러일으키며 그 명칭을 둘러싸고 논란이 일었다. 이에 리센룽Lee Hsien Loong 총리가 2017년 2월 17일 '쇼난 갤러리'라는 이름을 폐기하기로 결정함으로써 일본 식민의 상처가 여전히 싱가포르에 남아 있음을 확인하게 해 주었다.

이러한 논쟁과는 별개로 사실 싱가포르의 경우, 이미 대학 학부 1학년생부터 일본의 동남아시아 침략 및 지배를 객관적으로 봐야 한다는 역사 인식을 가르치고 있다. 일본이 동남아시아를 점령하고 싱가포르에서 벌인 학살은 정확하게 기억하고 비판해야 하지만, 다른 한편으로 서구 식민 세력의 퇴각(싱가포르의 경우 영제국)이라고 하는 동남아시아 각국의 독립사에서 분수령이 되는 중요한 역사적 사건이 일본 군대의 침략에 의해 발생했다는 지점 역시 알고 있어야 한다는 것이다. 길게는 이백 년 이상, 짧아도 백수십 년에 이르는 서구 제국에 의한 식민의 역사로 인해 동남아시아인, 특히 싱가포르인의 정체성은 이미 서구 문명에 강하게 동화된 측면이 있었다. 즉, 많은 동남아인, 그중에서도 엘리트 계층의 경우 상당 부분 스스로 제국민이라고 인식하고 있었던 것이다. 그렇게 형성된 제국민으로서의 정체성이 일본의 침략과 서구 세력의 축출로 인해 산산이 부서지고, 스스로를 제국과는 다르다고 하는 독립성 및 원주민과의 공동체 의식이 싹트게 되었다는 것이다. 물론 그렇다고 해서 일각에서 주장하는 것처럼 일본의 동남아 진출을 해방전쟁으로 인식하는 것은 아니다. 단순한 '계기' 정도로만 인식하고 있다는 지점이 중요하다. 천

재지변과 같은 느낌으로 그 어떠한 가치판단을 가지지 않으면서, 그 의도야 어떠했든 간에 일본의 침략이라고 하는 역사적 사실로 인해 동남아시아라고 하는 독립된 공동체가 탄생할 수 있게 되었다고 교육하고 있다.

짧은 역사와 이민자들에 의해 세워진 국가라는 점 때문에 싱가포르에서 역사 교육 및 역사 인식은 중요한 시민 교양 가운데 하나다. 물론 우리의 식민 경험과 단순 비교하기는 어렵지만, 그들이 영국과 일본에 의한 식민을 기억하는 법을 비교해 보는 것은 분명 흥미로운 일이다.

부록

싱가포르 최초의
한국인 이주자와 도남학교

정대호라는 인물이 있다. 그리 잘 알려지지는 않은 독립운동가
지만, 건국훈장 애국장을 받았고, 국가보훈처 사이트에서 검색도 된
다. 1884년 1월 2일 평안남도 진남포 출생이나 서울 종로에서 주로
활동했던 듯하다. 1907년 진남포 이웃에 사는 친구인 안중근과 의
형제를 맺고, 함께 만주로 망명했다. 1909년 9월 이토 히로부미가
한반도를 비롯한 만주 몽골 지역 분할 및 침략에 대해 러시아 재정
대신 코코프체프와 협상하기 위해 하얼빈에 왔다가 안중근 의사에
의해 암살당하기 직전, 정대호는 안중근의 부탁을 받고 진남포로부
터 의형제의 가족들을 하얼빈 수분하 지역으로 안전하게 호송했다.
그로 인해 의심을 받고 일본 경찰에 의해 고문을 당하기도 했다. 그
후 고국으로 돌아왔다가 1916년 텐진으로 다시 건너간다. 그러다
1919년 상하이에서 임시정부 수립에 기여하기도 하고, 1921년에는

싱가포르 페라나칸 박물관 건물
이 건물이 과거에는 도남학교로 쓰였다.

김규식, 여운형, 여운홍, 조동호, 민병덕, 서병호 등과 함께 신한청년
당에 가입하여 활발히 독립운동을 했다. 비교적 평범한 독립운동가
의 길을 걷던 그의 인생이 다시 한 번 크게 출렁이게 되는 일이 발생
한다. 1926년 쑨원의 조언으로 독립운동 자금을 마련하기 위해 느
닷없이 싱가포르로 건너간 것이다. 이때 쑨원이 소개해 준 곳이 도
남학교道南學校라는 곳이다.

　도남이라는 이름의 학교는 지금도 여전히 싱가포르에 있는 초등
교육기관이다. 초등 자녀를 둔 싱가포르 학부모가 가장 선호하는 학
교 중의 하나이다. 지금의 위치와 학교 건물들은 현대에 들어 새로
이전한 것이고, 예전 건물은 현재 '페라나칸 박물관'으로 쓰이고 있

다. 유럽풍의 아담하고 세련된 건물이다.

1906년부터 그 설립을 논의하면서 조금씩 학생들을 받아들였지만, 그 본격적인 시작은 학교 건물이 완공된 1912년부터라고 할 수 있다. 최고액 출자자이자 재단 이사장이 탄카키이고, 첫 번째 졸업생들 가운데 리콩치엔이 있다는 사실부터가 '성골' 호키엔(푸젠인)들을 위한 교육기관이라는 생각을 하게 만든다. 둘 모두 싱가포르 및 말레이시아 화교 커뮤니티에서 가장 중요한 인물들이자, 각각 푸젠 남부 지방인 민난 출신 중국계 이주자들로 이루어진 호키엔 커뮤니티의 1대, 2대 (보는 관점에 따라서는 2대, 3대) 리더였기 때문이다. 심지어 리콩치엔은 이후 탄카키의 사위가 되기도 한다.

애초 도남학교는 호키엔 커뮤니티의 결속을 다지고 후손을 제대로 교육시켜서 호키엔으로서의 지역적 정체성을 보존하자라는 취지로 설립된 호키엔 교육기관이었다. 하지만 오로지 그 이유 때문에 이 도남학교가 싱가포르 화교 교육사에서 중요한 위치를 차지하고 있는 것은 아니다.

화교들이 중화인 혹은 대륙인이라고 하는 정체성을 공유하고 있었던 것은 분명하지만, 사실 각 지역별 화인 커뮤니티들(싱가포르의 경우 푸젠, 광둥, 차오저우, 객가, 하이난)의 경우 그 사이가 좋았다고는 할 수 없었다. 아니, 오히려 아주 나빴다. 20세기 초중반까지도 광둥 주류의 홍콩 화교 상인과 푸젠 중심의 싱가포르 화교 상인은 어느 행사에서 만나더라도 서로 언어가 달라 대화가 거의 없었고, 보이지 않는 자존심 싸움 때문에 원한을 품고 돌아가기 일쑤였다고 한다. 심지어는 1850년대 중반 즈음에는 쌀 가격을 둘러싸고 싱가포르 호키엔 그룹과 광둥 샨터우 출신의 싱가포르 중국인 그룹 사이에 전쟁이 벌어져 약 400여 명이 사망하는 사건이 발생하기도 하였다.

도남학교가 가지는 교육사적인 혹은 화교사 측면에서의 의의는 신해혁명 이전 1909년, 최초로 비非호키엔 중국인 그룹의 학생들을 받아들이기로 결정했다는 점, 그리고 신해혁명 이후 1916년에는 역시나 최초로 만다린, 즉 중국 베이징어를 교내 공식 언어로 채택하여 학생을 교육시키기로 결정했다는 점에 있었다. 이러한 변화는 각 지역 간 상이한 지역문화를 초월하여 통합된 '중국인'으로서의 정체성을 후손들에게 교육을 통해 이식시켜 주어야 된다는 탄카키 특유의 교육철학이 작용한 것이었다.

이러한 변화에는 직접적이든 혹은 간접적이든 간에 쑨원의 영향력이 적지 않게 작용했음은 분명하다. 일단 1900년에서 1911년 사이에 쑨원이 싱가포르에만 아홉 차례 방문하였다는 점과 탄카키 자신이 쑨원의 주요 후원자이면서 그가 조직한 동맹회의 일원으로서 1911년 신해혁명의 주요 지지자 중의 하나였다는 점을 봐도 그렇다. 게다가 외부인에 폐쇄적인 화교 커뮤니티의 한 축인 초등교육기관의 교사로 연고도 없고, 스펙이 어떤지도 모르는 한반도 출신의 외국인을 소개시켜 준다는 것 자체가 쑨원이 도남학교 및 싱가포르 화교 커뮤니티에 미치는 실질적인 영향력을 가늠할 수 있게 해 준다.

1926년 싱가포르라는 낯선 열대의 이국에 발을 디딘 최초의 한국인 이민자 정대호가 도남학교에서 무엇을 가르쳤는지, 폐쇄적인

화교 사회에는 잘 적응했는지, 어떠한 활동을 통해 독립운동 자금
을 모았는지는 불분명하다. 다만 그가 1940년 8월 6일 싱가포르에
서 사망하였고, 1990년 7월 2일 그 유해가 국내로 봉환되었다는 정
도만 알 뿐이다. 흥미롭게도 그의 3남이자 지금은 고인이 된 정원상
씨에 대해서는 단편적이나마 알 수 있었다.

몇 년 전 싱가포르의 한인 인터넷 커뮤니티에 싱가포르 초대 한
인회장을 지낸 정원상이라는 분이 별세하셨으니 조문할 분은 조문
하러 오라고 알린 공지사항이 그 단서였다. 정대호의 3남으로 1910
년 서울에서 출생했다고 하였으니 혹시 1926년 정대호가 쑨원의 조
언에 따라 싱가포르로 건너올 때 함께 정착했을 수도 있고, 아니면
다른 시기에 건너온 것인지도 모르겠다. 만일 전자라면 아버지가 돌
아가시고 난 뒤에도 싱가포르에 쭉 살다가 1963년 재싱가포르 한인
회라는 이름의 단체를 조직하고 초대 회장을 지낸 것이 된다. 아니
면 아버지가 돌아가시고 난 이후 그 흔적을 좇아 싱가포르로 찾아왔
다가 정착한 것일 수도 있다.

어쨌든 이 단체가 바로 현재 싱가포르 한인회의 전신이다. 정원
상 씨는 2012년 향년 103세로 별세했다고 한다. 상주의 이름이 월
터 정Walter Cheung H.Y라고 되어 있어 호기심에 검색해 봤더니 놀랍게
도 누군가의 블로그에 그에 대한 기록이 있었다. 영국에 유학하고
있던 한 목회자가 2006년 월터 정Walter Cheung이라는 영국 시민권을
가진 한국계 영국인을 런던에서 만났는데, 한국어를 하나도 못하지
만 그 자신이 독립운동가 정대호의 손자라고 했다는 것이다. 그리고

그의 아버지를 소개해 주었는데 돌아가시기 전 97세의 정원상 씨였다. 한국 땅, 한국인을 굉장히 그리워해 처음 만난 한국인임에도 굳이 데리고 가서 아버님에게 소개시켜 드리고 싶다고 했다는 것이다.

비록 한국 독립운동사에 위대한 족적을 남긴 것도 아니고, 안중근 의사의 의형제 정도로 한 꼭지 정도만 할애되는, 누구도 주목하지 않는 독립운동가였다고 해서 정대호와 그 후손의 삶이 덜 비극적이었거나 가치가 없었던 것은 아닐 것이다. 대부분의 운동가들이 상하이, 미국, 만주 등지에서 활발히 독립운동을 벌일 때 정대호는 그 홀로 남쪽으로 향하는 배에 몸을 실었다. 그리고 아무도 주목하지 않는 먼 이국땅에서 고국을 그리워하며 광복 5년 전 세상을 떠났다.

그의 아들은 아버지에 이어 한국인이 거의 없었을 낯선 싱가포르 땅에서 한인회를 조직하여 이국땅에서나마 동포들의 해외 적응에 기여하였다. 그리고 월터라는 이름의 손자는 영국인이 되었다. 나중에 혹시라도 런던에서 그를 만나 그의 아버지와 할아버지에 대해 물어보면 그는 뭐라고 대답할까. 할아버지와 아버지가 그토록 그리워하던 조국과 순리대로라면 그대로 한국인이 되었을 월터 씨를 영국인의 운명으로 이끈 식민, 제국, 독립운동이라는 근대의 유산들이 그에게는 어떤 의미였을까. 같은 식민지 이후를 살고 있는 한국인으로서 궁금한 점이다. 또한 화교 연구자로서 가장 알고 싶은 것은 과연 정대호와 그의 아들이 싱가포르의 화교 사회와 어떠한 관계를 맺었으며, 호키엔 교육기관인 도남학교에서의 실질적 활동은 무엇이었는지 등이다. 나중에 기회가 되어 구체적 연구가 진행되고 성

과가 나와 '한국-동남아 화교화인 관계사'라는 영역이 개척될 수 있
게 되기를 기대해 본다.

세계 속
화교 분포의 역사

　　중국계 이주민, 화교화인은 없는 곳이 없다고 할 정도로 전 세계에 분포되어 있다. 아시아, 아메리카, 유럽, 오세아니아, 아프리카 등 남북극을 제외하고 거의 대부분의 지역에 중국인이 거주하고 있다. 다만 현재 전 세계에 퍼져 있다고 여겨지는 화교의 상당수는 21세기 이후 일대일로 정책一帶一路(Belt and Road Initiative) 등, 중국의 팽창 전략과 교육열에 힘입어 이주하는, 소위 '신이민'의 결과다. 시기를 한정하여 냉전기까지를 본다면, 화교가 전 세계 구석구석 파고들었다고는 볼 수 없고, 오히려 그 역사적 맥락에 따라 일정한 방향성마저 보인다. 화교 분포 통계가 이러한 경향을 분명히 보여 준다.

　　전후 1948년 전체 화교 숫자는 870여만 명이고, 이후 1950~1960년대 1,000만 명, 1970~1980년대 2,000만 명, 1990~2000년대 3,000만 명, 2010년대 4,000만 명으로 꾸준히 증가했으며, 그 추

화교 인구 통계, 1948~2019 (단위: 천 명)

연도	전체	아시아	아메리카	유럽	오세아니아	아프리카
1948	8,721	8,379	209	54	64	15
1952	12,536	12,228	204	12	61	31
1956	14,208	13,841	252	14	68	33
1961	15,385	14,880	406	16	42	41
1966	17,736	17,098	488	54	49	47
1971	19,834	18,880	711	112	69	62
1976	22,588	21,139	1,075	233	75	66
1981	25,584	23,202	1,613	544	148	77
1986	28,715	25,799	2,044	585	214	73
1991	33,875	29,484	3,356	559	392	84
1996	39,042	32,984	4,542	899	498	119
2001	35,800	27,821	6,142	973	745	137
2006	38,698	29,803	6,835	1,039	866	155
2011	40,307	30,041	7,498	1,565	955	249
2016	44,623	32,028	8,669	2,153	1,206	566
2019	49,210	34,450	9,680	2,300	1,660	1,110

출처: 2019년 통계https://www.statista.com/statistics/632850/chinese-nationals-number-overseas-by-continent/ ; 1948~2016 통계 Overseas Community Affairs Council, Taiwan, 재인용 Daniel Goodkind, "The Chinese Diaspora: Historical Legacies and Contemporary Trends", United States Census Bureau, 2019.

세를 보면 2020년대에는 5,000만 명이 넘어갈 것이 확실시된다(물론 코로나 바이러스의 확산이라는 변수가 있지만, 장기 추세로 보면 5,000만 명은 넘어갈 것으로 보인다. 실제 통계에 따라서는 이미 5,000만 명이 넘어간 것으로 추정하는 경우도 있다). 지역별 분포에 주목해 보면 압도적으로 아시아에 모여 있지만, 이는 1990년대 이전의 추세고, 중국이 본격적으로 시장경제에 진입하고 미·중 간 교류 역시 증가함에 따라 아메리카에 분포한 화교들 역시 2020년대에는 천만이 넘을 것이 분명하다. 전체 인구 가운데 최소 과반이 동남아시아에 몰려 있는 것은 분명하지만, 다른 지역의 인구 역시 지역에 따라 급증 혹은 점증하고 있는 추세다. 덧붙여 2010년대 이후의 급증은 시진핑 정부 들어 야심차게 추진한 일대일로의 영향도 있다.

아메리카 대륙

북아메리카를 구성하는 미국과 캐나다로의 중국계 이주민 유입은 19세기 중후반 금광 개발과 철도 건설이 핵심이다. 그중 미국을 중심으로 살펴보면, 19세기 중반까지 미국 내 중국인 이주민 숫자는 50명 이하에 불과했지만, 1848년 캘리포니아 금광 발견을 계기로 금광 개발을 위해 동원된 중국인만 1852년 2만 5,000명으로 증가했다. 이후 30여 년 동안 그 숫자는 10만 명으로 급증하였다. 미국으로 향한 화교를 가장 많이 배출한 지역이 광둥의 쓰이四邑 지역 출신의 노동자로 주로 금광 개발에 종사했다. 이 시기 중국계 이주민 노동자들은 주로 금광이 발견된 캘리포니아 지역에 거주하면서 주변 지역의 경제 개발에 동원되기도 했다. 이후 서부와 동부를 잇는 철도 건설이 시작되면서 해당 사업에 노동자로 참여하기도 하였다. 그에 따라 중국인의 거주 분포가 캘리포니아 등 서부 중심에서 철로를 따라 중부와 동부로 퍼지는 경향이 발생하여 20세기 직전에는 미국 전역으로 중국계 이주민이 퍼지게 되었다. 아울러 미국 주요 도시에 중국인 집단 거주지인 차이나타운이 조성되고, 그 내부에는 역시나 회관이나 방과 같은 혈연, 지연 기반 네트워크가 위계적으로 형성되었다.

그러나 이와 같은 중국계 이주민의 미국 지역사회 침투는 다양한 사회적 문제를 발생시켰는데, 이들의 주요 사업 가운데 마약이나 도박 사업, 그리고 이를 취급하는 비밀 조직 간의 전쟁은 사회의 안정을 불안하게 만드는 것이었다. 또한 서부 캘리포니아 지역의 경우 중국인 노동력이 현지인의 밥줄을 끊는다는 인식이 발생하면서 반화교 정서가 팽배해지고 있었다. 이러한 여론과 끊임없이 밀려드는 노동이주에 질린 의회는 중국인 노동이민을 금지하는 법안을 1882년 통과시킨다. 그 이후 공식적으로 들어오는 외교관, 교육 목적의 이주, 상인을 제외한 노동이민은 금지되었다. 물론 그럼에도 불구하고 밀입국하는 중국인 이민자가 없었던 것은 아니지만, 그 증가 추세는 확실히 감소하였다. 그에 따라 대부분의 중국계 이주민과 그 후예들이 20세기 초중반 캘리포니아와 하와이, 뉴욕 등의 대도시 지역에 집중적으로 거주하는 경향을 보이기 시작하는 것도 이 시기다.

광범위하게 퍼진 반화교 정서로 인해 직업을 구하기 힘들어진 중국계 이주민이 생존을 위해 서비스업종, 세탁소, 가사도우미 등에 집중적으로 종사하기 시작한 것도 이 시기였고, 요식업에 종사하면서 포춘 쿠키와 같은 음식문화가 태동하기도 하였다. 흔히 20세기 후반 미디어를 통해 끊임없이 재생산되고, 지금까지도 종종 보이는 중국계 이주민에 대한 전형적인 이미지가 생성되기 시작한 시기라고도 할 수 있다. 이러한 이미지는 20세기 후반 화교의 후예 그룹이 높은 교육열과 향상심을 바탕으로 교육과 경제 분야에서 두각을 드러내면서 서서히 변화하였고, 21세기인 지금에 와서는 정치, 경제, 사회, 문화의 다방면에서 강력한 존재감을 드러내고 있다. 여기에는 20세기 중후반 이주해 오기 시작한 타이완 출신 이주민과 21세기 중국의 굴기와 함께 건너오기 시작한 중국인 유학생의 역할도 무시할 수 없다. 현재 미국에 가장 많은 유학생을 배출한 국가가 바로 중국이다. 갈수록 심각해지는 미중 패권경쟁의 와중에도 극단적으로 격화하지는 않을 것이라고 예상하는 이들의 주요 논거 가운데 하나가 이 소위 '신이민'이라 불리는 광범한 인적 교류 현황에 있다.

반면 남아메리카로의 중국계 이주는 19세기에서 20세기 전반에 걸쳐 이루어졌는데, 역시나 북아메리카와 같은 노동이주가 핵심이다. 광범하게 형성된 대농장으로의 쿨리 무역이 그 중심이었다. 또한 이 시기 동안 중국계 이주민은 주요 도시 지역의 상업에 종사하거나 광산, 철도 개설에 참여하였고, 항구도시에 머물면서 노동력으로 기능하기도 했다. 그에 따라 주로 은광이 광대하게 매장되어 있고, 서부 해안에 위치한 두 지역인 페루와 멕시코가 주요 이주국이었다. 또한 대농장이 형성된 쿠바로의 이주도 비교적 활발하였다. 1930년대 대공황으로 중단되기까지 절정에 달했던 중국계 이주민의 추세는 제2차 세계대전 이후가 되면 소강 상태에 머물면서 지금까지도 그리 확연한 증가 경향을 보여 주지는 않고 있다.

한반도

한반도의 경우 중국계 이주민의 기원을 명확히 설정하기 어려운 측면이 있는데, 지리적으로 인접해 있다는 점으로 인해 고대부터 끊임없이 교류와 대립을 이어 왔기 때문이다. 그 과정에서 한족과 유목민족을 포함한 다양한 구성원이 한반도에 건너왔고, 지역사회에 융합되는 과정을 거쳤다. 또는 중국 대륙에 팽창적 제국이 성립한 경우, 혹은 분열되어 혼란한 상황에 돌입한 경우 모두 한반도로의 인구이동이 다수, 혹은 소수 규모로 이루어져 왔다. 그 시간만 해도 거의 최소 1천 수백 년에 달한다. 다만 현재 한반도에 남아 있는 화교공동체의 기원을 염두에 둔다면, 그리고 이주민끼리 정체성을 유지하면서 사회단체를 조직한다거나 경제활동을 전개한 양상 등을 염두에 둔다면 그 시작을 보통 청말 한반도를 둘러싼 열강들과 경쟁하면서 건너온 중국계 이주민으로 보는 것이 일반적이다.

19세기 후반 한반도는 일본, 러시아, 영국, 미국 등의 열강이 각축을 벌이는 지역 가운데 하나였는데, 중국과 러시아로 연결되는 유라시아 대륙의 끄트머리에 위치하고 있었기 때문이다. 청 역시 조공국으로서 한반도의 조선에 대해 종주권을 가지고 있다는 점에서 우위에 있다고 여겼지만, 무엇보다 일본이 강력한 영향력을 발휘하는 것에 위기감을 느끼고 기존의 조공관계가 아닌, 다른 형태의 관계를 맺기 시작한다. 그 시작으로 1882년 10월에 체결한 '조청상민수륙무역장정朝淸商民水陸貿易章程'을 통해 조선과 청 사이의 해로무역을 인정하고, 조선의 개항장에 청국의 상인이 거주할 수 있도록 합의하였다. 즉, 기존의 조공무역에서 개항장 체제를 이용한 상인의 활동과 거주 구역 설정을 허가해 주는 형태로 변화한 것이다. 보통 학계에서는 이를 근대 한반도 화교의 시작으로 보고 있다. 그런 이유로 인해 한반도 화교가 가지는 특징은 푸젠, 광둥 출신보다는 지리적으로 가까운 산둥山東 지역 출신의 화교가 대다수 진출했다는 점이다. 물론 광둥 출신의 화교 상인이 없었던 것은 아니고, 오히려 소수지만 상업적으로는 큰 존재감을 과시했다. 다만 양적으로 봤을 때 산둥 출신이 다수였다는 점은 분명하다.

그러나 1890년대에서 1900년대 초중반 한반도에서의 화교 상인의 활동이 그리 쉽지는 않았는데, 일본의 끊임없는 견제와 방해가 있었기 때문이다. 대한제국기에는 일본 정부의 개입으로 화교의 활동을 차별하는 조치들이 이루어졌고, 일제강점기에도 일본 상인의 권익을 보호하기 위한 정책이 줄을 이었다. 거기에 한반도 현지 상인 및 주민의 견제와 방해, 그리고 경쟁 역시 주요 방해 요소로 작용하였다. 그러나 다른 한편으로 생각해 보면, 수십 년 동안 끊임없이 방해하고 견제했다는 것은 같은 기간 화교의 활동이 꾸준한 위협이었다는 것을 반증하기도 한다. 즉, 화교는 한반도에서 다양한 압력과 견제에도 나름의 세력을 형성하여 활동해 왔던 것이다. 최근 한반도 화교에 대한 다양한 연구들로 인해 화상華商을 중심으로 한 네트워크의 형성과 중국과의 교역 등에 집중한 연구는 꽤 축적되어 있는 상황이고, 그 외에도 화농華農과 화공華工에 대한 연구도 이루어지고 있다.[1]

특히 화교의 활동은 주로 직물업, 삼도업三刀業(중화요리, 양장, 이발), 제조업, 농업, 일용직 노동 등에 집중되어 있고, 그 유산은 그대로 현재 한국 사회에도 이어지고 있다. 특히 한국 사회의 가장 기층의 음식문화인 중화요리점이 대표적이라고 할 수 있다. 20세기 중후반 냉전기에는 공산화된 중국 대륙으로 인해 한반도로 건너온 화교는 대부분 타이완 출신의 중화인이었다. 다만 19세기 말에서 일제강점기, 그리고 타이완에서 건너온 '구화교'의 경우 1960~1970년대 화교배척정책으로 인해 타이완이나 홍콩, 미국, 호주 등으로 재이주한 경우도 많다. 21세기 현재 한국 사회의 중국계 이주민은 주로 조선족이거나 노동이주로 건너온 '신화교'가 상당수이고, 이들은 그들끼리의 문화를 유지하면서 그들만의 거리를 조성하기도 하는데, 영등포구 대림 지역이 대표적이라고 할 수 있다.

사실 이러한 역사와 이유들로 인해 화교는 그동안 한국 사회에서 철저한 소수 그룹이었고, 대상화, 타자화가 심한, 대표적으로 차별받는 존재였다. 그러나 최근 당시 화교가 집단적으로 상업거리를 조성했던 개항장인 인천의 화교 유산을 중심으로 한 연구가 인천대학교 중국학술원을 중심으로 이루어지고 있다. 화교에 대한 다양한 역사적, 인류학적 연구가 이루어지면서 변화의 조짐이 보이고 있는 상황이다.

기타 지역

호주로의 중국계 이주 경향은 미국과 비슷하다. 다른 점은 19세기 중후반 중국인이 이주할 때에는 영국의 식민지였다가 1901년 호주 연방이라는 새로운 국가로 탄생했다는 사실이다. 1847년 이후 급증한 중국계 이주는 호주에서의 금광 개발과 연관이 있다. 아메리카의 경우와 마찬가지로 금광 개발을 계기로 급증한 중국계 이주민은 금광 개발에 참여했을 뿐 아니라 철도 건설, 도시 및 항구 건설에 종사하였고, 도시와 농촌 지역에 걸쳐 상업을 담당하기도 했다. 그러나 중국인은 호주에서도 역시 강력한 차별을 경험하게 된다. 미국과 마찬가지로 호주에서도 법적으로 중국인 이민자의 입국을 제한하는 정책이 펼쳐지는데, 제한된 선박과 숫자만 입국할 수 있도록 제한한 법령이 1855년에 통과되었고, 아울러 새롭게 개발된 금광으로의 접근 제한, 따로 구역을 설정하여 거주 공간을 제한하는 등의 조치 역시 취해졌다.

금광 개발이 소강상태에 이르게 되면서 다수의 중국인이 본국으로 돌아간 반면, 상당수의 이주민은 호주에 남아 현지 사회에 스며들게 된다. 이들은 대농장에 노동력을 제공하거나 도농 지역의 상업 분야에 종사하였다. 그러나 1870~1890년대에 걸친 강력한 차별 정책과 반화교 정서를 견디지 못한 중국계 이주민이 다수 중국으로 돌아가기도 했다. 그 결과 1861년 전체 인구 가운데 3.3퍼센트 정도이던 화교 인구 비율이 1901년 호주가 독립하던 시기에는 1퍼센트에 불과하게 되었다. 게다가 호주 연방 성립 이후 중국계 이주민뿐만 아니라 비유럽계에 대한 차별이 전체적으로 심해지는데, 이는 내셔널리즘의 강화를 위한 강력한 백인 우대 정책에 기인한 바가 크다. 이에 중국계 이주민은 급격히 주변화되고, 시민권을 획득하기도 어려웠다. 주로 도농 간 채소 공급에 종사하거나 하층 노동계층으로의 역할을 하게 된다. 게다가 20세기 전반기 1세대 화교의 노쇠화와 사망으로 인구는 급감하였고, 1947년 통계에 따르면 1만 2,000명에 불과했다.

　이러한 상황에 변화가 발생하는 계기는 1970년대 백인 우대 정책이 완화되고, 중화인민공화국이 개혁개방으로 시장경제에 돌입하면서 새로운 이민자가 유입되기 시작하면서부터이다. 거기에 더해 베트남전쟁이 종료되면서 공산화된 베트남에서 탈출한 화교들 역시 화교 인구의 증가에 기여했다. 1980~1990년대 냉전이 붕괴되고, 세계화가 급격해지면서 경제 개발을 위해서는 이민정책을 완화할 필요성이 대두되고, 그 가장 주요한 혜택은 중국계 이주민에게로 돌아갔다. 많은 중국인 유학생, 전문가, 기술자, 단순 노동자가 호주로 건너왔고, 1991년에는 대략 35만 명에 달했다. 다만 특기할 만한 점은 호주의 이러한 이민정책의 혜택이 본국 출신 중국계뿐만 아니라 동남아시아, 홍콩, 마카오 출신의 화교에게도 주요하게 작용했다는 점이다. 그에 따라 호주의 중국계 이주민 그룹이 과거에는 단순 노동력이나 소상인으로 주변화되었던 것에 반해 점차 경제적으로도, 정치적으로도, 문화적으로도 중요한 이주민 그룹으로 호주 사회의 주류에 가까워지고 있다. 심지어 최근에는 이러한 추세에 위기감을 느

긴 현지인에 의한 차별과 인종주의적 불만이 쌓이고 있는 상황이다.

그 외 유럽의 경우 동남아시아 화교화인이 그들의 식민 본국인 영국, 프랑스, 네덜란드 등으로 이주한 경우와 1910~1920년대 제1차 세계대전으로 동원된 중국으로부터의 전쟁 노동 이주, 교육 이주 등이 주요 기원이라고 할 수 있다. 예를 들어, 프랑스로의 이주는 제2차 세계대전 이후 중국의 공산화와 인도차이나반도의 탈식민화, 반화교 정서에 위기감을 느낀 중국계의 탈출이 주요 원인이었다. 네덜란드로의 이주는 인도네시아가 독립한 이후 주요 청산 대상으로 여겨지고 있던 중국계 혼혈, 특히 페라나칸의 이주가 특기할 만하다. 다만 유럽으로 이주한 중국계 이주민의 경우 차이나타운을 형성하여 그들만의 문화와 관행, 공동체를 유지해 온 이들도 있지만, 현지화하여 외모를 제외하고는 현지의 유럽인과 구분하기 어려운 경우도 많다는 특징이 있다.

동남아시아와 동북아시아를 제외한 전 세계에 퍼진 화교의 분포가 가지는 특징은 대부분 근대 시기 각 지역의 경제적 발전과 대농장, 광산의 개발에 노동 이주로 동원되었다는 사실이다. 동남아시아의 경우 현지 국가 공동체 및 서구 식민세력과 적극적으로 협력하면서 중간계층으로 부를 축적하여 경제적, 사회적 주류가 되었던 반면, 아메리카, 호주, 유럽의 중국계 이주민은 철저히 소수 그룹으로 차별과 공격의 대상이 되어야만 했다. 각 국가의 이민정책과 사회적 구조, 정치적 상황에 따라 지위와 활동에 끊임없이 제약을 받아야만 했고, 경쟁 대상으로 여긴 현지인의 견제에 시달려야 했다. 최소한 정치권력과는 좋은 관계를 맺어 왔던 동남아에서와는 달랐던 것이다.

이러한 상황에 변화가 발생하게 되는 계기는 1990년대 이후 21세기에 걸쳐 중국의 경제발전과 시장경제 진입이 가시화되고, 세계화가 급격히 진행되면서 '신이민'이라 불리는 새로운 이민의 흐름이 발생하면서부터다. 세계 각 지역에서 중국계 이주민은 더 이상 단순 소수 그룹이 아닌, 강력한 본국을 두고 현지 사회에 경제적, 정치적 영향력을 발휘할 수 있는 매개로 존재하게 되었다. 이러한 흐름은 1900년대 초반 중화민국과 중화 내셔널리즘의 성립과 함께 밀어닥치는 이민자들을 등에 업고 동남아시아 현지 사회에서 새로운 주요 세력으로 부상하게 된 20세기 초중반 동남아시아의 화교 그룹을 연상시킨다.

사실 1900년대 초중반 중국계 이주민의 급격한 유입과 중화 내셔널리즘의 확산은 이에 위기감을 느낀 현지인의 반화교 정서에 기반한 배타적 소속감과 내셔널리즘이 확립되는 계기가 되기도 했다. 그리고 21세기 중국의 부상과 함께 진행된 '신이민'으로 전 세계 각지에서 중국계 이주민 그룹의 존재감이 날로 강력해져 가고 있는 상황에서 향후 과연 어떠한 현상이 발생할 것인지에 주목할 필요가 있다. 중국인이 전 세계에 분포되어 있는 만큼 그 영향 역시 광범위할 것이기 때문이다. 과연 역사는 반복될 것인가.

미주

머리말

1) G. William Skinner, "Overseas Chinese in Southeast Asia", *The Annals of the American Academy of Political and Social Science*, Vol. 321, 1959 중 일부.

2) Lea A. Williams, The *Future of The Overseas Chinese in Southeast Asia*, McGraw.Hill, 1966.

3) '손문(孫文)'에 대해서 중국에서는 '쑨원'이라고 하는 반면 상당수 화교는 광둥어인 '쑨얏센(Sun Yat Sen 孫逸仙)'이라고 한다든가, 대표적 화교 기업가인 '진가경(陳嘉庚)'에 대해서도 중국에서는 '천지아경', 화교들은 푸젠어인 '탄카키(Tan Kah Kee)'라고 하는 등 관련된 예는 무수히 많다.

4) 그런 의미에서 이 책에서는 기존 해역세계를 중심으로 초지역적, 초국적 문명사를 재구성한 기존 연구들의 영향을 강하게 받았다. 페르낭 브로델 저, 주경철 · 조준희 옮김, 『지중해: 펠리페 2세 시대의 지중해 세계 1-3』, 까치, 2017; 쵸두리 저, 임민자 옮김, 『유럽 이전의 아시아; 이슬람의 발흥기로부터 1750년까지 인도양의 경제와 문명』, 심산, 2011; 프랑수아 지푸루 저, 노영순 옮김, 『아시아 지중해 - 16-21세기 아시아 해항도시와 네트워크』, 선인, 2014; 杉原 薫, 『アジア間貿易の形成と構造』, ミネルヴァ書房, 1996; Hamashita Takeshi, Linda Grove, Mark Selden, eds. *China, East Asia and the Global Economy —Regional and historical perspectives*, London : Routledge, 2008; 하마시타 다케시 저, 서광덕, 권기수 옮김, 『조공시스템과 근대아시아』, 소명출판, 2018; 하네다 마사시 저, 조영헌, 정순일 옮김, 『바다에서 본 역사』, 민음사, 2018.

1 화교의 기원

1) Wang Gungwu, 1990; Edward H. Schafer, *Empire of Min: A South China Kingdom of the Tenth Century*, Floating World Editions, 2006.

2) Wang Gungwu, 1990.

3) 프랑수아 지푸루 저, 노영순 옮김, 2014.

4) Qiang Wang, *Legendary Port of the Maritime Silk Routes-Zayton(Quanzhou)*, Peter Lang, 2020.

5) 하네다 마사시 저, 조영헌, 정순일 옮김, 2018. 이 시기 민난 지역 관문항구의 역할이 취안저우에서 샤먼으로 서서히 옮겨 가게 된다. 특히 네덜란드의 타이완 점령과 영국과의 밀무역으로 번성하였고, 이후 난징조약으로 개항하는 다섯 항구에 포함되기도 한다.

6) Ng Chin-Keong, *Trade and Society —The Amoy Network on the China Coast 1683-1735*, NUS Press, 2015(2nd edition).

7) 오카모토 다카시 엮음, 강진아 옮김, 『중국 경제사—고대에서 현대까지』, 경북대학교 출판부, 2016

8) Yeoh, Brenda S.A., *Contesting Space in Colonial Singapore-Power Relations and the Urban Built Environment*, Singapore: NUS Press. 2003.

9) Carl A. Trocki, "Opium as a Commodity in the Chinese Nanyang Trade", *Chinese Circulation—Capital, Commodities, and Networks in Southeast Asia*, Eric Tagliacozzo eds., Duke University Press, 2011; Diana S. Kim, *Empires of vice—The Rise of Opium Prohibition across Southeast Asia*, Princeton University Press, 2020; 강희정, 『아편과 깡통의 궁전』, 푸른역사, 2019

10) Carl A. Trocki, 2011.

11) Carl A. Trocki, 2011.

12) Carl A. Trocki, 2011.

13) James Francis Warren, *Rickshaw Coolie—A People's History of Singapore 1880-1940*, NUS Press, 2003.

14) James Francis Warren, 2003.

15) 陳翰笙 主編, 『華工出國史料彙編 第一輯 中國官文書選輯』, 中華書局, 1985.

16) Wang Gungwu, "The Origins of Hua-Ch'iao", *Community and Nation: China, Southeast Asia, and Australia*, NEW ed., Sydney: Allen&Unwin, 1992.

17) 다만 본문에서는 혼란을 피하기 위해 특정 용어를 강조하기 위한 목적이 아닌 이상, 화교로 통칭한다.

18) 물론 모든 싱가포르 거주 화교들이 이러한 인식을 공유하고 있었던 것은 아니었다. 19세기 말, 20세기 초 싱가포르 거주 화인공동체의 독립적 정체성을 강조하고 있는 프로스트의 연구도 있다. Frost, Mark Ravinder, "Emporium in Imperio: Nanyang Networks and the Straits Chinese in Singapore, 1819-1914", *Journal of Southeast Asian Studies*, Vol. 36, No. 1, 2005 참조. 다만, 이 당시 동남아시아 화교화인공동체의 다수를 차지한 것은 2~3년가량 일을 하여 가족들을 부양하려는 임시 거주 노동자들이 대부분이었으므로, 대체적인 경향에 있어서 대륙과의 연계를 여전히 중시하는 분위기가 강했다는 점을 강조하고자 한다.

19) 이 책은 화교들이 남중국해를 중심으로 활동한 역사의 시간적, 공간적 배경 설정하기 위해 기존 해역세계를 중심으로 초지역적, 초국적 문명사를 재구성한 연구들의 영향을 강하게 받았다. Jerry H. Bentley, "Cross-Cultural Interaction and Periodization in World History", *The American Hstorical Review*, Vol.101 No.3(Jan 1996); KN Chaudhuri, *Trade and Civilization in the Indian Ocean: An Economic History from the Rise of Islam to 1750*, New York: Cambridge University Press, 1985; 초두리 저, 임민자 옮김, 『유럽 이전의 아시아: 이슬람의 발흥기로부터 1750년까지 인도양의 경제와 문명』, 심산, 2011; K.N. Chaudhuri, "The unity and disunity of Indian Ocean History from the Rise of Islam to 1750: The

outline of a theory and historical discourse", *Journal of World History*, Vol.4 No.1, 1993; 프
랑수아 지푸루 저, 노영순 옮김, 『아시아 지중해 - 16-21세기 아시아 해항도시와 네트워크』
, 선인, 2014; 하네다 마사시 저, 조영헌, 정순일 옮김, 『바다에서 본 역사』, 민음사, 2018;
Anthony Reid, *Southeast Asia in the Age of Commerce, 1450-1680*, Vol.1 & 2, Yale University
Press, 1990(vol.1), 1995(vol.2); Janet Abu-Lughod, *Before European Hegemony: The World
System A.D. 1250-1350*, Oxford Uiversity Press, 1991; 杉原 薫, 『アジア間貿易の形成と
構造』, ミネルヴァ書房, 1996; Hamashita Takeshi, Linda Grove, Mark Selden, eds. *China,
East Asia and the Global Economy—Regional and historical perspectives*, London : Routledge,
2008; 하마시타 다케시 저, 서광덕.권기수 옮김, 『조공시스템과 근대아시아』, 소명출판,
2018; 濱下武志, 『華僑·華人と中華網―移民·交易·送金ネットワークの構造と展開』,
岩波書店, 2013; 古田和子, 『上海ネットワークと近代東アジア』, 東京大學出版部, 2000;
籠谷直人, 『アジア國際通商秩序と近代日本』, 名古屋大学出版会, 2000; Craig A. Lockard,
Southeast Asia in World History, New York: Oxford University Press, 2009; Wang Gungwu,
"Merchant without Empire-Hokkien sojourning communities", *The Rise of Merchan
Empires: Long Distance Trade in the Early Modern World, 1350-1750*, James D. Tracy ed.,
Cambridge and New York: Cambridge University Press, 1990; 이종찬, 『열대의 서구, 조선
의 열대』, 서강대학교출판부, 2016; Geoff Wade, "An Early Age of Commerce in Southeast
Asia, 900-1300 CE", *Journal of Southeast Asia*, 40(2), 2009.

20) Craig A. Lockard, *Southeast Asia in World History*, New York: Oxford University Press,
2009.

21) Wang Gungwu, "Merchant without Empire-Hokkien sojourning communities", *The Rise
of Merchan Empires: Long Distance Trade in the Early Modern World, 1350-1750*, James D.
Tracy ed., Cambridge and New York: Cambridge University Press, 1990.

22) 남종국, 「카리미 상인」, 『세계의 대상인들』, 경제인문사회연구회 인문정책연구총서, 2016-
26, 212~215쪽.

23) 대륙부 동남아시아의 경우 산지로 인접한 원난성의 한족이나 소수민족들이 건너 와 섞인
역사가 깊어 또 다른 중국계 이주민 그룹을 형성하고 있다.

24) 顔淸湟, 「福建人在馬新歷史上所扮演的角色」, 庄國土 主編, 『東南亞的福建人』, 廈門大學
出版社, 2006.

25) 한지선, 「네덜란드 동인도회사의 기록을 통해 본 명말의 무역구조—1620년대 월항 무역의
변화와 팽호사건」, 『명청사연구』 제40집, 2013.

2 보이지 않는 영토, 네트워크의 형성

1) 교비국이 존재한 100여 년간 그 명칭은 지역이나 업무의 성격에 따라 다양하게 불렸는데,
'비신국(批信局)', '신국(信局)', '민신국(民信局)', '은신국(銀信局)', '회태신국(匯兌信局)',
'비관(批館)', '교비관(僑批館)', '회태장(匯兌莊)', '교회장僑匯莊' 등이 있다.

2) 王朱唇, 張美寅 著, 『閩南僑批史話』, 中國廣播電視出版社, 2006.

3) 鄭林寬, 『福建華僑彙款』, 福建省政府秘書處統計室, 1940, 62쪽

4) 『中國銀行廈門市分行行史資料彙編』編委會編, 『中國銀行廈門市分行行史資料彙編』(1915
 - 1949), 廈門大學出版社, 1999, 157~158쪽.

5) 廈門華僑志編委會 編, 『廈門華僑志』, 鷺江出版社, 1991, 155쪽.

6) 廈門華僑志編委會 編, 1991, 155쪽.

7) 교비국이 존재한 100여 년간 그 명칭은 다양하게 불리웠는데, 예를 들어, '批信局', '信局',
 '民信局', '銀信局', '匯兌信局', '批館', '僑批館', '匯兌莊', '僑匯莊' 등 지역에 따라 다양하다.
 다만 학계에서는 대부분 교비국으로 통일하여 지칭하는 경향이 강해 해당 용어를 사용한
 다.

8) 『泉州僑批業史料』, 8~9쪽

9) 『泉州僑批業史料』 및 焦建華의 「制度創新與文化傳統─試析近代批信局的經營制度」에서
 는 일반 상점에 의한 겸업과 객잔에 의한 겸업을 따로 분류하고 있지만, 상업기구에 의한
 겸업이라고 하는 본질에 있어서는 큰 차이가 없다고 판단하여 두 가지로 분류하였다.

10) 中國銀行泉州分行行史編委會, 『閩南僑批史紀述』, 廈門大學出版社, 1996, 175~177쪽.

11) 戴一峰, 「網絡化企業與嵌入性:近代僑批局的制度建構(1850s-1940s)」, 『中國社會經濟史
 研究』, 2003年 第1期, 71쪽

12) 그 예외 가운데 하나가 상술한 귀요핀의 천일신국이다. 천일신국은 교비업 사상 가장 규모
 가 큰 교비국 가운데 하나로 알려져 있다.

13) 焦建華, 「中國近代的壟斷與"規制"─以福建批信局與國營郵局關系爲例」, 『廈門大學學報(哲
 學社會科學版)』, 2007年 第5期, 102쪽.

14) 『閩南僑批史話』, 142쪽.

15) 廈門華僑志編委會 編, 1991, 66쪽.

16) 廈門華僑志編委會 編, 1991, 67쪽.

17) 新嘉坡華僑銀行經濟調査室 編, 『華僑經濟』, Vol.1, No.1, 1941年 4月, 103쪽.

18) 廈門華僑志編委會 編, 1991, 67쪽.

19) 新嘉坡華僑銀行經濟調査室 編, 103쪽.

20) 「華僑銀行有限公司增設 '民信部'啓事」, 리우보쯔 제공.

21) Straits Times, 3 June 1940, 재인용, Cheong Kee Cheok, Lee Kam Hing, Lee Poh, Ping,
 "Chinese Overseas Remittances to China: the Perspective from Southeast Asia", *Journal of
 Contemporary Asia*, Vol.43, No.1, 2013, p.84

22) 泉州市檔案局 編, 『世界記憶遺産: 泉州僑批檔案』, 九州出版社, 2015, 28쪽.

23) 리우보쯔 선생님 제공의 송금 영수증을 비교해 봤을 경우 합병 이전 송금 도달 기간이 평
 균 20여 일이었던 반면, 1934년 발행된 회표(匯票)에 따르면 대략 10여 일 정도 소요된 것
 으로 보인다. 이는 싱가포르에서 샤먼에 도달하는 송금을 기준으로 한 것이다.

24) 泉州市檔案局 編, 『世界記憶遺産: 泉州僑批檔案』, 28쪽

25) 이 경우 주로 환전되는 화폐는 중국 각 교향에서 쓰일 수 있는 화폐였는데, 샤먼의 경우

'A$'라고 표기되어 있는 것을 볼 수 있다. 이는 'Amoy Dollar'로서 샤먼에서 쓰이는 화폐를 의미한다. 그 외에도 '용은(龍銀)', '대은(大銀)'과 같이 은화로 지급되기도 하였다. 이는 당시 중국의 화폐 시스템이 통일되어 있지 않고 각 지역별로 각자의 화폐를 개별적으로 사용하였기 때문이다. 1935년 이후 난징 국민정부에 의해 폐제개혁이 실시되고 전국의 화폐는 '국폐(國幣)'로 통일이 되는데, 그 영향으로 몇몇 송금 영수증에는 '국폐' 혹은 'CNC(Chinese National Currency)'로 표기되어 있는 것을 확인할 수 있다.

26) 『廈門金融志』編委會 編, 『廈門金融志』, 鷺江出版社, 1989, 123쪽. 이 당시 국영은행이라는 이득과 거대한 자본 및 광대한 네트워크를 활용하여 교비업의 주도권을 잡아가던 중국은행의 경우 40%를 담당하였다. 홍콩상하이은행(HSBC)의 경우 4%에 불과하여 송금 네트워크 경쟁에서 화자은행이 외국은행에 비해 우위에 섰음을 알 수 있다.

27) 王朱唇·張美寅, 『閩南僑批史話』, 中國廣播電視出版社, 2006, 106쪽.

28) 廈門總商會, 廈門市檔案館 編, 『廈門商會檔案史料選編』, 鷺江出版社, 1993, 64쪽.

3 이익과 생존, 내셔널리즘의 충돌

1) Claude Markovits, "Indian Merchant Networks outside India in the Nineteenth and Twentieth Centuries: A preliminary survey", *Modern Asian Studies*, Vol.33, No.4 (Oct., 1999), pp.895~896.

2) 籠谷直人, 『アジア國際通商秩序と近代日本』, 名古屋大學出版社, 2000.

3) Claudine Salmon, "The Chinese Community of Surabaya, from its Origins to the 1930s Crisis", *Chinese Southern Diaspora Studies*, Vol.03, 2009.

4) Wang Gungwu, "Merchants without Empire—The Hokkien sojourning communities", Geoff Wade ed., *China and Southeast Asia Volume III. Southeast Asia and Qing China*(from the seventeenth to the eighteenth century), 2008.

5) Kuo Huei-ying, "Chinese Bourgeois Nationalism in Hong Kong and Singapore in the 1930s", *Journal of Contemporary Asia*, Vol.36, No.3, 2006.

6) Kuhn, Philip A., *Chinese Among Others Emigration in Modern Times*, Singapore: NUS Press, 2008.

7) 李培德, 「華商跨國網絡的形成' 延伸和沖突—以胡文虎與陳嘉庚競爭爲個案」, 『華人研究國際學報』第四卷, 第一期, 2012.

8) Shelly Chan, "The Case for Diaspora: A Temporal Approach to the Chinese Experience", *The Journal of Asian Studies*, Vol.74, 2015.

9) Song Ong Siang, *One Hundred Years' History of the Chinese in Singapore*, Singapore: National Library Board, 1923.

10) 菊池一隆, 『戰爭と華僑—日本國民政府公館傀儡政權華僑間の政治力學』, 汲古書院, 2011.

11) 市川健二郎, 「陳嘉庚—ある華僑の心の故鄉」, 『東南アジア_歷史と文化』, No.13, 1984.

12) CIA Archives, CIA-RDP82-00457R002700490010-2, 10 May 1949; CIA Archives,

CIA-RDP82-00457R004200650001-7, 8 Feb 1950.

13) 그 대표적인 예가 바로 1926년 아모이대 총장이었던 림분컹과 같은 대학 중문과 교수였던 루쉰 사이에 중국이 나아가야 할 방향을 두고 벌인 설전과 갈등이다.

14) Colonial Office, Economic Department, "Re-Occupation of the Far East: Banking Facilities (Overseas Chinese Banking Corporations)" 1944, National Archives of Singapore(CO 852/586/13).

15) 이에 대한 자세한 내용은 김종호, 「싱가포르 화교은행(OCBC)과 동아시아 전시체제—동남아 화상(華商)기업의 전시(戰時) 위기대응과 생존」, 『史叢(사총)』 93, 2018 참조.

16) C.F. Yong, *TAN KAH KEE The Making of an Overseas Chinese Legend*, World Scientific, 2014 (first edition in 1987); Jin Li Lim, "New Research on Tan Kah Kee The Departure of 1950, and the "Return" of 1955", *Journal of Chinese Overseas* 13, 2017; 陈共存,洪永宏, 『陈嘉庚新传』, SIngapore: World Schientific, 2004.

17) CIA Archives, CIA-RDP82-0045R000100470002-1, 18 Nov 1946.

18) CIA Archives, CIA-RDP80-00809A000500420095-8, 15 March 1954.

19) 市川健二郎, 1984, 10쪽.

20) National Archives of Singapore, Oral History Interview of Lee Seng Gee(李成義), Accession Number 000040.

21) CIA Archives, CIA-RDP82-00457R002600460007-0, 29 Apr 1949.

4 교류와 적응

1) 여기서 인도인은 남부 타밀인(Tamil)들을 가리킨다. John Guy, "Tamil Merchants and the Hindu-Buddhist Diaspora", Pierre-Yves Manguin eds., *Early Interactions Between South and Southeast Asia — Reflections on Cross-Cultural Exchange*, ISEAS, 2011, p.254.

2) Denis Lombard, "Mislim minorities in China, Chinese Minorities in Islamic Southeast Asia: from the fifteenth to the twentieth century", in Andre Burguiere and Raymond Grew eds., *The Construction of Minorities - Cases for Camparison Across Time and Around the World*, The University of Michigan Press, 2001.

3) Michael Jacobsen, "Chinese Muslims in Indonesia: politics, economy, faith and expediency", *SEARC at City University of Hong Kong Working Paper Series* No.54, 2003.

4) Michael Jacobsen, 2003; "Chinese Muslims: how Indonesia's 'minority within a minority' celebrate Lunar New Year", *South China Morning Post* 2020년 1월 26일 기사(검색일: 2020년 11월 1일).

5) Choirul Mahfud, "THE ROLE OF CHENG HO MOSQUE-The New Silk Road, Indonesia-China Relations in Islamic Cultural Identity-", *Journal of Indonesian Islam*, Vol.08, No.01, 2014.

6) Craig Lockard, *Southeast Asia in World History*, Oxford University Press, 2009, p.77.

7) Barbara Watson Andaya and Leonard Y. Andaya, "Ch.4 Acceleration of change, 1511-1600", *A History of Early Modern Southeast Asia, 1400-1830*, Cambridge University Press 2015.

8) 실제 싱가포르 페라나칸 박물관에는 리콴유를 비롯하여 싱가포르를 건국한 혼혈이 아닌 화교들 역시 페라나칸으로 기념하고 있기도 하다.

9) Joan Catherine Henderson, "Food and culture: in search of a Singapore cuisine", *British Food Journal*, Vol.116, No.6, 2014.

5 코스모폴리탄의 남중국해

1) *The Laws of the Straits Settlements*, Vol.2(1901-1907), 1920, p.246

2) 布野修司 外,『東南アジアの住居』, 京都大學學術出版會, 2017.

3) King, Anthony., "The Bungalow: an Indian Contribution to the West", *History Today* 32, 1982.

4) Yeoh, Brenda S.A., *Contestng Space in Colonial Singapore: Power Relations and the Urban Built Environment*, Singapore: NUS Press, 2003.

5) The Laws of the Straits Settlements, Vol.2(1901-1907), 1920, p.246.

6) Yeoh, Brenda S.A., 2003.

7) Yeoh, Brenda S.A., 2003.

8) 이상헌·윤인석,「중국계 동남아인 주거에 관한 연구—말레이시아와 싱가포르 사례를 중심으로」,『건축역사연구』제9권 2호, 2000.

9) 泉田英雄, 黃俊銘,「屋根付テラスと連続歩廊の街並み景觀について-東南アジアの植民地都市とその建築樣式に関する研究　その2.」,『日本建築學會計畫系論文集』458, 1994.

10) Zhang, Jun, "Rise and Fall of the Qilou: Metamorphosis of Forms and Meanings in the Built Environment of Guangzhou", *TDSR* XXVI, 2015.

11) 泉田英雄, 黃俊銘, 1994.

12) 江柏煒,「金門洋樓: 一個近代閩南僑鄉文化變遷的案例分析」,『建築與城鄉研究學報』20, 2012.

13) 泉田英雄, 黃俊銘, 1994.

14) 張復合,「中國近代建築史研究記事 1986-2011」,『건축역사연구』20권 5호, 2011.

15) CIA Archives, CIA-RDP83-00418R000400230011-6, 20 June 1955.

16) 張雪冬,「近代閩粤僑鄉建築賞析」,『建築評賞』9. 2008.

17) 陳達,『南洋華僑與閩粤社會』, 商務印書館, 1939, 171~175쪽.

18) 陳達, 1939, 171~175쪽.

19) 陳達, 1939, 171~175쪽.

20) 福建省檔案館,『福建華僑檔案史料』, 檔案出版社, 1990, 448쪽.

21) 林金枝·莊為璣 合編,『近代華僑投資國內企業史資料選輯(福建卷)』, 福建人民出版社,

1985, 466쪽.

22) 廈門華僑志編委會 編, 1991, 171쪽.

23) 陳達, 1939, 8쪽.

24) 林金枝·莊為璣 合編, 1985, 55쪽

25) 林金枝·莊為璣 合編, 1985, 54쪽

26) Craig Lockard, 2009.

27) Ulbe Bosma, "The Cultivation system(1830-1870) and its private entrepreneures on colonial Java", *Journal of Southeast Asian Studies*, 38(2), 2007.

28) Craig Lockard, 2009.

29) Ann E. Boon, *Colonial Legacies-Economic and Social Development in East and Southeast Asia*, University of Hawai'i Press, 2007.

30) 인도네시아의 경우 수천 개의 섬으로 이루어져 있다는 환경적 영향으로 인해 2010년 통계에 따르면 최고 22 종족이 백만 이상의 인구를 보유하고 있다. 이 가운데 가장 거대한 규모가 자바인들로 9천 만이 넘고, 중국계의 경우 280만 정도로 전체인구의 1.2%에 불과하지만, 그 경제적 영향력은 절대적이다. 이것이 바로 신생 독립국 인도네시아의 최대 고민이었다.

31) Zhou, Taomo, *Migration in the Time of Revolution China, Indonesia, and the Cold War*, Cornell University Press, 2019.

32) Zhou, Taomo, 2019.

33) Kuhn, Philip A., 2008.

34) John H. Drabble, *An Economic History of Malaysia, c. 1800-1990—The Transition to Modern Economic Growth*, Palgrave, 2000.

35) Ann Booth, *The Indonesian Economy in the Nineteenth and Twentieth Centuries—A History of Missed Opportunities*, Palgrave, 1998.

6 국가를 세우다, 다인종·다문화 싱가포르

1) 싱가포르 정부 통계청 자료(Singapore Department of Statistics) https://www.singstat.gov.sg/find-data/search-by-theme/population/population-and-population-structure/visualising-data

2) Thomas R. Metcalf, "Colonial Cities", *The Oxford Handbook of Cities in World History*, Oxford University Press, 2013, p.6

3) Song Ong Siang, 1923.

4) 이에 대해서는 Mark Ravinder Frost, "Emporium in Imperio: Nanyang Network and the Straits Chinese in Singapore 1819-1914", *Journal of Southeast Asian Studies*, Vol.36, No. 1, 2005 참조.

5) *Straits Settlements Medical Report*, 1921.

6) '을' 지역의 경우 독일에 의해 점령당한 프랑스의 식민지인 관계로 간접지배로 두었다.

7) Lin Man-Houng, "Overseas Chinese Merchants and Multiple Nationality: A Means for Reducing Commercial Risk (1895-1935)", *Modern Asian Studies* 35, 4, 2001; Frost, Mark Ravinder, "Emporium in Imperio: Nanyang Networks and the Straits Chinese in Singapore, 1819-1914", *Journal of Southeast Asian Studies*, Vol. 36, No. 1 (2005); Kuo Huei-Ying, "Chinese Bourgeois Nationalism in Hong Kong and Singapore in the 1930s", *Journal of Contemporary Asia*, Vol.36, No.3, 2006; 김종호, 「싱가포르 화교은행(OCBC)과 동아시아 전시체제 - 동남아 화상(華商)기업의 전시(戰時) 위기대응과 생존」, 『史叢(사총)』 93, 2018.

8) 사실 이러한 역사 인식은 싱가포르만이 아닌 동남아시아 전체에 해당하는 이야기다. 관련하여 저명한 화교학자 왕궁우(Wang Gungwu)는 2018년 10월 싱가포르 국책연구기관인 ISEAS-Yusof Ishak Institute에서 "Before Southeast Asia: Passages and Terrains"라는 제목으로 한 강연에서 동남아시아 지역이 식민지라고 하는 정체성을 극복하게 된 계기는 아이러니하게도 제2차 세계대전과 일본의 침략, 지배, 착취의 경험이었다고 한 바 있다. https://mothership.sg/2018/10/japanese-invasion-southeast-asia-region-wang-gungwu/?fbclid=IwAR2Qt8fDMmOYuQYQtpOUoBZWQTf50uAamGorx700kWdEMnY5svVHrM7pk00

9) Cheah Boon Kheng, *Red Star Over Malaya—Resistance and Social Conflict During and After the Japanese Occupation of Malaya, 1941-1946*, Singapore: National University of Singapore, 2012(fourth edition, first edition in 1983).

10) CIA Archives, CIA-RDP79R00890A000700100027-0.

11) CIA Archives, CIA-RDP79T00975A002800070001-3.

12) CIA Archives, CIA-RDP79R00890A001100110011-1.

13) 그는 1954년 인민행동당의 창당 멤버였는데, 그 이전 남양화교중학(the Chinese High School)에 다니던 10대 시절부터 각종 반제국주의적 학생운동을 주도하였고, 그로 인해 퇴학당한 뒤에도 싱가포르 각지에서 버스노동자, 점원들을 위한 노동운동에 매진한 대표적 젊은 급진주의 운동가였다. 인민행동당을 창당한 뒤에는 22살의 젊은 나이로 최연소 의원으로 선출되면서 싱가포르 중국계 젊은 학생 노동자들의 절대적 지지를 받게 된다. 특히 그는 인민행동당 내에서 영어에 익숙한 측과 중국어에 익숙한 측으로 나뉘어졌을 때, 후자를 대표하여 친공산주의와 반제국주의적 활동을 벌여 리콴유와 계속해서 대립각을 내세웠다. 그러다가 1963년에는 사회질서를 어지럽힌다는 명목으로 감옥에 갇히게 된다. 이후 1969년 정치를 포기한다고 선언하고 나서야 출소하여 런던으로 망명할 수 있었다. Lynn Pan ed., *The Encyclopedia of the Chinese Overseas*, Massachusetts: Havard University Press, 1999, p.210.

14) CIA Archives, CIA-RDP79R00890A001100110011-1.

15) CIA ARchives, CIA-RDP79R00890A001100110011-1.

16) CIA Archives, CIA-RDP79R00890A001100050027-1.

17) CIA Archives, CIA-RDP79T00975A003800350001-1. 유라시안(Eurasian)은 싱가포르를

비롯한 동남아 전역에 거주 중인 유럽계 인종의 후손들을 가리킨다. 특히 포르투갈과 네덜란드 출신 혼혈의 후예들을 가리킨다. 싱가포르에서는 인도인에 이어 제4의 인종을 구성하고 있다.

18) CIA Archives, CIA-RDP79T00975A008400330001-2.

19) CIA Archibes, CIA-RDP79-00927A00400090003-0. 사실 이 '축출'의 가장 중요한 배경은 당시 싱가포르와 말레이 반도의 전체 인구 구성에 있었다. 통계에 따르면, 1952년 싱가포르 포함 말레이 지역 인구구성은 말레이계 280만 명, 중국계 290만 명, 파키스탄 포함 인도계 69만 명, 기타 11만 명으로 전체 658만 명이었다. 이러한 인구구성은 말레이 지역을 중국의 영향력이 강할 수밖에 없는 독특한 지역으로 만들었다. 또한 중국계 가운데 80만 명 정도가 싱가포르에 거주하고 있다는 사실이 1965년 싱가포르 분리독립의 주요 요인으로 작용했다. Ressell H. Fifeld, *The Diplomacy of Southeast Asia 1945-1958*, New York: Happer & Brothers, 1958, pp.396~398.

20) 싱가포르는 자치정부 시기부터 영국의 정치체제를 따라 의원내각제를 따랐다.

21) 그리고 난양대학의 부지는 난양이공대학(NTU Nanyang Technological University)을 설립하여 공대중심의 대학을 설립하였다.

22) Leonard Blusse and Nie Dening eds., *The Chinese Annals of Batavia, The Kai Ba Lidai Shiji And other stories(1610-1795)*, Brill, 2018.

23) Leonard Blusse, "On the Waterfront: Life and Labour Around the Batavian Roadstead", Haneda Masashi ed., *Asian Port Cities, 1600-1800 Local and Foreign Cultural Interactions*, National University of Singapore Press, 2009.

24) Sophia Raffles, *Memoir of the Life and Public Services of Sir Thomas Stamford Raffles*, London: John Murray, pp.465~466, 1830 재인용(Song 1923)

25) Song Ong Siang, 1923.

26) Buckley, Charles Burton, *An Anecdotal History of Old times in Singapore: from the foundation of the settlements under the Honourable the East India Company, on February 6th, 1819, to the transfer of the Colonial Office as part of the colonial possessions of the Crown on April 1st, 1867*, Vol. I, Singapore: Fraser & Neave, Limited, 1902; Department of Trade and Industry, *The Entrepot Trade of Singapore*, Singapore: Deaprtment of Publicity and Printing, 1945; Holloway, C.P, *Tabular Statements of the Commerce of Singapore during the Years 1823-24 to 1839-40*, Singapore: Singapore Free Press, 1842. 버클리(Buckely) 저서의 경우 그 제목에서 보듯 싱가포르 역사의 시작을 영국 동인도회사에 의한 '발견'으로 설정하고 있다.

27) Lee, Poh Ping, *Chinese Society in Nineteenth Century Singapore*, Kuala Lumpur: Oxford University Press, 1978; Turnbull, C.M, *A History of Modern Singapore, 1819-2005*, Singapore: NUS Press, 2009; Mark Ravinder Frost and Yu-Mei Balasingamchow, *Singapore: A Biography*, Singapore: National Museum of Singapore, 2009; Wong, Lin Ken, "The Trade of Singapore with China, 1819-69", *Journal of the Malayan Branch of the Royal Asiatic Society*, Vol. 33, Part 4, December 1960; Jason Lim, "Chinese Merchants in Singapore and

the China Trade, 1819-1959", *Chinese Southern Diaspora Studies* 5, 2012; Mark Ravinder Frost, "Transcultural Diaspora: The Straits Chinese in Singapore, 1819-1918", *ARI Working Paper Series* No.10, 2003; Mark Ravinder Frost, "Emporium in Imperio: Nanyang Network and the Straits Chinese in Singapore 1819-1914", *Journal of Southeast Asian Studies*, Vol.36, No. 1, 2005.

28) Kwa Chong Guan, Derek Heng, Tan Tai Yong, *Singapore A 700-Year History—From Early Emporium to World City*, Singapore: National Archives of Singapore, 2009, p.1.

29) Haughton, H.T., "Landing of Raffles in Singapore by an eye-witness", *Journal of the Straits Branch of the Royal Asiatic Society*, 10, (1882, June), p. 286.

30) Mark Ravinder Frost and Yu-Mei Balasingamchow, *Singapore: A Biography*, Singapore: National Museum of Singapore, 2009, pp.40~46.

31) Kwa Chong Guan, Derek Heng, Tan Tai Yong, *Singapore A 700-Year History—From Early Emporium to World City*, Singapore: National Archives of Singapore, 2009.

32) Jean E. Abshire, *The History of Singapore*, Santa Barbara: Greenwood, 2011.

33) Derek Heng, "Situating Temasik within the Larger Regional Context: Maritime Asia and Malay State Formation in the Pre-Modern Era", Derek Heng and Syed Muhd Khairudin Aljunied eds., *Singapore in Global History*, Amsterdam: Amsterdam University Press, 2011.

34) John N. Miksic and Cherly-Ann Low Mei Gek eds., *Early Singapore 1300s-1819: Evidence in Maps, Text and Artefacts*, Singapore: Singapore History Museum, 2005.

35) John N. Miksic, *Singapore and the Silk Road of the Sea, 1300-1800*, Singapore: National University of Singapore Press, 2013.

36) 이러한 측면에서는 그는 2018년 싱가포르 역사상(Singapore History Prize)을 수상하기도 했다. 물론 그 이전 2015년에는 ICAS 인문학 분야 저작상을 수상하였다.

37) Kwa Chong Guan and Peter Borschberg, *Studying Singapore Before 1800*, Singapore: National University of Singapore Press, 2018.

38) 센터 홈페이지 참조.
.https://www.iseas.edu.sg/medias/latest-news/item/10122-launch-of-temasek-history-research-centre

39) 마자파힛 왕국은 14세기 전후한 시기, 수마트라, 자바, 술라웨시, 브루나이, 말레이시아 일부, 필리핀 일부, 티무르섬 일부에 걸친 영역을 차지한 고대제국이다. 현재 인도네시아의 원형 국가로 여겨지고 있다.

40) Kratoska, Paul H. et al., *Malaya and Singapore during the Japanese Occupation*, Singapore: Singapore University Press, 1995; Kratoska, Paul H., *The Japanese Occupation of Malaya-A social and Economic History*, London: Hurst & Company, 1998; 菊池一隆, 『戰爭と華僑 - 日本·國民政府公館·傀儡政權·華僑間の政治力學-』, 汲古書院, 2011.

부록

1) 이정희,『한반도 화교사』, 동아시아, 2018; 강진아,『동순태호: 동아시아 화교자본과 근대 조선』, 경북대학교 출판부, 2011; 김희신,「재조선 중화상회의 설립과정과 존재 양태: 1912-1931년 경성지역을 중심으로」,『중국근현대사연구』73, 2017; 김희신,「청말(1882-1894年) 한성 화상조직과 그 위상」,『중국근현대사연구』50, 2010; 이은상,「20세기 전반(1912-1936) 식민지 조선의 신의주화교」,『중국근현대사연구』70, 2016; 손승회,「1931년 식민지 조선의 배화폭동과 화교」,『중국근현대사연구』41, 2009.

참고문헌

1차 사료(영문은 알파벳순, 중문은 연도순)

Buckley, Charles Burton, *An Anecdotal History of Old times in Singapore: from the foundation of the settlements under the Honourable the East India Company, on February 6th, 1819, to the transfer of the Colonial Office as part of the colonial possessions of the Crown on April 1st, 1867*, Vol. I, Singapore: Fraser & Neave, Limited, 1902.

CIA Archives.

Colonial Office, Economic Department, "Re-Occupation of the Far East: Banking Facilities (Overseas Chinese Banking Corporations)" 1944, National Archives of Singapore (CO 852/586/13).

Department of Trade and Industry, The Entrepot Trade of Singapore, Singapore: Deaprtment of Publicity and Printing, 1945; Holloway, C.P, Tabular Statements of the Commerce of Singapore during the Years 1823-24 to 1839-40, Singapore: Singapore Free Press, 1842.

Oral History Interview of Lee Seng Gee(李成義), Accession Number 000040, National Archives of Singapore.

Song Ong Siang, *One Hundred Years' History of the Chinese in Singapore*, Singapore: National Library Board, 1923.

South China Morning Post.

Straits Times.

The Laws of the Straits Settlements Vol.2(1901-1907), 1920.

陳達,『南洋華僑與閩粵社會』, 商務印書館, 1939.

鄭林寬,『福建華僑彙款』, 福建省政府秘書處統計室, 1940.

新嘉坡華僑銀行經濟調查室 編,『華僑經濟』Vol.1, No.1, 1941.

中國人民政治協商會議福建省永春縣委員會文史資料委員會編,『永春文史資

料』,第5輯, 1984年

陳翰笙 主編,『華工出國史料彙編 第一輯 中國官文書選輯』, 中華書局, 1985.

『廈門金融志』編委會編,『廈門金融志』, 鷺江出版社, 1989.

福建省檔案館,『福建華僑檔案史料』, 檔案出版社, 1990.

廈門華僑志編委會編,『廈門華僑志』, 鷺江出版社, 1991.

廈門總商會, 廈門市檔案館 編,『廈門商會檔案史料選編』, 鷺江出版社, 1993.

中國銀行泉州分行行史編委會編,『泉州僑批業史料』, 廈門大學出版社, 1994.

中國銀行廈門市分行行史資料彙編編委會編,『中國銀行廈門市分行行史資料
    彙編』(1915 -1949), 廈門大學出版社, 1999.

汕頭市檔案局 編,『潮汕僑批業檔案選編』, 潮汕歷史文化研究中心, 2009.

潮汕歷史文化研究中心 編,『潮汕僑批檔案選編(三)』, 天馬出版有限公司,
    2011.

泉州市檔案局編,『世界記憶遺產: 泉州僑批檔案』, 九州出版社, 2015.

연구서

국문(가나다순)

강희정,『아편과 깡통의 궁전』, 푸른역사, 2019.

오카모토 타카시 엮음, 강진아 옮김,『중국 경제사 - 고대에서 현대까지-』, 경북대학
    교 출판부, 2016.

이종찬,『열대의 서구, 조선의 열대』, 서강대학교출판부, 2016.

쵸두리, 임민자 옮김,『유럽 이전의 아시아: 이슬람의 발흥기로부터 1750년까지 인
    도양의 경제와 문명』, 심산, 2011.

페르낭 브로델, 주경철 · 조준희 옮김,『지중해: 펠리페 2세 시대의 지중해 세계
    1-3』, 까치, 2017.

프랑수아 지푸루, 노영순 옮김,『아시아 지중해-16-21세기 아시아 해항도시와 네트
    워크 -』, 선인, 2014.

하네다 마사시, 조영헌, 정순일 옮김,『바다에서 본 역사』, 민음사, 2018.

하마시타 다케시, 서광덕 · 권기수 옮김,『조공시스템과 근대 아시아』, 소명출판,
    2018.

영문(알파벳순)

Abshire, Jean E., *The History of Singapore*, Santa Barbara: Greenwood, 2011.

Andaya, Barbara Watson and Leonard Y. Andaya, A History of Early Modern Southeast Asia, 1400-1830, Cambridge University Press, 2015.

Ang Cheng Guan, *Southeast Asia's Cold War – An Interpretive History -*, Honolulu: University of Hawai'i Press, 2018.

Blusse, Leonard and Nie Dening eds., The Chinese Annals of Batavia, The Kai Ba Lidai Shiji And other stories (1610-1795), Brill, 2018.

Boon, Ann E., Colonial Legacies–Economic and Social Development in East and Southeast Asia, University of Hawai'i Press, 2007.

_____, The Indonesian Economy in the Nineteenth and Twentieth Centuries—A History of Missed Opportunities, Palgrave, 1998.

Cheah Boon Kheng, Red Star Over Malaya—Resistance and Social Conflict During and After the Japanese Occupation of Malaya, 1941-1946, Singapore: National University of Singapore, 2012(fourth edition, first edition in 1983).

Drabble, John H., An Economic History of Malaysia, c. 1800-1990—The Transition to Modern Economic Growth, Palgrave, 2000.

Fifeld, Ressell H., The Diplomacy of Southeast Asia 1945-1958, New York: Happer & Brothers, 1958.

Frost, Mark Ravinder and Yu-Mei Balasingamchow, *Singapore: A Biography*, Singapore: National Museum of Singapore, 2009.

Hamashita Takeshi, Linda Grove, Mark Selden, eds. China, East Asia and the Global Economy—Regional and historical perspectives, London:Routledge, 2008.

Janet Abu-Lughod, Before European Hegemony: The World System A.D. 1250-1350, Oxford Uiversity Press, 1991.

Kim, Diana S., Empires of vice - The Rise of Opium Prohibition across Southeast Asia -, Princeton University Press, 2020.

K.N. Chaudhuri, Trade and Civilization in the Indian Ocean: An Economic History from the Rise of Islam to 1750, New York: Cambridge University Press, 1985.

Kratoska, Paul H. et al., *Malaya and Singapore during the Japanese Occupation*, Singapore: Singapore University Press, 1995.

_____, *The Japanese Occupation of Malaya – A social and Economic History*, London:

Hurst & Company, 1998.

Kuhn, Philip A., *Chinese Among Others Emigration in Modern Times*, Singapore: NUS Press, 2008.

Kwa Chong Guan and Peter Borschberg, *Studying Singapore Before 1800*, Singapore: National University of Singapore Press, 2018.

Kwa Chong Guan, Derek Heng, Tan Tai Yong, *Singapore A 700-Year History – From Early Emporium to World City -*, Singapore: National Archives of Singapore, 2009.

Lau, Albert ed., *Southeast Asia and the Cold War*, Routledge, 2012.

Lee, Poh Ping, *Chinese Society in Nineteenth Century Singapore,* Kuala Lumpur: Oxford University Press, 1978.

Lockard, Craig A., *Southeast Asia in World History*, New York: Oxford University Press, 2009.

Miksic, John N. and Cherly-Ann Low Mei Gek eds., *Early Singapore 1300s-1819: Evidence in Maps, Text and Artefacts*, Singapore: Singapore History Museum, 2005.

Miksic, John N., *Singapore and the Silk Road of the Sea, 1300-1800*, Singapore: National University of Singapore Press, 2013.

Murfett, Malcokm H. ed., *Cold War – Southeast Asia -*, Marshall Cavendish Editions, 2012.

Ng Chin-Keong, *Trade and Society–The Amoy Network on the China Coast 1683-1735*, NUS Press, 2015 (2nd edition).

Pan, Lynn ed., *The Encyclopedia of the Chinese Overseas*, Massachusetts: Havard University Press, 1999.

Qiang Wang, *Legendary Port of the Maritime Silk Routes-Zayton (Quanzhou) -*, Peter Lang, 2020.

Reid, Anthony., *Southeast Asia in the Age of Commerce, 1450-1680* Vol.1 & 2, Yale University Press, 1990 (vol.1), 1995 (vol.2).

Schafer, Edward H., *Empire of Min: A South China Kingdom of the Tenth Century*, Floating World Editions, 2006.

Turnbull, C.M, *A History of Modern Singapore, 1819-2005*, Singapore: NUS Press, 2009.

Warren, James Francis., *Rickshaw Coolie–A People's History of Singapore 1880-1940*, NUS Press, 2003.

Yeoh, Brenda S.A., *Contesting Space in Colonial Singapore-Power Relations and th*e Urban Built Environment, Singapore: NUS Press. 2003.

Yong, C.F., *TAN KAH KEE The Making of an Overseas Chinese Legend*, World Scientific, 2014 (first edition in 1987).

Zhou, Taomo, *Migration in the Time of Revolution China, Indonesia, and the Cold War*, Cornell University Press, 2019.

중문(연도순)

林金枝·莊為璣 合編, 『近代華僑投資國內企業史資料選輯(福建卷)』, 福建人民出版社, 1985.

中國銀行泉州分行行史編委會, 『閩南僑批史紀述』, 廈門大學出版社, 1996.

陈共存, 洪永宏, 『陈嘉庚新传』, SIngapore: World Schientific, 2004.

劉 華, 『華僑國籍問題與中國國籍立法』, 廣東人民出版社, 2004.

戴一峰, 『區域性經濟發展與社會變遷-以近代福建地區爲中心』, 嶽麓書社, 2004.

王朱唇, 張美寅, 『閩南僑批史話』, 中國廣播電視出版社, 2006.

鄭一省, 『多重網絡的滲透與擴張』, 世界知識出版社, 2006.

일문(연도순)

杉原 薫, 『アジア間貿易の形成と構造』, ミネルヴァ書房, 1996.

古田和子, 『上海ネットワークと近代東アジア』, 東京大學出版部, 2000.

籠谷直人, 『アジア國際通商秩序と近代日本』, 名古屋大学出版会, 2000.

菊池一隆, 『戰爭と華僑-日本國民政府公館傀儡政權華僑間の政治 力學-』, 汲古書院, 2011.

濱下武志, 『華僑·華人と中華網―移民·交易·送金ネットワークの構造と展開』, 岩波書店, 2013.

布野修司 外, 『東南アジアの住居』, 京都大學學術出版會, 2017.

연구논문

국문(가나다순)

김종호, 「南京國民政府시기 閩南 화교 송금 네트워크의 변화」, 『중국근현대사연구』 45집, 2010.

———, 「중일전쟁초기(1937~1941) 중국 및 화교 금융기업의 생존전략— 동남아시아 화교 송금 네트워크와 中國銀行·中南銀行」, 『중국근현대사연구』 71, 2016.

———, 「'중화성'모색을 위한 시도들— 서구권 및 동남아시아 지역 화교 화인 디아스포라 연구 경향 분석」, 『중국근현대사연구』 73, 2017.

———, 「싱가포르 화교은행(OCBC)과 동아시아 전시체제—동 남아 화상(華商)기업의 전시(戰時) 위기대응과 생존」, 『史叢(사총)』 93, 2018.

———, 「싱가포르·샤먼 도시개발과 도심지 주상복합 건축문화의 형성—숍하우스 '5피트' 외랑공간의 발견과 역사적 의미」, 『동아연구』 38(2), 2019.

———, 「50년의 역사, 200년의 역사, 700년의 역사, '이민국가' 싱가포르의 건국사, 식민사, 21세기 고대사」, 『동서인문』 제12호, 2019.

———, 「친공(親共)과 애국 사이—CIA 문서를 통해 본 냉전초 동남아 화교화인의 대중(對中)인식」, 『중국근현대사연구』 85집, 2020.

김종호, 이정희, 「왕징웨이 난징국민정부시기 화교 송금시스템의 변화 – 중국 화남지역 사례연구」, 『중국근현대사연구』 78, 2018.

남종국, 「카리미 상인」, 『세계의 대상인들』, 경제인문사회연구회 인문정책연구총서, 2016.

박경태, 「'화교'에서 '화인'으로—식민지기와 냉전시기 인도네시아 화인정책」, 『다문화사회연구』 2(2), 2009.

신명직, 「식민형 중간시민에서 동화형 유사시민으로—화교화인의 변모와 동아시아 시민의 형성」, 『석당논총』 70집, 2018.

여운경, 「1950년대 인도네시아 지역반란과 화인사회—국민당계의 몰락을 중심으로」, 『아태연구』 21(1), 2014.

———, 「1950-60년대 인도네시아 정치적 혼란과 셀레베스해 밀무역」, 『문화역사지리』 26권 1호, 2014.

이병한, 「'두 개의 중국'과 화교정책의 분기—반둥회의(1955) 전후를 중심으로」, 『중국근현대사연구』 45, 2010.

이상헌, 윤인석, 「중국계 동남아인 주거에 관한 연구—말레이시아와 싱가포르 사례를 중심으로」, 『건축역사연구』 제9권 2호, 2000.

張復合, 「中國近代建築史研究記事 1986-2011」, 『건축역사연구』 20권 5호, 2011.

한지선, 「네덜란드 동인도회사의 기록을 통해 본 명말의 무역구조—1620년대 월항 무역의 변화와 팽호사건」, 『명청사연구』 제40집, 2013.

영문(알파벳순)

Bentley, Jerry H., "Cross-Cultural Interaction and Periodization in World History", *The American Hstorical Review*, Vol.101 No.3, 1996.

Blusse, Leonard., "On the Waterfront: Life and Labour Around the Batavian Roadstead", *Asian Port Cities, 1600-1800 Local and Foreign Cultural Interactions*, Haneda Masashi ed., National University of Singapore Press, 2009.

Bosma, Ulbe., "The Cultivation system(1830-1870) and its private entrepreneures on colonial Java", *Journal of Southeast Asian Studies*, 38(2), 2007.

Chan, Shelly., "The Case for Diaspora: A Temporal Approach to the Chinese Experience", *The Journal of Asian Studies* Vol.74, 2015.

Cheong Kee Cheok, Lee Kam Hing, Lee Poh, Ping, "Chinese Overseas Remittances to China: the Perspective from Southeast Asia", *Journal of Contemporary Asia* Vol.43, No.1, 2013.

Coble, Parks M., *Chinese capitalists in Japan's new order: the occupied lower Yangzi, 1937-1945*, Berkeley: University of California Press, 2003.

Frost, Mark Ravinder, "Emporium in Imperio: Nanyang Networks and the Straits Chinese in Singapore, 1819-1914", *Journal of Southeast Asian Studies*, Vol. 36, No. 1, 2005.

———, "Transcultural Diaspora: The Straits Chinese in Singapore, 1819-1918", *ARI Working Paper Series* No.10, 2003.

Guy, John., "Tamil Merchants and the Hindu-Buddhist Diaspora", Pierre-Yves Manguin eds., *Early Interactions Between South and Southeast Asia – Reflections on Cross-Cultural Exchange*, ISEAS, 2011.

Henderson, Joan Catherine., "Food and culture: in search of a Singapore cuisine", *British Food Journal*. Vol.116, No.6, 2014.

Heng, Derek, "Situating Temasik within the Larger Regional Context: Maritime

Asia and Malay State Formation in the Pre-Modern Era", Derek Heng and Syed Muhd Khairudin Aljunied eds., *Singapore in Global History*, Amsterdam: Amsterdam University Press, 2011.

Huang Jianli. "Shifting Culture and Identity: Three Portraits of Singapore Entrepreneur Lee Kong Chian (1893-1967)." In *Tan Kah Kee and Lee Kong Chian in the Making of Modern Singapore and Malaysia*, ed., Leo Suryadinata, Singapore: National Library Board, 2010.

Jacobsen, Michael., "Chinese Muslims in Indonesia: politics, economy, faith and expediency", *SEARC at City University of Hong Kong Working Paper Series* No.54, 2003.

King, Anthony., "The Bungalow: an Indian Contribution to the West", *History Today* 32, 1982.

K.N. Chaudhuri, "The unity and disunity of Indian Ocean History from the Rise of Islam to 1750: The outline of a theory and historical discourse", *Journal of World History* Vol.4 No.1, 1993.

Kuo Huei-ying, "Chinese Bourgeois Nationalism in Hong Kong and Singapore in the 1930s", *Jou*rnal of Contemporary Asia, Vol.36, No.3, 2006.

Lim, Jason, "Chinese Merchants in Singapore and the China Trade, 1819-1959", *Chinese Southern Diaspora Studies* 5, 2012.

———, "To Negotiate Trade and Avoid Politics: The Overseas Chinese Trade Missions to China and Taiwan, 1956-1957", Nicholas Tarling ed. *Studying Singapore's Past*, Singapore: NUS Press, 2012.

Lim, Jin Li., "New Research on Tan Kah Kee The Departure of 1950, and the "Return" of 1955", *Journal of Chi*nese Overseas 13, 2017.

Lin Man-Houng, "Overseas Chinese Merchants and Multiple Nationality: A Means for Reducing Commercial Risk (1895-1935)", *Modern Asian Studies* 35, 4, 2001.

Lombard, Denis., "Mislim minorities in China, Chinese Minorities in Islamic Southeast Asia: from the fifteenth to the twentieth century", in Andre Burguiere and Raymond Grew eds., *The Construction of Minorities-Cases for Camparison Across Time and Around the World*, The University of Michigan Press, 2001.

Mahfud, Choirul., "THE ROLE OF CHENG HO MOSQUE-The New Silk

Road, Indonesia-China Relations in Islamic Cultural Identity-", *Journal of Indonesian Islam* Vol.08, No.01, 2014.

Markovits, Claude., "Indian Merchant Networks outside India in the Nineteenth and Twentieth Centuries: A preliminary survey", *Modern Asian Studies* Vol.33, No.4, 1999.

McKeown, Adam, "Conceptualizing Chinese Diasporas, 1842 to 1949", *The Journal of Asian Studies*, Vol. 58, No. 2, 1999.

Metcalf, Thomas R., "Colonial Cities", *The Oxford Handbook of Cities in World History*, Oxford University Press, 2013.

Salmon, Claudine., "The Chinese Community of Surabaya, from its Origins to the 1930s Crisis", *Chinese Southern Diaspora Studies,* Vol.03, 2009.

Skinner, G. William., "Overseas Chinese in Southeast Asia", *The Annals of the American Academy of Political and Social Science*, Vol. 321, 1959.

Trocki, Carl A., "Opium as a Commodity in the Chinese Nanyang Trade", *Chinese Circulation–Capital, Commodities, and Networks in Southeast Asia-*, Eric Tagliacozzo eds., Duke University Press, 2011.

Wade, Geoff., "An Early Age of Commerce in Southeast Asia, 900-1300 CE", *Journal of Southeast Asia*, 40(2), 2009.

Wang Gungwu, "Merchant without Empire-Hokkien sojourning communities", *The Rise of Merchan Empires: Long Distance Trade in the Early Modern World, 1350-1750*, James D. Tracy ed., Cambridge and New York: Cambridge University Press, 1990.

Wang Gungwu, "The Origins of Hua-Ch'iao", *Community and Nation: China, Southeast Asia, and Australia*, NEW ed., Sydney: Allen&Unwin, 1992.

Williams, Lea A., *The Future of The Overseas Chinese in Southeast Asia*, McGraw.Hill, 1966.

Wong, Lin Ken, "The Trade of Singapore with China, 1819-69", *Journal of the Malayan Branch of the Royal Asiatic Society*, Vol. 33, Part 4, December 1960.

Yong Ching-Fatt, "Nanyang Chinese Patriotism towards China knows no political Boundaries: The case of Tan Kah Kee (1874-1961)", *Archipal*, Vol.32, 1986.

Zhang, Jun, "Rise and Fall of the Qilou: Metamorphosis of Forms and Meanings in the Built Environment of Guangzhou", *TDSR* X X VI, 2015.

중문(연도순)

林金枝,「1875-1944年華僑在中國的投資及作用」,『廈門大學學報』第4期, 1987.

郁川虎,「战后东南亚华侨华人经济变化初探」,『华侨华人历史研究』, 1993(03).

梁英明,「战后东南亚华人社会变化及与中国之关系」,『华侨华人历史研究』(2), 1995.

張靜芬,「戰後東南亞華人問題的成因及對策」,『史學月刊』(2), 2000.

袁丁·陳麗園,「1946-1949年國民政府對僑批局的政策」,『南洋問題研究』(3), 2001.

―――,「戰後國民政府僑匯經營體系的重建」,『八桂僑刊』(2), 2001.

―――,「1946-1949 年間東南亞及美洲僑匯逃避的原因」,『東南亞縱橫』(6), 2001.

庄国土,「二战以后东南亚华族社会地位的变化」,『东南学术』(2), 2003.

戴一峰,「網絡化企業與嵌入性:近代僑批局的制度建構(1850s-1940s)」,『中國社會經濟史研究』2003年 第1期.

戴一峰,「傳統與現代: 近代中國企業制度變遷的再思考: 以僑批局與銀行關系爲中心」,『中國社會經濟史研究』2004年 第1期.

陳錫輝,「有關潮汕淪陷後的僑批情況」,『僑批文化』3, 2004.

鄭雲,「閩南僑批業與天一信局的興衰」,『漳州職業大學學報』, 2004年 4期.

江寧,「鐵蹄下的'東興匯路'啓示錄」,『僑批文化』5, 2005.

焦建華,「制度創新與文化傳統: 試析近代批信局的經營制度」,『中國社會經濟史研究』2005年 3月.

―――,「近代批信局特色探源: 以福建爲例」,『福建論壇·人文社會科學版』, 2005年 第5期.

顔淸湟,「福建人在馬新歷史上所扮演的角色」, 庄國土 主編,『東南亞的福建人』, 廈門大學出版社, 2006.

焦建華,「近百年來中國僑批業研究綜述」,『華僑華人歷史研究』2006年 6月.

―――,「競爭與壟斷近代中國郵政業研究: 以福建批信局與國營郵局關系爲例」, 『學術月刊』第39卷, 2007.

―――,「中國近代的壟斷與"規制"―以福建批信局與國營郵局關系爲例」,『廈門大學學報(哲學社會科學版)』, 2007年 第5期.

陳麗園,『華南與東南亞華人社會的互動關係: 以潮人僑批網洛爲中心(1911-

    1949)』, 博士學位論文, 新加坡國立大學, 2007.

張雪多, 「近代閩粤僑鄉建築賞析」, 『建築評賞』 9, 2008.

陳小鋼 主編, 『回望閩南僑批』, 泉州市歸國華僑聯合會 · 泉州市檔案館 · 泉州學
    研究所, 2009.

李小燕, 「中國官方行局經營僑滙業務之研究(1937-1949)」, 博士學位論文, 新
    加坡國立大學, 2010.

李培德, 「華商跨國網絡的形成'延伸和沖突-以胡文虎與陳嘉庚競爭爲個案 -」,
    『華人研究國際學報』第四卷, 第一期, 2012.

江柏煒, 「金門洋樓: 一個近代閩南僑鄉文化變遷的案例分析」, 『建築與城鄉研
    究學報』 20, 2012.

謝小舜, 「傳統歷史街區"資源化"保護與再利用研究—以泉州華僑新村爲例」, 『泉
    州師範學院學報』第34卷 第1期, 2016年 2月.

王敏, 趙美婷, 朱竑, 「鄰裏空間演化的個體化現象研究-以廣州華僑聚居區爲
    例」, 『世界地理研究』第25卷 第4期, 2016年 8月.

일문(연도순)

市川健二郎, 「陳嘉庚-ある華僑の心の故郷 -」, 『東南アジア̶歷史と文化』,
    No.13, 1984.

泉田英雄, 黃俊銘, 「屋根付テラスと連続歩廊の街並み景観について-東南アジ
    アの植民地都市とその建築樣式に関する研究 その 2.」, 『日本建築學會計畫
    系論文集』 458, 1994.

사진출처

• 사진 제공: 김종호, Wikimedia Commons, Wikipedia, 싱가포르 국토청 등

김종호: 36, 74, 75, 86, 93, 96, 111, 146쪽

Wikimedia Commons: 28, 31, 59, 63, 91, 110, 131, 167, 178, 190, 195, 208, 217, 226, 240, 260, 264, 289, 294, 314쪽

Wikipedia: 136, 150, 226, 250쪽

Anthony King, "The Bungalow: an Indian Contribution to the West", History Today(Vol. 32, 1982): 211쪽

Barbara Watson Andaya and Leonard Y. Andaya, *A History of Early Modern Southeast Asia, 1400-1830*(Cambridge University Press, 2015): 185쪽

C.F.Yong, *Tan Kah Kee—The Making of an Overseas Chinese Legend*(Singapore: World Scientific, 2014): 150쪽

謝小舜,「傳統歷史街區"資源化"保護與再利用研究—以泉州華僑新村爲例」,『泉州師範學院學報』第34卷 第1期, 2016年 2月: 230쪽

王敏·趙美婷·朱竑,「鄰裏空間演化的個體化現象研究-以廣州華僑聚居區爲例」,『世界地理研究』第25卷 第4期, 2016年 8月: 234쪽

싱가포르 국토청: 274쪽

• 일부 저작권자와 연락이 닿지 않은 사진에 대해서는 확인되는 대로 게재 허가를 받도록 노력하겠습니다.

찾아보기